Adorno et la nouvelle musique

du même auteur

Le Musical. Essai sur les fondements anthropologiques de l'art, Klincksieck, 1976

Sagesse de l'art : arts plastiques, musique, philosophie, Méridiens-Klincksieck, 1987

Force et dérive des principes. Réflexions sur la raison moderne en procès, Méridiens-Klincksieck, 1990

Le Voir et la Voix. Essai sur les voies esthétiques, Éditions du Cerf, 1997

La Vérité de l'art ? Essais sur la figure et le sacré, Ereme, 2003

Raymond Court

Adorno et la nouvelle musique

Art et modernité

Paris
Klincksieck

COLLECTION D'ESTHÉTIQUE
sous la direction de Marc Jimenez

33

Theodor W. Adorno, *Théorie esthétique*
Francis Bayer, *De Schönberg à Cage. Essai sur la notion d'espace sonore dans la musique contemporaine*
Christian Béthune, *Adorno et le jazz. Analyse d'un déni esthétique*
Christian Brunet, *Braque et l'espace. Langage et peinture*
Peter Bürger, *La Prose de la modernité*
Mikel Dufrenne, *Esthétique et philosophie*
Michel Faure, *Du néoclassicisme musical dans la France du premier XXe siècle*
Pierre Garrigues, *Poétiques du fragment*
Henry James, *L'Art de la fiction, Gustave Flaubert, Julia Bride*
Marc Jimenez, *Adorno et la modernité. Vers une esthétique négative*
Marc Jimenez, *La critique : crise de l'art ou consensus culturel ?*
Éric Köhler, *Le hasard en littérature. Le possible et la nécessité*
Gilbert Lascault, *Le monstre dans l'art occidental. Un problème esthétique*
Jean Laude, *La peinture française (1904-1905) et « l'Art nègre »*
Danielle Lories (dir.), *Philosophie analytique et esthétique*
Jean-François Lyotard, *Discours, figure*
Henri Maldiney, *Art et existence*
Louis Marin, *Études sémiologiques*
Jean Pierre Martinon, *Les métamorphoses du désir et l'œuvre*
Christian Metz, *Essais Sémiotiques*
Christian Metz, *Essais sur la signification au cinéma*
P. A. Michelis, *Études d'esthétique*
Jean-Luc Nancy et Federico Ferrari, *Nus sommes [La peau des images]*
Nicéphore, *Discours contre les iconoclastes*
Jean-Michel Palmier, *Walter Benjamin. Le chiffonnier, l'Ange et le Petit Bossu*
René Passeron, *Pour une philosophie de la création*
Frank Popper, *Art, action et participation. L'artiste et la créativité aujourd'hui*
Frank Popper, *Réflexions sur l'exil, l'art et l'Europe*
Olivier Revault D'Allonnes, *La création artistique et les promesses de la liberté*
Sébastien Rongier, *De l'ironie. Enjeux critiques pour la modernité*
Richard Shusterman, *Vivre la philosophie. Pragmatisme et art de vivre*
André Villiers, *La scène centrale. Esthétique et pratique au théâtre en rond*
Peter Weiss, *L'esthétique de la résistance*

1re édition : 1981

isbn : 978-2-252-03627-3

AVANT-PROPOS

Le titre et l'objet de ce livre exigent des éclaircissements. Notre point de départ se trouve chez Adorno parce que celui-ci nous a paru apporter l'instrument d'analyse capable d'éclairer en profondeur la mutation radicale qui a bouleversé la musique au début de ce XXe siècle. Nous partirons de sa *Théorie esthétique* qui nous fournira les principes fondamentaux de cette analyse, puis nous nous pencherons sur la *Philosophie de la nouvelle musique* afin de repérer les œuvres et les compositeurs vraiment significatifs quant à l'éclosion de cette modernité, témoin d'une crise de langage et de civilisation, comparable sans doute en importance à celle du *Quattrocento* italien.

Il ne s'agit donc aucunement ici, et nous tenons à le bien préciser, d'une étude historique sur Adorno, mais plutôt d'une libre réflexion critique sur cette pensée pour en mettre à l'épreuve la valeur opératoire non seulement en musique mais dans d'autres domaines esthétiques, notamment dans celui des arts plastiques. C'est pourquoi nous confronterons sans cesse Adorno avec cette lignée prestigieuse d'esthéticiens qui va de Riegl à Panofsky (en passant par Wölfflin et Worringer, sans oublier Francastel en France). En effet, rien ne nous paraît plus important que de faire tomber les frontières entre la musique et les autres arts si l'on veut s'engager dans une recherche susceptible de fournir quelque lumière sur une mutation culturelle d'une telle ampleur et qui constitue, comme dirait Mauss, un « fait social total » impliquant non seulement tous les arts, mais également les phénomènes politico-économiques, scientifiques, philosophiques et religieux. C'est à dégager cette idée d'un ordre esthétique sous-jacent à une culture et à l'appliquer à l'analyse de notre modernité que ce livre voudrait contribuer pour sa modeste part grâce à son attitude délibérément comparative (rarement pratiquée par les esthéticiens, il faut l'avouer). Sont ainsi regroupées quatre études convergeant vers un pôle commun : l'approche du thème de la modernité en art.

La première étude (chapitre I) tente de cerner le principe directeur de toute l'esthétique d'Adorno dont le mérite principal nous paraît résider dans le dépassement de l'opposition des critiques en réaliste et formaliste dans la mesure même où l'être de l'œuvre est appréhendé précisément dans sa modernité. Adorno, en effet, définit cette dernière non par le *sujet* de l'œuvre mais par l'élaboration formelle accomplie au niveau du *matériau* de base et dont est indissociable un *sens* à la fois pleinement autonome et totalement engagé culturellement, qu'il nomme « contenu de vérité » de l'œuvre. D'où un type d'approche des styles esthétiques qui, selon nous, rejoint en profondeur l'analyse pratiquée dans les arts plastiques par un Panofsky et un Francastel. Ce sont ces cheminements selon une commune direction de recherche et sur la voie d'une sorte d'archéologie des styles que nous tenterons de mettre en lumière en prenant nos exemples tour à tour en musique et dans le domaine des arts plastiques.

La seconde étude (chapitres II et III) met à l'épreuve cette technique d'analyse chez Adorno face à Schoenberg d'une part, et face à Stravinsky d'autre part. Debussy étant évoqué en contrepoint dans ces deux volets violemment contrastés, ce sont finalement les trois grands héros de la nouvelle musique qui sont ici mis à la question et comparés avec ceux qui, à peu près à la même époque, accomplissaient en peinture une rupture tout aussi profonde avec le passé. Notre propos est donc de repérer avec le plus de rigueur possible ce moment de mutation esthétique qui devait ouvrir toutes grandes les portes de la musique (et de tout l'art) du XXe siècle. Notons que la prise de conscience de cette révolution et de sa portée exige une intelligence du passé donc un retour sur la tonalité et ses développements à travers le baroque, le classicisme et le romantisme [1]. C'est Schoenberg, on le sait, aussi grand théoricien que créateur original en cette période charnière, qui a écrit, dans les années mêmes où il composait *Erwartung* et *Pierrot lunaire*, un *Traité d'harmonie* offrant la vue la plus magistrale sur l'horizon tonal [2]. Aussi bien rappellerons-nous, au fil de notre lecture de la *Philosophie de la nouvelle musique,* les références indispensables à cette compréhension. Nous n'hésiterons pas cependant à discuter chemin faisant le texte d'Adorno qui pose les questions fondamentales concernant la musique d'aujourd'hui (par exemple le débat sur la transformation de la signification du temps musical) mais leur apporte une réponse souvent contestable.

La troisième étude (chapitre IV), intitulée « La Forme et le Style », se propose de reprendre en son principe fondamental, — à savoir à partir d'une analyse systématique de la forme esthétique —, ce thème de la modernité. Si la forme engendre son propre contenu, ce développement d'essence rythmique est inséparable du matériau qui le porte et l'inspire, — matériau toujours daté historiquement —,

1. De manière symétrique, le chapitre IV opérera un retour en arrière sur la signification de la perspective en peinture afin de mieux mesurer l'ampleur de la révolution cézanienne qui brisera cet espace de la Renaissance.

2. Tant il est vrai que si la mutation est rupture, elle n'est point pour autant rejet ni mépris du passé. Comme le dit très bien Schoenberg, « il y a nécessairement un lien entre l'écriture des anciens et celle des novateurs, — aucune technique nouvelle en art ne peut être créée qui n'ait trouvé ses racines dans le passé » (*Le Style et l'Idée,* Buchet-Chastel, p. 61).

et à partir duquel se déploie un espace stylistique ancré dans le fond d'une culture singulière qui réussit ainsi à se hausser à la dignité de la parole. C'est jusqu'à cette couche profonde de tout grand langage esthétique qu'il faut creuser pour atteindre ce qui constitue sa nouveauté radicale et sa modernité. Là encore l'appréhension du sens exact de notre modernité exige la référence aux grandes mutations du passé et notamment à cet âge de la *représentation* qu'on retrouve, en dépit des décalages temporels, également en peinture (la perspective de la Renaissance), en musique (la tonalité), en philosophie (chez Descartes et à Port-Royal), sans oublier bien sûr les ordres scientifiques et politico-économiques. Si dans nos références la transposition de la musique aux arts plastiques et *vice versa* sera permanente, néanmoins dans ce chapitre, par contraste avec les deux précédents, l'accent principal sera mis sur les recherches de Panofsky et Francastel pour illustrer notre quête d'une analyse comparative. Est-il présomptueux d'ajouter que ce texte se voudrait comme un essai de variations sur *La Vie des Formes* d'Henri Focillon, en hommage à ce maître-livre de l'esthétique, tout en restant fidèle dans une certaine mesure à l'esprit d'Adorno et à son concept-clé de *contenu de vérité*, solidaire de celui de modernité ?

Quant à la motivation de la quatrième et dernière étude (chapitre V) consacrée à « Freud, l'Art et la Fête », elle est, comme il se doit, surdéterminée. Et tout d'abord elle voudrait montrer le respect du créateur de la psychanalyse pour les œuvres d'art et la dimension esthétique dans leur autonomie, bref son rejet de toute explication réductrice contrairement à ses épigones imprudents et doctrinaires. D'autre part, il n'est pas illégitime de se demander si, par son investigation incessante des liens souterrains qu'entretient l'art avec le fantasme, le mythe, le rêve, le désir et le jeu, l'œuvre freudienne ne nous offre pas comme les linéaments d'une véritable sémiologie des langages esthétiques, à savoir le décryptage d'une zone de langage plus originaire que celle du langage verbal. Enfin et surtout, comment oublier qu'en cette Vienne du début de siècle qui a tant contribué dans tous les domaines de la culture à la naissance de l'esprit nouveau, Freud a été le premier explorateur de ce champ de modernité lié au symbolisme de l'inconscient ? Et, au-delà même de tout le courant expressionniste en peinture, littérature et musique, saurait-on nier la parenté profonde entre l'analyse de la Fête sacrificielle dans *Totem et Tabou*, *Le Sacre du Printemps* de Stravinsky et la scène du Veau d'or dans le *Moïse et Aaron* de Schoenberg ? Là encore modernité, s'il faut en croire ce mot singulier d'Adorno qui, dans sa profondeur, sonne comme un paradoxe : « Plus on est moderne, plus on régresse à des stades reculés. »[3]

3. *Philosophie de la nouvelle musique*, Gallimard, 1962, p. 173.

CHAPITRE PREMIER

LA THÉORIE CRITIQUE DE L'ART

Selon T. W. Adorno

1. *Le sens du discours esthétique aujourd'hui.*

A la question : pourquoi et comment l'esthétique, Adorno répond en un premier temps en rejetant radicalement tout « discours esthétique » comme archaïque, périmé et tout à fait inadéquat à une expérience vécue des œuvres d'art. D'une manière générale un « système » de catégories philosophiques ne peut que laisser échapper l'œuvre dans sa libre spontanéité et tout assujettissement à un quelconque système idéologique détruit dans son principe l'essor de l'œuvre d'art qui est la liberté même. Quant au discours esthétique commandé par une théorie de la connaissance préalable, en postulant au départ la subordination du sensible esthétique à l'univers rationnel du concept, il méconnaît d'emblée ce qui constitue l'originalité irréductible du premier. Et cette dernière analyse, porte à fond contre Hegel.

Mais Adorno n'en défend pas moins la légitimité de l'esthétique conçue comme réflexion critique sur l'art, celle-ci étant indispensable 1° pour s'interroger sur le sens de l'art, sa place dans notre monde actuel et peut-être sur son droit même à l'existence ; 2° pour analyser ce que notre auteur nomme le « contenu de vérité » des œuvres. — Sur le premier point Adorno reprend et prolonge la déclaration hégélienne sur la mort de l'art. Déclaration à la fois lourde de sens et ambiguë. Déclaration inacceptable si Hegel a voulu dire que l'art est du passé en tant que figure encore enveloppée de l'esprit, puis reprise et dépassée par le discours philosophique. Déclaration par contre qui soulève pour nous aujourd'hui une question inévitable si elle signifie que l'art dans les sociétés industrielles condamnées à ce que Durkheim nommait l'anomie ne va plus de soi, ayant cessé à la fois d'être populaire et solidaire d'une religion qui, en fournissant des thèmes communs, fondait un consensus social. Devenu alors pur objet esthétique (distinct du religieux), l'art suscite la réflexion philosophique qui s'interroge sur son sens éventuel. Et le thème majeur de la *Théorie esthétique* d'Adorno sera précisément de dégager le caractère critique, utopique, révolutionnaire de l'activité artistique en tant qu'elle est par essence désintéressée [1].

2. *Le « contenu de vérité » de l'œuvre.*

Le second point répond à la même intention que le premier, il l'actualise par l'interprétation de chaque œuvre singulière afin de faire saillir son « contenu de vérité ». Mais il convient ici d'éviter les contre-sens. Le « contenu de vérité » de l'œuvre est irréductible à un « message » qu'aurait voulu nous transmettre l'artiste par intention volontaire et consciente (une œuvre à thèse, illustration seconde d'un énoncé préalable à l'œuvre elle-même ou détachable d'elle, n'est jamais une œuvre d'art) [2]. Il est irréductible également à un dépôt socio-historique comme si l'œuvre était reflet ou superstructure, un « simple exposant » de la réalité sociale (à la manière dont la conçoit l'esthétique marxiste traditionnelle) [3]. Il est irréductible enfin à la simple incarnation de l'Idée dont le développement du contenu sémantique semble trop souvent chez Hegel diriger d'en haut l'histoire des formes et des styles : « le concept emphatique et idéaliste de l'Idée réduit les œuvres d'art au rang d'exemples de l'Idée considérée comme immuable » [4]. Toutes ces manières de comprendre le contenu

1. Voir note a en fin de volume.

2. Contre l'œuvre à thèse, voir Adorno, *Théorie esthétique* (Traduction Jimenez, Klincksieck, 1974, p. 202) : les « œuvres dont l'intention prédomine. soit comme fabula docet, soit comme thèse philosophique, bloquent le contenu. Le fait qu'une œuvre d'art soit trop réfléchie n'est pas seulement de l'idéologie, mais tire au contraire sa vérité de ce qu'elle est trop peu réfléchie : non réfléchie contre l'insistance de sa propre intention ». Sur le « caractère énigmatique » co-essentiel à l'œuvre d'art : « Les œuvres d'art sont énigmatiques en tant que physionomie d'un esprit objectif qui n'est jamais transparent à soi-même au moment de son apparition » (*Idem*, p. 174). « On peut ... reconnaître le caractère énigmatique là où il manque. Les œuvres qui se présentent sans résidu au regard et à la pensée ne sont pas des œuvres d'art » (*Idem*, p. 165).

3. Ainsi, pour Lucien Goldmann il y a homologie entre la structure de l'œuvre et celle du groupe social qui porte l'œuvre, par exemple entre les *Pensées* de Pascal ou le théâtre racinien et l'idéologie janséniste explicable elle-même en dernière analyse à partir des contradictions de la classe robine. La condition de la noblesse de robe à la fois attachée à la monarchie absolue et opposée à celle-ci dont la politique tend à la destruction du pouvoir parlementaire, s'exprime dans la vision janséniste du monde, vision tragique par essence puisque prise dans les contradictions insurmontables d'un monde fondamentalement vain dans lequel l'homme néanmoins doit vivre. Quant à l'œuvre littéraire, elle ne fait que transposer cette réalité sociale, en vertu du postulat selon lequel « les véritables sujets de la création culturelle sont les groupes sociaux et non pas les individus isolés ». (Pour une analyse critique de cette position, voir S. Doubrovsky, *Pourquoi la nouvelle critique ? Critique et objectivité.*)

4. ADORNO, *Théorie Esthétique*, p. 178.

de vérité de l'œuvre font injure à cette dernière parce qu'elles nient son existence autonome. Reste que, par-delà toute réduction psychologiste, sociologiste ou philosophique, il faut cependant parler d'une vérité de l'œuvre parce que l'art n'est pas un simple jeu, mais « connaissance » à sa manière qui n'est pas conceptuelle et néanmoins réellement « métaphysique » en ce sens qu'elle nous met en question, nous et la société dans laquelle nous vivons et nous interpelle en nous ouvrant à un autre monde, à d'autres possibles meilleurs.

Telle semble être la thèse d'Adorno d'abord quand il reconnaît la spécificité d'un langage proprement esthétique, « aconceptuel » [5], non-discursif, sans préciser d'ailleurs ce qu'il est positivement (sinon qu'il est de l'ordre du geste comme le pensait Antonin Artaud) ni ce qui le rend communicable. Par contre, il souligne plus fermement « le caractère énigmatique » de ce qui en ce langage échappe à l'univocité du discours logique, à savoir cette polyvalence du sens qui exige interprétation : « Les œuvres, surtout celles de la plus haute dignité, attendent leur interprétation » [6]. En effet, leur sens, contrairement à celui des œuvres à thèse (qui, pour cette raison, n'atteignent jamais à l'autonomie esthétique), n'est jamais transparent mais lourd et sédimenté (grâce à la médiation du matériau, comme nous le verrons bientôt) : « Le caractère de vérité des œuvres n'est pas quelque chose qui s'identifie immédiatement. » [7] Et quand Adorno parle d'une « résolution objective de l'énigme » [8], il ne faut pas, selon nous, entendre par là une traduction rationnelle ou conceptuelle de l'œuvre (ce qui reviendrait à nier toute l'analyse précédente), mais plutôt, comme il l'écrit plus loin, que « objectivité et vérité vont de pair » [9], ce qui veut dire, — et c'est tout le paradoxe ou l'énigme de l'œuvre d'art —, que plus une œuvre est formellement organisée, mieux elle s'ajuste au niveau de l'objectivité esthétique, et plus elle réalise en perfection son contenu de vérité (point central sur lequel nous reviendrons). Enfin, quand Adorno qualifie de « métaphysique » le contenu de vérité de l'œuvre, il veut désigner par là un sens qui n'est jamais second ni rétrospectif, mais résolument non-empirique, prospectif, en un mot utopique : « La nature dont l'art cherche à être

5. *Idem*, p. 178. Il est question, p. 177, du « langage sui generis » de l'art. Evoquant l'*expression* esthétique comme « objectivation du non-objectif » (p. 152), il parle d'un « *langage mimétique* » : « Les vases étrusques de la villa Julia sont parlants au plus haut degré et incomparables à tout langage communicatif » (p. 153). Jimenez (*in* « Adorno », p. 228) cite ce passage « c'est la force de l'expression », « critère central », qui permet aux œuvres de « devenir *éloquentes par un gestus sans paroles* ». Guernica, par exemple, « acquiert, grâce à une construction inhumaine, cette expression qui accuse son caractère de protestation sociale ». C'est nous qui soulignons (*Théorie esthétique*, p. 315). Certains autres passages, avouons-le, sont plus ambigus, notamment p. 176, § 10, début.

6. *Idem*, p. 173.

7. *Idem*, p. 175.

8. *Idem*, p. 173.

9. *Idem*, p. 175.

l'image n'existe pas encore ; elle est vraiment dans l'art un non-Étant. »[10] Et encore : « le fait que les œuvres d'art sont là montre que le non-étant pourrait exister. La réalité des œuvres d'art témoigne de la possibilité du possible »[11]. Idée profonde : comme les Idées régulatrices kantiennes (et notamment les Idées esthétiques), l'œuvre échappe par principe à toute totalisation empirique et témoigne ainsi pour une réalité métaphysique[12]. On comprend également qu'en tant que négatrice de la totalité totalitaire du système, l'œuvre d'art ne soit concevable que libre (ce thème est tout à fait fondamental dans l'esthétique d'Adorno).

Ajoutons pour achever de cerner cette notion de « contenu de vérité » que certaines remarques d'Adorno font explicitement référence à la Nature, suggérant ainsi que l'œuvre puise son élan révolutionnaire dans son inspiration dionysiaque. Par exemple, évoquant la « respiration » d'une musique, il note que par ce « souffle » (rythme ?), l'œuvre se rapproche de la nature[13]. Par contre s'il n'a pas vu, à la suite de Kant, que c'est par le génie créateur que s'opère cet ancrage dans la Nature[14], il décèle très bien, au cœur le plus intime

10. *Idem*, p. 178.
11. *Idem*, p. 179.
12. Ce sens métaphysique désigne pour Adorno avant tout l'espoir révolutionnaire, mais pourquoi exclurait-il l'espérance eschatologique ? Quand Marcuse écrit : « Quelque proches et familiers qu'aient pu être le temple ou la cathédrale pour ceux qui vivaient autour, ils exprimaient un contraste terrifiant ou sublime avec la vie actuelle de l'esclave, du paysan, de l'artisan », ce texte récupère un art sacré dans un sens révolutionnaire, mais ne peut-on pas, sans nier pour autant le premier sens, lui donner également son sens propre, à savoir la possibilité d'une autre vie qui transfigure celle-ci en lui donnant une autre dimension, celle du surnaturel ? N'est-ce pas le sens même de toute la musique de Bach par exemple ?
13. ADORNO, *Théorie esthétique*, p. 175.
14. L'attitude d'Adorno à l'égard de la notion de génie est en réalité complexe et nuancée. Ce qu'il combat à travers ce concept, c'est la « fétichisation de la subjectivité séparée, abstraite dans le langage de Hegel », à savoir essentiellement le fait de valoriser la subjectivité individuelle du sujet créateur au détriment de la structure objective des œuvres (« Le concept de génie devient l'ennemi potentiel des œuvres d'art »), la réduction de l'œuvre à n'être plus qu'une « sorte de document sur son créateur » et l'oubli que « les œuvres — évidemment pas leurs auteurs — sont leur propre critère », le mépris de la technè et du travail de base sur le matériau au profit d'un vague pathos romantique sur l'inspiration, le culte charismatique de la personnalité de l'artiste avec tous ses prolongements commerciaux bien connus, finalement une idéologie élitaire qui réserve à quelques individus privilégiés un pouvoir de création *ex nihilo*. Par contre, Adorno admet la « catégorie du génial », mais ressaisie au niveau même de l'analyse des œuvres, ce qu'il nomme réfléchir « de manière critique sur l'originalité », par exemple « lorsqu'on dit avec raison d'un passage qu'il est génial ». Ainsi, « il suffit de constater la différence entre Bach et ses contemporains ». « La chose géniale, écrit encore Adorno, est un nœud dialectique : le non-routinier, le non-répété, ce qui est libre, qui s'accompagne du moment du nécessaire, le savoir-faire paradoxal de l'art est un de ses critères les plus sûrs. » On pourrait citer à cet égard les cadences de Bach, souvent imprévues, toujours inédites et hautement expressives. Sans nier, nous semble-t-il, la médiation du sujet individuel, Adorno veut, au-delà et en deçà de la

des grandes œuvres d'art, la tension entre deux contraires, le mimétique et le construit, le moment d'irrationnalité et le moment de rationalité, l'impulsion dionysiaque et l'élaboration apollinienne. Citant *la Flûte enchantée* de Mozart, il écrit : « les moments de niaiserie dans les œuvres d'art sont très proches de leurs couches non-intentionnelles et, pour cette raison, constituent, dans les grandes œuvres, leur secret... Dans l'élément clownesque, l'art se souvient avec satisfaction de la préhistoire dans le monde primitif animal »[15]. De même il défend la spontanéité de la libre atonalité contre le « constructivisme dodécaphonique » qui au lieu d'universaliser la dissonance l'asservit à un système et restaure la rationalité : « Souvent, la modernité se transforme ainsi en réaction. »[16] Il ne s'agit pas pour autant de sombrer dans l'irrationalisme : « L'art n'est pas prérationnel ou irrationnel..., les théories de l'art rationalistes et irrationalistes échouent pareillement. »[17] La « polarité inévitable du mimétique et du constructif » ne condamne pas l'art à « osciller entre les deux principes »[18]. L'art est autant allergique à sa régression dans la magie qu'à sa perte dans la rationalisation : « L'aporie de l'art, entre la régression à la magie littérale et la cession de l'impulsion mimétique à la rationalité chosifiante, lui prescrit sa ligne de conduite. Cette aporie est inévitable. La profondeur du processus, qu'est toute œuvre d'art, est due au caractère inconciliable, de ces moments. »[19] Position somme toute fort proche de celle de Nietzsche sur la complémentarité du dionysiaque et de l'apollinien. Nulle suspicion en tout cas ici à l'égard de la discipline de la forme à condition que celle-ci soit portée par les impulsions mimétiques qu'elle seule d'ailleurs peut conduire jusqu'à l'expression[20].

3. *La querelle du « formalisme ».*

Nous touchons ainsi au thème central qui nous paraît commander toutes les réflexions esthétiques d'Adorno : la nécessité de définir en toute rigueur la spécificité de la forme esthétique pour comprendre

subjectivité individuelle de l'artiste, et, à partir de l'œuvre qui finalement seule est géniale, remonter jusqu'à ce nexus originaire entre la culture de tout un peuple et la nature : « le moment de vérité dans le concept de génie doit être cherché dans la chose, dans ce qui est *ouvert...* » (*Théorie esthétique*, p. 226-229, *passim*). N'est-ce pas retrouver l'inspiration profonde de l'analyse kantienne ? Voir aussi p. 223 : « Dans les œuvres d'art, même dans celles qu'on prétend individuelles, c'est un Nous qui parle et non pas un Moi, et de façon d'autant plus pure qu'il s'adapte moins extérieurement au Nous et à son idiome. »

15. *Idem*, p. 162.
16. *Idem*, p. 56.
17. *Idem*, p. 79.
18. *Idem*, p. 65.
19. *Idem*, p. 78.
20. « La construction n'est ni correction, ni certitude objectivante de l'expression mais doit pour ainsi dire *se conformer sans programme établi aux impulsions mimétiques* » (*Idem*, p. 65).

le caractère à la fois autonome et incarné de l'œuvre d'art digne de ce nom. La forme, c'est ce qui rend « essentiellement possible l'œuvre d'art comme totalité ainsi que son autonomie »[21] et « c'est parce que l'esthétique présuppose toujours l'idée de forme, sa notion centrale... qu'il lui faut de grands efforts pour la penser »[22]. Le difficile est d'arriver à comprendre qu'il y a un formalisme qu'il faut défendre farouchement, celui précisément que rejette le réalisme socialiste, celui qui seul « fait que l'art soit l'art » et échappe à l'inhumanité totalitaire[23], — et un formalisme qu'il faut condamner parce qu'il déracine l'œuvre de l'histoire (et de la nature) : à cet égard « Hegel a finalement raison en affirmant que les processus esthétiques possèdent toujours un *aspect lié au contenu* »[24]. L'extrême mérite d'Adorno est de lutter vigoureusement sur ces deux fronts et de sauver ainsi, complémentairement, et l'autonomie de l'œuvre et son ancrage dans la culture (et par-delà dans la nature).

Et d'abord la forme est ce par quoi une œuvre est œuvre, c'est-à-dire « réussit à se séparer du simple étant » pour se hausser au niveau de l'existence esthétique[25]. Ce qui implique refus, choix, ascèse, distanciation par élaboration formelle : « L'art adopte sa position vis-à-vis de l'empirique précisément par la distance qu'il prend à son égard. »[26] Sur ce dernier point, Adorno défend le « formalisme » brechtien contre les attaques d'un Lukács, pour lequel, « conservateur dans le domaine de la culture, le concept de forme employé est inadéquat à l'art »[27]. Il n'y a là que simple affirmation de l'émancipation nécessaire de la réalité esthétique par rapport à la réalité empirique, et ce, grâce à l'instauration d'une technique spécifique. Nul abandon par contre à une conception « idéaliste » où la forme serait isolée comme « moment séparé »[28], dans la lignée d'une esthétique comme celle de Valéry et de nos modernes structuralistes qui, à la manière de R. Barthes, par exemple, referment l'œuvre sur elle-même comme un système clos où le sens est purement différentiel. Ce formalisme, en effet, Adorno le rejette au même titre que le réalisme, car finalement il repose sur le même postulat : la confusion du *contenu* avec le *sujet*. Et on peut affirmer que l'effort principal

21. *Idem*, p 189.
22. *Idem*, p. 190.
23. *Idem*, p. 194 : « Celui qui tempête contre le prétendu formalisme, — contre le fait que l'art soit l'art — appelle à soi cette inhumanité dont il accuse le formalisme : au nom des cliques qui, pour mieux tenir les rênes des individus dominés, exigent qu'on s'adapte à cette inhumanité. Chaque fois qu'on accuse l'inhumanité de l'esprit, on se tourne contre l'humanité. »
24. *Idem*, p. 195.
25. *Idem*, p. 191.
26. *Idem*, p. 194.
27. *Idem*, p. 191.
28. *Idem*, p. 189. Sur la philosophie sous-jacente à la nouvelle critique, on se reportera à l'article de M. Dufrenne, « Structure et sens. La critique littéraire », *Revue d'Esthétique*, janvier-mars 1967. Voir également Doubrovsky, *Pourquoi la nouvelle critique ? Critique et objectivité*, Mercure de France, 1966.

de la *Théorie esthétique* a pour objet de déterminer exactement cette notion de *contenu* de l'œuvre pour briser le faux dilemmne du réalisme et du formalisme.

La forme n'est jamais quelque chose de surimposé à un contenu extérieur, il n'y a pas de dualité forme-contenu mais imbrication de toute forme esthétique et du contenu » : « elle n'a pas à être conçue... *contre* lui, mais *au travers de* lui, pour éviter quelle ne devienne victime de cette abstraction par laquelle l'esthétique de l'art réactionnaire a l'habitude de se coaliser » [29]. La forme est l'ordre même du contenu ou, comme dit Adorno, « un contenu sédimenté » [30], à savoir indissolublement l'élaboration d'un matériau de part en part historique (relatif à l'état actuel des forces de production) [31] et l'émergence d'un sens spécifique. Si Hegel a eu raison d'insister sur l'importance du contenu, il a eu tort par contre d'interpréter celui-ci comme une réplique de l'Idée [32]. Le « réalisme socialiste », en renversant l'idéalisme en matérialisme, ne fera qu'achever cette évolution dans le sens d'une esthétique des sujets en remplaçant l'Idée par la réalité empirique brute et la lutte des classes. On manque alors irrémédiablement le sens proprement esthétique toujours immanent à un certain état du matériau par lequel l'œuvre plonge ses racines dans une certaine société qu'en retour elle exprime de manière *sui generis.* En effet « le matériau lui-même, c'est de l'esprit sédimenté, quelque chose de socialement préformé à travers la conscience des hommes... Ayant la même origine que le processus social et constamment imprégné de ses traces, ce qui semble simple automouvement du matériau évolue dans le même sens que la société réelle, même là où les deux mouvements s'ignorent et se combattent. C'est pourquoi la confrontation du compositeur avec le matériau est aussi confrontation avec la société, précisément dans la mesure où celle-ci a pénétré dans l'œuvre... » [33]. Dans ce mouvement de la praxis saisi à même le devenir du matériau esthétique, l'œuvre d'art puise donc, en dernière analyse, sa vie, son pouvoir d'expression, sa force novatrice, sa modernité, bref son caractère progressiste et révolutionnaire : « Dans le *comment* de la manière de peindre peuvent se sédimenter des expériences incomparablement plus fécondes et même socialement plus importantes que dans les portraits fidèles des généraux ou des héros révolutionnaires » [34]. Toute modernité opère par déconstruction des matériaux traditionnels et innovation formelle.

Rien d'étonnant dès lors que le « réalisme socialiste », par sa récusation aveugle de tout formalisme, sombre dans l'académisme le plus désuet et soit finalement réactionnaire. Refuser les transfor-

29. *Idem,* p. 189.
30. *Idem,* p. 194.
31. *Idem,* p. 199.
32. *Idem,* p. 200.
33. ADORNO, *Philosophie de la nouvelle musique,* Gallimard, 1962, p. 45.
34. ADORNO, *Théorie esthétique,* p. 201.

mations historiques du matériau, solidaires elles-mêmes du mouvement d'ensemble de la société, c'est se figer dans la peinture et la célébration de l'ordre établi (fût-il socialiste), renoncer à tout mouvement en avant et à toute mise en question critique.

Inversement un structuralisme qui, sous prétexte de défendre l'autonomie de l'œuvre et par crainte de la réduire à un simple reflet, coupe celle-ci de toutes ses racines culturelles et naturelles, la vide finalement de tout contenu de sens et la voue à une stérélité congénitale. Car le contenu de l'œuvre, à savoir l'élaboration d'un langage nouveau par et dans la lutte avec un matériau historique sédimenté, c'est, en un geste unique et indivisible, la conquête par l'œuvre de sa modernité, son ajustement à l'autonomie de la forme esthétique et ce qui scelle son incorporation charnelle au mouvement total d'une culture singulière qu'elle exprime et simultanément qu'elle contribue à instaurer.

Cette analyse commande plusieurs idées importantes sur lesquelles il nous faut insister. Tout repose sur une définition rigoureuse de la forme comme inséparable de son contenu et de ce dernier comme irréductible à un sujet. La forme esthétique est ainsi radicalement distinguée du signe linguistique et l'expression de la signification. Le sens est ici par principe « aconceptuel », il demeure toujours *immanent* au matériau sensible et tire à lui un sens puisé jusque dans les profondeurs des « impulsions mimétiques » : « La forme... n'est substantielle que quand elle n'exerce aucune violence au formé, et est, au contraire, tirée de lui. Mais le formé et le contenu ne sont pas des objets extérieurs à la forme ; ils sont les impulsions mimétiques attirées vers ce monde des images qu'est la forme. » [35] Tel est le principe de base sur lequel se fondent les deux idées complémentaires de *modernité* et d'aspect critique de l'œuvre d'art.

4. *Le concept de modernité en art.*

Si le contenu d'une œuvre est son sens tel qu'il jaillit du travail d'un matériau daté historiquement et donc en prise sur les forces vives de la société présente, une œuvre n'est vivante que si elle est de son temps. Est moderne l'œuvre qui fait face courageusement à l'état présent de sa technè, qui respecte la maturation et l'historicité du matériau qui lui est propre. Tout retour en arrière, tout « néo-classicisme » signe la nullité esthétique d'une œuvre. Par contre, est qualitativement nouvelle l'œuvre qui laisse des traces dans le matériau [35 bis]. Ainsi peut s'énoncer le critère fondamental de la modernité. Est exemplaire, à cet égard, un musicien comme Schoenberg qui, ayant pris mesure en toute conscience et lucidité de la saturation du système

35. *Idem.*, p. 191.

35 *bis*. « Toute œuvre importante laisse des traces dans son matériau et dans sa technique » (*Idem*, p. 54).

tonal, reprend le problème sur des bases entièrement nouvelles : tonalité suspendue puis série... De même, on pourrait montrer comment Debussy ouvrait une autre voie originale vers la modernité du XXe siècle et brisait lui aussi à sa manière le principe de fonction harmonique. Au lieu de partir du total chromatique pour construire un système d'intervalles non répétitifs échappant à la gravitation tonale, cette musique tourne carrément le dos au chromatisme ultra-fonctionnel de Wagner (qui sera encore celui de Fauré) en jouant sur les échelles diatoniques (et notamment sur la gamme par tons, échelle non attractive), en agglomérant sur les accords des notes « étrangères » ce qui les libère de tout lien polarisant et permet de les traiter en eux-mêmes pour leur sonorité propre. Un autre espace ainsi naissait, accueillant à toutes sortes de sons encore inouïs (en Occident du moins) et que les musiques d'aujourd'hui chercheront à organiser. On pourrait enfin citer, contre la lettre d'Adorno (mais non contre l'esprit de sa méthode), Stravinsky comme le troisième héros de notre modernité, extralucide lui aussi quant à la mort du style (cet ordre qui sous-tend l'expression collective d'une époque) et hanté par cette recherche permanente sur la possibilité même d'un langage commun aux hommes de notre temps. D'où sa rupture radicale, totale et définitive avec l'esthétique romantique (et les ultimes artifices du chromatisme)[36], sa plongée brutale, par-delà toute tradition historique, aux sources primitives de la musique grâce à la rythmique sauvage et dionysiaque du *Sacre,* puis le jeu ironique, comme en peinture Picasso et ses diverses « manières » (tout le contraire donc de l'académisme !), avec la diversité des langages musicaux, du classique (mais non du romantique) au sériel (celui de Webern plutôt que celui de Schoenberg), enfin la permanence, d'un bout à l'autre de l'œuvre, d'un hiératisme refoulant toute tentation psychologiste ou égotiste, pour atteindre au sommet de beauté d'un rite sacral ou sacré[37].

Des exemples similaires d'une telle méthode d'analyse des œuvres pourraient être empruntés au domaine de la peinture. Ainsi, par exemple, quand Francastel montre comment avec les fresques de Masaccio, dans la Chapelle Brancacci de Santa Maria del Carmine, on assiste à la naissance d'un nouvel ordre plastique, l'espace même de la représentation (avec la perçée du mur et l'ouverture illusionniste du fond) (et par le fait même, à une nouvelle idée de l'homme dans son rapport au monde). Le même auteur, par contre, relativise

36. La fameuse condamnation de l'*expression* en musique par Stravinsky ne signifie pas autre chose finalement que cet anti-romantisme de principe, mais elle n'exclut pas une expression d'un autre type, impersonnelle, objective, hiératique, religieuse, rituelle.

37. Contre le Stravinsky réactionnaire d'Adorno on se reportera aux deux articles de Boulez et de Boucourechliev in *Musique en Jeu, n° 4.* Voir le chapitre suivant où tous ces points seront développés. A noter que si les motifs du *Baiser de la Fée* sont empruntés au romantique Tchaïkovsky, c'est, selon l'expression de R. Craft, en purgeant ce style « de son pathos et de sa vulgarité ».

le caractère « moderne » de l'impressionnisme, car le changement des sujets, l'innovation même quant aux techniques concernant la lumière et les couleurs ne suffisent pas à renverser la vision traditionnnelle qui demeure la grille de référence et qui est toujours celle de l'espace plastique de la Renaissance. Cézanne, à cet égard, sera autrement révolutionnaire. Tel est le niveau d'analyse auquel il convient de se situer en tout cas pour dégager « les œuvres types qui sont les vrais jalons à la fois de l'art et de la vie intellectuelle d'une époque », parce qu'elles inaugurent un nouveau langage [38].

Il convient d'ajouter que si la valeur d'une œuvre va de pair avec sa modernité (« L'œuvre d'art, écrivait André Breton, n'a de valeur que dans la mesure où elle frémit des réflexes de l'avenir »), ceci n'implique aucune dévaluation des grandes œuvres du passé. Bien au contraire, car c'est en raison de sa modernité qu'une œuvre subit victorieusement l'épreuve du temps : « Ne résiste au temps que ce qui se trouve le plus à l'avant-garde. » [39] Toute grande œuvre a donc été moderne en son temps et l'admiration pour les grandes œuvres du passé se trouve ainsi rigoureusement complémentaire de l'amour pour l'art moderne [40].

5. *Art et utopie.*

Jusqu'à ce point, on le concédera sans doute aisément, l'analyse d'Adorno ne fait guère difficulté, d'autant plus qu'elle fonde, comme nous avons tenté de le justifier, une critique immanente aux œuvres, parfaitement respectueuse de leur autonomie et de plain-pied avec la praxis même de l'artiste en prise avec son matériau. Mais il faut maintenant nous interroger sur un point plus délicat, à savoir la manière dont Adorno conclut de la modernité d'une œuvre à son caractère révolutionnaire et libérateur par rapport à la société entière. Une œuvre est révolutionnaire non pas en tant qu'œuvre « engagée », c'est-à-dire par son sujet mais en tant que pure et authentique esthétiquement, c'est-à-dire grâce à son contenu (solidaire du travail du matériau) qui à la fois assure sa modernité (la présence à son temps) et son autonomie (sa distance par rapport à la réalité empirique). Toute cette analyse du caractère révolutionnaire de l'œuvre d'art s'articule, comme celle de la modernité, sur la distinction fondamentale du contenu et du sujet. La tare irrémédiable du « réalisme socialiste », comme de tout art qui se veut

38. Francastel, *Peinture et société* (Gallimard-Idées, 1965), p. 122. *Idem*, p. 117 : « La querelle du sujet prouve qu'en réalité les fondements ne sont pas mis en cause, que les artistes considèrent toujours comme valables les conditions générales du langage plastique traditionnel. » Sur Masaccio, cf. Francastel, *La figure et le lieu*, p. 237.

39. Cité par Jimenez, *op. cit.*, p. 177, ainsi que la phrase d'A. Breton. On pourrait objecter le cas de Bach, surtout si on l'interprète à la manière d'Adorno. Voir note b en fin de volume.

40. Adorno, *Théorie esthétique*, p. 61.

« engagé », est sa nature profondément réactionnaire. Ainsi Brecht, en dépit de ses déclarations sur la distanciation qui est au principe de la forme esthétique, a eu tort, selon Adorno, de prendre la lutte des classes comme thème direct de ses pièces. D'où ce discours apologétique pesant, à la fois didactique et sermonnaire, condamné à sombrer dans un autoritarisme parallèle à celui-là même qu'il prétend dénoncer [41]. Didactisme, intolérance, pragmatisme (efficacité à tout prix) : nous sommes aux antipodes d'un art véritable. Il suffit, au contraire, à ce dernier d'exister pour être révolutionnaire. Par sa seule présence, pure et désintéressée, il est dénonciation critique de tout système totalitaire. En particulier, seul est véritablement critique ce qui n'est jamais thématiquement posé comme tel. Adorno cite en exemple les tragédies de Shakespeare : « Dans *Roméo et Juliette*, Shakespeare n'a pas prôné l'amour sans l'acquiescement familial, mais sans le désir d'un état où l'amour cesserait d'être meurtri et condamné par la puissance patriarcale, ou toute autre, la présence des deux amants éperdus d'amour n'aurait pas la douceur que les siècles n'ont pas réussi à user... utopie sans parole et sans image. » [42]

Mais l'exemple précédent se réfère encore à la considération du sujet. Pour saisir la thèse d'Adorno dans sa radicalité, il faut arriver à justifier la puissance révolutionnaire de la forme en elle-même. L'affirmation suivante apparaît au premier abord comme un paradoxe : « Toutes les grandes œuvres d'art, même les plus affirmatives, sont *a priori* polémiques. L'idée d'une œuvre d'art conservatrice contient quelque chose d'absurde. En se séparant de manière emphatique du monde empirique, de leur *autre*, les œuvres d'art témoignent que ce monde lui-même doit devenir autre chose, schémas non conscients de sa transformation. Même chez les artistes qui se meuvent dans une sphère de l'esprit en apparence non polémique, et que la convention admet comme pure, — par exemple chez Mozart —, le moment polémique, exception faite des sujets littéraires qu'il choisit pour ses grands opéras, est central, ainsi que la violence de la distanciation qui implicitement condamne la pauvreté et la fausseté de ce dont elle se distancie. La forme acquiert chez lui sa violence comme négation déterminée ; la réconciliation qu'elle rend présente, possède sa douceur douloureuse car la réalité, jusqu'alors, la refusait. » [43] La forme, nous l'avons vu, est inséparable du contenu,

41. *Idem*, p. 321 : « Son programme de distanciation était de provoquer la réflexion du spectateur. Le postulat brechtien d'un comportement réflexif converge remarquablement avec celui d'une attitude de prise de conscience objective qu'attendent les œuvres d'art autonomes et importantes de la part des spectateurs, des auditeurs et des lecteurs, comme étant l'attitude adéquate. Son *gestus* didactique est cependant intolérant envers la pluralité d'interprétation au contact de laquelle la pensée s'enflamme : il est autoritaire. Ce fut peut-être la réaction de Brecht à l'absence d'effet de ses pièces dont il se rendit compte : par la technique de domination qu'il utilisa en virtuose, il voulut atteindre l'efficacité à tout prix. Le pragmatisme de Brecht devint un constituant esthétique de ses œuvres... »

42. *Idem*, p. 327.

43. *Idem*, p. 235-236.

lui-même solidaire d'un matériau que l'œuvre a assumée pleinement en tant que matériel historique de son époque, ce qui fonde à la fois sa modernité et sa pérennité [44]. Et, loin de réduire l'œuvre à un reflet du contexte social ou à une superstructure des forces productives, Adorno voit dans cette émergence du « contenu de vérité » la condition même de l'autonomie de l'œuvre d'art : « L'immanence de la société dans l'œuvre est le rapport social essentiel de l'art, non pas l'immanence de l'art dans la société. » [45] Ce qui veut dire que l'art est un véritable langage, mais à sa manière, radicalement différente du langage discursif si vite récupéré par la tentation totalitaire. La forme esthétique, c'est le langage de la liberté et de la non-violence : « la forme esthétique est l'organisation objective de tout ce qui à l'intérieur d'une œuvre d'art apparaît comme étant de langage cohérent. Elle est la synthèse non violente des éléments épars, qu'elle conserve cependant tels qu'ils sont dans leurs divergences et leurs contradictions, et c'est pourquoi elle est effectivement un déploiement de la vérité » [46]. « Synthèse non violente », la forme l'est en tant que l'œuvre, « finalité sans fin », selon la formule fameuse de Kant [47], échappe par principe à la réalité empirique et à tout système totalitaire. Telle est, en dernier ressort, « la violence de la distanciation » dont il était question plus haut, le « moment polémique » de toute grande œuvre d'art, en tant précisément qu'elle est autonome et désintéressée, cette puissance de négation et de critique qui est la violence de la non-violence. Et n'est-ce pas, en effet, en raison directe de sa pureté et de son désintéressement qu'une œuvre est hautement efficace socialement, c'est-à-dire critique à l'égard d'une société comme la nôtre livrée pieds et poings liés aux impératifs insatiables de la productivité et de la consommation ? Et voilà pourquoi finalement l'art « critique la société par le simple fait qu'il existe » [48] et pourquoi l'émotion esthétique vraie est provocation à sortir de soi, défi infligé à nos stéréotypes, invitation pressante à la réflexion [49].

Ainsi se justifie pour Adorno l'idée qu'on doit se faire du sens ultime de l'art et de sa mission dans notre monde actuel. Si l'art

44. *Idem*, p. 53 : « Seules les œuvres qui un jour s'exposèrent ont une chance de survie, pour autant que celle-ci existe encore, mais non pas celles, qui par peur de l'éphémère, se perdent dans le passé. »

45. *Idem*, p. 308.

46. *Idem*, p. 193.

47. Cité par Adorno. *Idem*, p. 204.

48. *Idem*, p. 299.

49. *Idem*, p. 321 et 323. Sur l'expérience esthétique comme « provocation », d'ailleurs entendue en un sens plus métaphysique que social, on pourra se rapporter à Antonin Artaud et aussi à Jerzy Grotowski. Ce dernier écrit : « Pourquoi sommes-nous concernés par l'art ? Pour dépasser nos frontières, aller au-delà de nos limites, remplir notre vide — pour nous accomplir. Ce n'est pas un conditionnement, mais un processus au cours duquel ce qui est sombre en nous devient lentement transparent. Dans ce combat avec la propre vérité de chacun, cet effort pour arracher le masque de la vie, le théâtre avec sa perception par la chair, m'a toujours semblé une sorte de provocation » (Grotowski, *Vers un théâtre pauvre*, La Cité, 1971, p. 20).

exclut par principe l'engagement, il n'est pas pour autant évasion hors de ce monde, fuite dans l'illusion, consolation imaginaire ou, comme disait Freud « douce narcose ». L'art en toute rigueur est utopie, entendue comme sens du possible, puissance d'arrachement à toute clôture totalitaire, antidote à toute idéologie, bref ferment révolutionnaire [50]. L'imaginaire ici mis en jeu n'endort pas, il réveille et aiguise la conscience. L'émotion esthétique véritable, loin de livrer le spectateur à la passivité, au détachement et à l'oubli, le pousse hors de lui-même et le provoque à une réaction critique [51]. Freud, en déclarant que l'art est le refus du « principe de réalité », pressentait bien que « tout art, négation du principe de réalité, proteste contre l'image paternelle et est en ce sens révolutionnaire » [52]. Mais, en faisant de l'art finalement un compromis entre principe de réalité et principe du plaisir, en le dotant du pouvoir d'apaiser les contradictions et d'oublier notre misère réelle, il devenait incapable d'apercevoir sa dimension critique et sa *fonction utopique* fondamentale. Adorno se retrouve alors à nouveau derrière Brecht pour dénoncer la théorie aristotélicienne de la *fonction cathartique* de l'art (théorie qui préfigure déjà celle de Freud). Le propre de l'art, ce n'est point d'abord d'être promesse de bonheur, de paix et de sérénité, ni même simplement de faire plaisir. Tout grand art, et notamment l'art moderne, porte en lui la contestation, la provocation, le refus de la conciliation. Adorno accuse la thèse de la sublimation esthétique de faire le jeu de ce que Marcuse nommera la « sublimation répressive », ce produit le plus insidieux des sociétés industrielles. Ces dernières sont, en effet, hyperidéologiques en tant que les individus, par le piège de la consommation indéfinie, y deviennent les complices inconscients de leurs propre esclavage. Dans un tel contexte l'œuvre d'art est réduite au rang de marchandise et irrémédiablement déchue de sa dignité esthétique. Pour se vendre, il faut qu'elle plaise, flatte des besoins artificiellement induits par la réclame et soit « lancée » comme une lessive par matraquage publicitaire. Ainsi l'industrie culturelle, totalement étrangère à toute valeur de désintéressement [53], « désacralise » l'art, selon l'expression même d'Adorno, et désamorce en lui toute velléité contestataire. D'où par opposition l'insistance d'Adorno sur

50. ADORNO, *Théorie esthétique*, p. 50. L'utopie ainsi définie s'oppose aux utopies solidifiées en système et discours autoritaire, comme l'a montré M. Dufrenne, in *Art et politique*, 10/18, 1974.

51. ADORNO, *Théorie esthétique*, p. 323 : « L'émotion provoquée par les œuvres importantes n'est pas utilisée comme détonateur d'émotions personnelles habituellement refoulées. Elle fait partie de l'instant dans lequel celui qui reçoit s'oublie et disparaît dans l'œuvre ; instant de grande émotion ; il perd pied ; la possibilité de la vérité qui s'incarne dans l'image esthétique devient pour lui physique. »

52. *Idem.*, p. 337.

53. *Idem*, p. 322 : « Dans une société qui fait perdre aux hommes l'habitude de penser plus loin que le bout de leur nez, ce qui est plus que simple reproduction de leur vie et dont on ne cesse de leur marteler que, sans cela, ils ne s'en sortiraient pas, est superflu. »

ce fait que l'on doit attendre aujourd'hui d'une authentique œuvre d'art : se refuser à la facilité et à la démagogie, bannir toute velléité de flatterie et de séduction, ne pas craindre de heurter et de faire souffrir. Bref, déconstruction du langage et expérience de la souffrance, tels sont les deux critères de notre modernité selon Adorno qui en trouve le modèle exemplaire dans l'œuvre de Schoenberg, cet art qui, par son pur « contenu de vérité », dénonce la société actuelle et exprime la décomposition du monde : « Elle a pris sur elle toutes les ténèbres et toute la culpabilité du monde. Elle trouve tout son bonheur à reconnaître le malheur, toute sa beauté à s'interdire l'apparence du beau. »[54] Une des dernières œuvres de Schoenberg, *Un Survivant de Varsovie* (Op. 46), à la fois — et indivisément — par son « total engagement social et historique » et son « intégrité radicale » sur le plan esthétique (pour reprendre les expressions de Leibowitz dans son *Schoenberg*, p. 150), nous paraît exemplaire pour caractériser le style de Schoenberg à son point extrême de développement en même temps que cette modernité si profondément analysée par Adorno.

54. ADORNO, *Philosophie de la nouvelle musique*, p. 142. Et, dans la *Théorie esthétique*, p. 322, ce texte : « Par l'*affront* fait aux besoins dominants, par le changement d'éclairage des choses familières qu'elles ont tendance à effectuer, les œuvres d'art correspondent au besoin objectif d'une modification de la conscience pouvant se changer en une modification de la réalité. »

CHAPITRE II

ADORNO FACE A SCHOENBERG

Adorno est mort le 6 août 1969, laissant inachevée sa *Théorie esthétique.* La *Philosophie de la nouvelle musique* a paru en 1959, mais la première partie, consacrée à Schoenberg, a été écrite, sauf quelques adjonctions relatives aux dernières œuvres du compositeur, dès les années 1940-1941 [1]. En dépit de cet échelonnement des dates dans la vie intellectuelle d'Adorno, ce qui paraît remarquable et que nous voudrions dégager, c'est l'unité profonde entre sa théorie de l'approche de l'œuvre musicale et la manière concrète dont il a pratiqué cette analyse. On peut contester le caractère partial et passionné du parallèle manichéen entre Schoenberg (et le progrès) et Stravinsky (et la restauration) qui fait l'objet du livre. On ne saurait cependant nier qu'au plus injuste se mêle ici souvent le plus pertinent et le plus passionnant et que les problèmes de fond sont à chaque instant posés quant à la musique de ces deux héros de la modernité (sans oublier le troisième, à savoir Debussy, auquel il est fait plus que des allusions passagères). En un mot est exemplaire chez Adorno la mise en œuvre de ce qu'on pourrait nommer une *analyse totale.*

1. *Pour une analyse totale.*

Dans son esthétique de la musique, Hegel opposait les dilettantes et les connaisseurs. Adorno reprend à son compte cette opposition pour récuser à la fois les uns et les autres : « le connaisseur est devenu une non-vérité, complémentaire de la non-vérité du profane qui attend de la musique qu'elle berce de son gazouillement le train-train quotidien. Le connaisseur s'est mué en expert, et son savoir qui seul atteint encore la chose est devenu une connaissance routinière et prétentieuse qui la tue. Partout où la technique n'est plus consi-

1. Adorno, *Philosophie der neuen Musik,* Francfort, Europäische Verlagsanstalt, 1959. N.R.F. - Gallimard, 1962, traduction par Hans Hildenbrand et Alex Lindenberg.

dérée comme fin en soi, on se heurte chez lui à un mélange d'intolérance corporative et de naïveté obtuse. Capable de contrôler n'importe quel contrepoint, il ne voit plus depuis longtemps à quoi sert le tout, et s'il sert même encore à quelque chose : l'intelligence spécialisée se mue en aveuglement, la connaissance en compte rendu pour ainsi dire administratif »[2]. La notion de « contenu de vérité », centrale nous l'avons vu dans la *Théorie esthétique*, est ce qui permet d'échapper à ce dilemme des deux non-vérités et d'avoir cette intelligence du *tout* de l'œuvre vers lequel doivent converger les analyses techniques de détail pour acquérir un sens et une finalité. La manière dont s'instaure dans et par une œuvre la confrontation avec le matériau de l'époque commande finalement le caractère charnel historique de cette œuvre, ce qui la rend à la fois vivante et signifiante, ce qui fonde son pouvoir de retentissement spirituel et sa force révolutionnaire. Ainsi, dans le monodrame *Die glückliche Hand*, si le texte (donc le sujet), en dépit de son intention explicite, demeure en fait réactionnaire[3], ce n'est pas le cas de la musique dont l'écriture signe la vérité de l'œuvre[4]. De même *Erwartung* est de la psychanalyse en musique en tant que l'héroïne « est livrée à la musique... comme une patiente à un traitement psychanalytique » et que « l'enregistrement sismographique des chocs traumatisants devient en même temps la loi technique de la forme musicale, qui interdit continuité et développement »[5]. Ces deux exemples aident à « comprendre l'entrecroisement de la forme et du contenu dans toute la musique » et qu'il soit « erroné... de condamner comme formaliste une articulation technique poussée »[6]. Déchiffrer dans une

2. *Op. cit.*, p. 33, note.

3. Dans la mesure où le troisième tableau de cette œuvre attribue l'aliénation de l'ouvrier par rapport à ce qu'il produit à la division du travail et non à l'exploitation de classe inhérente à un certain type de rapports de production. *Idem*, p. 54.

4. Signalons en particulier que *Die glückliche Hand (La main heureuse)*, op. 18 (1908-1913), après les *Gurre-Lieder* (1900-1911) et avant le *Pierrot lunaire*, op. 21 (1912), utilise de manière importante la technique vocale du *Sprechgesang* qui marquait une ère nouvelle de la musique dramatique par le recours à un mode d'émission vocale étranger à la tradition occidentale (sinon à ses origines sémites et orientales) et notamment par la récusation du privilège des hauteurs discrètes et, partant, du concept d'harmonie verticale.

5. ADORNO, *Philosophie de la nouvelle musique*, p. 53. *Erwartung* (1909), en conjugant atonalité et athématisme, est sans doute l'œuvre la plus révolutionnaire de Schoenberg, une œuvre longtemps considérée comme défiant toute tentative d'analyse : « L'architecture de la partition défie toute analyse traditionnelle », écrit Leibowitz dans son *Schoenberg* (Seuil, p. 82). Nous verrons comment Ch. Rosen relève magistralement ce défit en réussissant à dégager ce qui constitue le caractère révolutionnaire du langage ici employé.

6. ADORNO, *op. cit.*, p. 53. Forme et sens s'impliquent mutuellement. Comprendre une œuvre comme *Erwartung* par exemple, c'est parvenir à cerner exactement la manière tout à fait révolutionnaire ici de traiter la dissonance et à surprendre là même le secret de l'expressivité intense du symbolisme cauchemardesque qui fait de ce monodrame « le nec plus ultra de l'œuvre expressionniste » (Ch. ROSEN, *Schoenberg*, Editions de Minuit, p. 25 et p. 45).

œuvre le travail formel du langage comme « contenu sédimenté », tel est, en définitive, l'objet d'une analyse musicale pour laquelle « les formes de l'art enregistrent l'histoire de l'humanité avec plus d'exactitude que les documents »[7].

2. *Pensée et Vérité musicales.*

Tel est le principe central d'analyse dont nous allons vérifier la fécondité en suivant d'abord la manière dont *Adorno* aborde la musique de Schoenberg. Et il convient en tout premier lieu de lever l'objection d'intellectualisme souvent adressée à cette musique, faute de quoi on demeurera insensible à la « rigueur objective » qui confère à cette « pensée musicale » son éminente « dignité » et l'insère d'emblée dans la tradition de *L'Art de la Fugue,* dans celle de Beethoven et de Brahms[8]. En fait « l'anti-intellectualisme musical » ne fait que condamner sous le nom de « sentiment » cette sentimentalité facile qui flatte le mauvais goût du public et qui n'est finalement que « le complément de la ratio commerciale »[9]. Adorno cite ici les textes hégéliens sur le sentiment, mais en oubliant que ce dernier rejette finalement au profit du Concept *toute* intervention du sentiment en musique, alors que lui, Adorno, fait très bien la distinction entre « le sentiment assumé par l'œuvre » (et essentiel à celle-ci) et le sentiment « qu'elle provoque » et auquel s'abandonne sans résis-

7. Une analyse harmonique n'est pas une fin en soi, elle n'a de sens que rapportée à l'état général du langage d'une époque : « De la vérité et de la fausseté des accords ne décide pas leur apparition isolée ; on ne peut en juger que par rapport à l'état général de la technique. L'accord de septième diminuée, qui sonne faux dans les pièces de salon, est juste et riche d'expression, au début de la *Sonate* op. III de Beethoven. Dans ce morceau, non seulement cet accord n'est pas plaqué, non seulement il dérive du plan de construction de la sonate, mais encore le niveau général de la technique beethovenienne, la tension entre l'extrême dissonance pour lui possible et la consonance, la perspective harmonique qui s'assimile tous les événements mélodiques, la conception dynamique de la tonalité comme totalité, tous ces éléments confèrent à l'accord son poids spécifique, qu'il a perdu à travers un processus historique pourtant bien irréversible » (*Philosophie de la nouvelle musique,* p. 46-47). Ainsi on peut dire que dans une œuvre néo-classique, donc académique en ce qu'elle est à la remorque d'un langage du passé, les accords traditionnels sonnent faux au sens de vides parce qu'ils sont anachroniques eu égard au matériau de notre époque. Certes, cette fausseté ou ce vide, à condition d'être traités explicitement comme tels (donc maîtrisés comme langage) peuvent devenir eux-mêmes signifiants. Ainsi, « dans *Wozzeck* et dans *Lulu,* l'accord parfait du do majeur apparaît, dans des passages par ailleurs détachés de la tonalité, chaque fois qu'il est question d'argent. C'est un effet de patente banalité et de suranné. La menue monnaie du do majeur est dénoncée comme fausse » (*Idem,* p. 68, note). Adorno a donc raison de conclure : « Aucun accord n'est faux en soi, ne serait-ce que pour la bonne raison qu'il n'y a pas d'accord en soi et que chaque accord renferme en lui le tout, et aussi toute l'histoire » (*Idem,* p. 47).

8. *Idem,* p 22.

9. *Idem,* p. 21. Adorno s'élève avec vigueur contre cette musique qui est matraquage du goût, et en tant que telle, profondément répressive (*Idem,* p. 20).

tance un auditeur passif et très vite conditionné [10]. Omettre de faire cette distinction capitale aboutit à cette idée absurde « que le populaire Tchaïkovsky qui peint même le désespoir par des couplets exprime en eux plus de sentiment que le sismographe d'*Erwartung* de Schoenberg » [11], et l'on demeure incapable de comprendre que « la musique pure d'aujourd'hui, celle de l'école de Schoenberg, c'est tout le contraire de cette " absence de pensées et de sentiments " que Hegel redoutait en regardant probablement du coin de l'œil la virtuosité instrumentale qui, à son époque, commençait à faire ravage » [12].

Quand on qualifie péjorativement d'intellectuelle la musique de Schoenberg, on passe donc finalement tout à fait à côté du sens profond de cette musique et aussi de toute musique véritable. Adorno cite l'affirmation décisive de Schoenberg : « la musique ne doit pas être un ornement, elle doit être vraie » [13]. Ornement ne renvoie ici ni au sens technique musical du mot (quand on parle, par exemple, de l'ornementation chez Bach ou dans la musique française), ni non plus à ce principe de développement qui engendre toute forme esthétique, mais désigne en bloc tout ce qui tend à réduire la musique à un divertissement insignifiant, à un simple jeu, ou encore, comme souvent aujourd'hui, à un fond sonore, à la fois indifférencié et fonctionnel. Or, « l'œuvre d'art entièrement fonctionnelle est complètement dépourvue de fonction » [14], c'est-à-dire qu'elle perd sa dimension esthétique. Par contre, l'œuvre vraie n'a pas de fonction déterminée et subordonnée, sa fonction propre consistant « justement à surmonter la simple existence » [15]. C'est ce que Schoenberg nomme en toute rigueur *penser* : « La musique n'est pas un quelconque divertissement, mais bien la façon dont s'exprime un poète qui s'exprime en musique, dont pense un penseur qui pense en musique. » [16] Lorsque Kant, et, à sa suite Heidegger, opposent *penser* à *connaître,* ils nous aident à comprendre la légitimité de cette

10. *Idem,* p. 21, note. Les citations de Hegel se trouvent p. 22, note : « Le sentiment est la région obtuse et indéterminée de l'esprit ; ce qui est senti demeure enveloppé dans la forme de la subjectivité individuelle la plus abstraite ; par conséquent, les différences du sentiment sont aussi des différences entièrement abstraites, ce ne sont pas des différences de la chose même... » Sur cette attitude de Hegel à l'égard du sentiment nous renvoyons à notre travail : *Le Musical,* Klincksieck, p. 188-199.

11. ADORNO, *Idem,* p. 21-22.

12. ADORNO, *Idem,* p. 29. Adorno ajoute cependant qu'à notre époque la « dissolution de tout élément préétabli », c'est-à-dire la mort du style ou la crise du langage musical, rend beaucoup plus grand le risque annoncé par Hegel d'une « absence de pensées et de sentiments » et l'enfoncement du compositeur dans une pure technique individuelle coupée de toute « résonance sociale » (*Idem,* p. 26 et 27).

13. *Idem,* p. 57.

14. *Idem,* p. 79.

15. *Idem.*

16. SCHOENBERG, *Le Style et l'Idée,* Buchet-Chastel, Paris, 1977, p. 167.

pensée qui, en dehors et au-delà du discours conceptuel, œuvre au niveau du sensible esthétique promu au rang de symbole, et à affirmer ainsi, en dehors de toute réduction intellectualiste, la pleine réalité d'une pensée poétique, d'une pensée plastique, d'une pensée musicale... D'où finalement la légitimité et l'importance d'une recherche sur la *vérité* d'une œuvre d'art et le sens de l'interrogation d'Adorno sur la vérité de la musique de Schoenberg.

Musique sans concession à cet entourage social qu'elle dénonce par la seule tenue ascétique de sa forme, l'œuvre de Schoenberg trouve sa *vérité* exemplaire et révolutionnaire dans « ce démenti qu'elle oppose... au sens de la société organisée dont elle ne veut rien savoir »[17]. Tel est bien le fil directeur de toute cette analyse d'Adorno : montrer que cette musique est révolutionnaire quant à sa technique, et à son langage, et que par là même s'explique son caractère révolutionnaire quant à sa signification ultime, à la fois sociale et métaphysique. Nous suivrons les grandes lignes de cette démonstration.

3. *Tonalité et fonctionalité harmonique (baroque, classicisme, romantisme).*

Déclarer de Schoenberg, comme le fait Adorno, qu'il est le musicien de la « surenchère »[18] peut paraître au premier abord contraire au progrès et à la révolution. Mais on connaît le texte où Schoenberg, en même temps qu'il nous donne un inventaire détaillé de ce qu'il a « appris » respectivement de Bach, Mozart, Beethoven, Wagner, Brahms, Schubert, Mahler, Strauss et Reger, revendique hautement la paternité de la coupure qu'il a introduit en musique : « Je ne me suis soustrait à personne... et cela m'a amené à faire du neuf... Mon mérite est d'avoir écrit une musique véritablement nouvelle qui, de même qu'elle est issue de la tradition, est destinée à devenir une tradition. »[19] Il est donc révolutionnaire en s'insérant pleinement dans cette tradition allemande qu'il pousse aux extrêmes et dont il tire avec une logique parfaite les ultimes conséquences.

Au principe de cette dialectique historique il y a la dualité de la musique polyphonique et de la musique homophonique. La polyphonie peut se définir comme la conduite simultanée de lignes mélodiques *en principe*[20] indépendantes (ainsi, à l'origine, la superposition

17. ADORNO, *Philosophie de la nouvelle musique*, p. 30.

18. *Idem*, p. 49.

19. SCHOENBERG, *Le Style et l'Idée*, p. 139-140. Adorno écrira donc avec raison : « Schoenberg peut se dire l'héritier de la musique classique (*Philosophie de la nouvelle musique*, p. 67. Voir note *c)* en fin de volume.

20. Mais, en réalité, comme l'a très bien noté Leibowitz (*Introduction à la musique de douze sons*, p. 65-66), jamais, avant le contrepoint atonal, les lignes mélodiques n'ont été véritablement indépendantes. En effet, dès les débuts de la polyphonie, avant même la notion d'accord, la superposition des lignes mélodiques a été gouvernée par des considérations verticales, c'est-à-dire non pas

d'une mélodie inventée, — discantus —, à un chant liturgique donné, — cantus firmus —. Quant à l'homophonie, elle s'est constituée avec l'invention de la basse chiffrée dont la fonction est de sous-tendre harmoniquement le développement de la mélodie [21]. Or, selon Schoenberg et Adorno, il s'agit bien là de deux formes de pensée musicale qui impliquent deux manières différentes de structurer l'espace musical, même s'il leur arrive de se croiser exactement comme en l'œuvre de Bach pour atteindre à cet équilibre à la fois unique et souverain entre la liberté d'un contrepoint dont la complexité des voix engendre par sa seule logique immanente la totalité du discours musical et la souplesse d'une mélodie toujours souverainement inspirée [22]. Mais, avant même la mort du Cantor, son propre fils, Carl Emmanuel Bach, nous le savons, considérait comme démodée la pensée musicale de son père. Ce sera alors, avec Haydn, Mozart et Beethoven, puis Wagner et le post-romantisme, le triomphe progressif de la pensée homophonique et, avec elle, l'affirmation et l'extension du principe de fonctionalité harmonique.

Il s'agit du principe générateur même du système tonal et de son espace ultrapolarisant autour des degrés pivots I, IV, V. D'où ce jeu de la consonance et de la dissonance au cours duquel se tissent les séquences du discours musical [23]. Quand l'accord de septième de

contrapunctiques mais inconsciemment harmoniques. La subdivision des intervalles verticaux en consonances et dissonances dont l'emploi a été très vite prescrit selon certaines règles, la standardisation progressive des formules finales en cadences harmoniques-tonales, les restrictions multiples imposées aux enchaînements d'agrégations soigneusement classées en accords bien déterminés, tout cela réduit cette polyphonie à un simulacre de contrepoint.

21. En réalité, pour être plus précis, il faut dire que la basse chiffrée appartient au dernier baroque et opère la transition avec le style classique. Comme l'indique Ch. Rosen, elle disparaît après 1775 (ou demeure alors comme simple repère pour le soliste de concerto). La basse avec remplissement harmonique accompagnant la mélodie va céder la place aux sonorités massives opposées à toute clarté linéaire (cf. Ch. ROSEN, *Le style classique*, Gallimard, p. 181).

22. ADORNO, *Philosophie de la nouvelle musique*, p. 103-104. Mêmes observations chez SCHOENBERG, *Le Style et l'Idée*, p. 97.

23. Voir plus loin, ch. IV, p. 81, les fondements du caractère dominateur du mode d'ut (6ᵉ mode grégorien). L'accord parfait majeur, expression condensée de la résonance naturelle, pouvant être construit sur les seuls degrés 1, 4, 5, jalonne ainsi par les notes dites pour cela « tonales » la division de l'octave en quinte majeure plus quarte mineure. Là s'origine la dynamique tonale caractéristique du principe de fonctionalité harmonique. En effet, la quinte majeure est l'intervalle dont l'oreille perçoit le mieux la justesse (aussi est-elle nommée quinte juste) et qui permet donc de calibrer les autres sons (Les Grecs accordaient leur lyre par alternance de quinte ascendante et de quarte descendante : fa, do, sol, ré, la, mi, si). C'est en même temps l'intervalle qui sépare les toniques successives dans l'ordre de leur génération. Enfin, à l'intérieur de l'échelle diatonique, toutes les quintes sont majeures (donc justes) sauf une (si-fa = quinte diminuée) et toutes les quartes sont mineures (donc justes) sauf une (la quarte augmentée fa-si ou triton). Ces deux accords de quinte diminuée et de triton constituent le noyau de toute dissonance et tension. Ils appellent donc impérieusement leur « résolution » sur les consonances de base définissant les points de stabilité et de repos. Là, en dernière analyse, nous touchons au principe ultime de la tonalité.

dominante dont l'existence fut d'abord ornementale (résultante d'une note de passage ou d'un retard) accède à l'existence vraiment fonctionnelle (en gros avec Monteverdi), il devient l'accord type de la tonalité. En lui et par lui, en effet, le triton, comble de la dissonance, au lieu d'être désarmé (comme avec les sixtes napolitaine ou dorienne)[24], sera maîtrisé et transformé en énergie harmonique, la tension dynamique maxima qu'il enferme déclenchant le puissant mouvement de résolution sur l'accord de tonique.

La caractéristique essentielle du style classique (Haydn, Mozart et Beethoven), comme l'a bien montré Charles Rosen, sera de faire jouer à grande échelle et en toute clarté, donc avec une efficacité maxima, ce rôle polarisant de la fonction harmonique. Usage de la dissonance à grande échelle, à savoir non plus, comme dans le baroque, modulations passagères tandis que l'ensemble de la pièce demeure dans la même tonalité avec le même rythme et le même niveau dynamique, d'où le rubato si particulier à ce style, — mais dissonance créatrice de tension étendue à un long épisode qui culmine en un sommet central et appelle sa résolution au niveau global de l'œuvre. De plus, par la clarté de la structure d'ensemble ordonnée selon la hiérarchie bien définie des tonalités (tonique, dominante ou substituts de dominante, tonalités voisines) (alors que, chez Bach par exemple, se rencontre souvent une succession kaléidoscopique de tonalités), par la continuité articulée qui ménage des transitions insensibles entre les divers moments de l'œuvre, par la maîtrise ferme et nette du déroulement temporel jusqu'à la cadence finale où viennent se résoudre toutes les tensions antérieures et qui clôt la pièce entière en lui apportant sa conclusion définitive, — le style classique s'oppose ainsi radicalement à la structure discontinue propre au style baroque, lequel obéit à la loi du *contraste* au triple point de vue harmonique, rythmique et dynamique[25]. Ce qui distingue notamment la réexposition classique du *da Capo* baroque provient de ce qu'elle n'est plus répétition (ornée différemment ou non), mais résolution harmonique d'une tension constitutive du centre et du sommet de l'œuvre[26].

24. Le triton est corrigé en quarte juste, soit en baissant la sixte (sixte napolitaine : ré fa # si♭, soit en haussant la tierce (sixte dorienne : ré fa # si).

25. Ainsi le *crescendo* utilisé comme transition dynamique est une invention de l'orchestre de Mannheim. L'orgue baroque, on le sait, ne comporte pas de boîte expressive. Les changements de claviers permettent d'obtenir les contrastes de sonorités qui clarifient la structure et s'accordent à la « dynamique en terrasse » seule conforme à l'esthétique de ce style. D'autre part, sur la transition rythmique du style classique opposée au contraste rythmique pratiquée par le baroque, voir Ch. Rosen, *Le style classique*, p. 73.

26. D'où le recul, sinon l'abandon, de l'ornementation dans le style classique. Chez Beethoven, le trille par exemple perd sa fonction ornementale pour devenir un élément essentiel de la structure à grande échelle. Ainsi, par exemple, dans la sonate pour piano, op. III, le trille qui plane au sommet du mouvement lent a pour fonction de suspendre le cours du temps avant la résolution de la cadence par retour en ut majeur (voir Ch. Rosen, *op. cit.*, p. 563-564).

C'est pourquoi il est parfaitement juste d'affirmer qu'à l'âge classique, « la sonate n'est pas une forme mais un style » [27] qui s'impose à toutes les autres formes, y compris chez le dernier Beethoven la variation et la fugue, formes qui avaient conservé encore des traits baroques entre les mains de Haydn et de Mozart [28]. C'est pourquoi aussi ce style, avec sa manifestation d'une tension maxima, son exigence de résolution, son sens des proportions et de la symétrie, sa construction d'une forme fermée, est par vocation dramatique : d'où le succès, jamais démenti, de l'opéra mozartien qui a vraiment réussi à mettre l'action en musique [29]. On peut donc conclure que c'est dans le style classique que la tonalité atteint à cette plénitude fonctionnelle célébrée par Schoenberg et qui est à la fois unification et articulation : « La tonalité n'aide pas seulement à fixer la position des éléments, mais aussi leur forme. Les maîtres sont ainsi parvenus à faire saisir par le seul moyen de l'harmonie si telle idée est principale ou secondaire, tel passage une introduction ou une transition, un épisode, un pont, une articulation, un divertissement, un développement, une condensation, et mieux encore à quel moment commence ou cesse l'un de ces éléments caractéristiques. Des schémas très reconnaissables réservés aux entrées ou aux conclusions, des formules harmoniques typées exprimant sans ambiguïté qu'on a affaire à un passage d'importance capitale ou à une conclusion avec liquidation, ont permis d'écrire avec cette extrême clarté qu'exige la bonne élaboration des formes. C'est ainsi que je conçois les deux rôles essentiels de la tonalité. D'une part, elle assemble, elle unit ; d'autre part, elle articule, elle sépare, elle individualise... A travers l'unité qui s'établit dans les affinités entre les sons, l'auditeur doué d'une certaine intelligence musicale ne peut manquer de saisir que l'œuvre a été conçue comme un tout. D'autre part, sa mémoire est aidée par la fonction d'articulation, qui éclaire la façon dont les éléments sont reliés entre eux et à leur ensemble, ce qui facilite la compréhension de certains moments fugitifs. C'est ainsi, par exemple, qu'un auditeur doué d'une bonne oreille musicale reconnaîtra la réexposition du thème à ce qu'il a réapparu dans le ton original ; il saura également qu'aussi longtemps que le morceau se cantonne dans des tons éloignés il y a peu de chances pour qu'on entende un retour du thème principal : l'œuvre s'attarde de toute évidence sur des idées secondaires ou des développements. » [30]

Avec le style romantique la fonctionalité harmonique prend soudain comme une autre allure, on dirait qu'elle s'emballe, se muant en glissements chromatiques indéfinis jusqu'aux tonalités les plus

27. Ch. ROSEN, *op. cit.*, p. 255.

28. Voir notamment les *Variations Diabelli* et celles de la *9e Symphonie*, la *Fugue de la Hammerklavier* (op. 106 en si♭ majeur) et la *Grande Fugue* (dernier mouvement du quatuor en si♭ majeur, op. 133) (Ch. Rosen, *op. cit.*, p. 549).

29. Ch. ROSEN, *op. cit.*, p. 225-226. Voir note *d)* en fin de volume.

30. SCHOENBERG, *Le Style et l'Idée*, p. 215-216.

éloignées et se livrant à l'exploitation systématique de l'enharmonie pour sa capacité de polysémie tonale[31]. Certes chez le dernier Beethoven le chromatisme et l'enharmonie sont souvent fort hardis mais ils se détachent toujours sur le fond d'un arrière-plan de formes aux structures diatoniques bien définies. Avec Schumann et Schubert tend à disparaître tout sentiment clair et net de référence à un centre tonal fixe. Avec Wagner, même si l'analyse selon les critères traditionnels demeure toujours possible en principe, en fait (et à l'audition) l'instabilité et l'incertitude tonales se généralisent, et les diverses tensions engendrées par les modulations incessantes demeurent sans réconciliation. Ainsi, dans le prélude de Tristan, un même motif se répète par variation chromatique, se fond insensiblement et successivement avec les suivants (pas moins de six au total) pour engendrer une mélodie continue globale dont le rythme s'élance en avant sans point d'appui fixe et progresse inexorablement comme le flux puissant de la marée montante. Écartèlement maximum des pôles tonaux, dissimulation des relations définies par les lois de la tonalité sous les enharmonies les plus subtiles et les plus complexes, brouillage de toutes les grilles de référence fixe, structures entraînées dans un mouvement de fuite illimité, — tout cela confère à la forme romantique, par opposition à la clôture qui est le propre de la représentation classique, son caractère d'ouverture.

4. *Mutation debussyste et mutation cézanienne.*

Assiste-t-on dès lors, comme on l'a répété, à une dissolution de la tonalité ? Oui, dans la mesure où celle-ci, en s'élargissant dans toutes les directions, s'obscurcit, se déforme, s'altère et tend à se perdre, mais non, dans la mesure où la fonctionalité harmonique demeure plus active que jamais chez Wagner et ses épigones. Par contre, il est vrai de dire que la pensée homophonique tire là ses dernières conséquences. La rupture qui ouvrira la voie aux musiques nouvelles du XXe siècle va intervenir avec la négation radicale de ce système fonctionnel. Or, le premier à avoir osé une telle transgression n'est autre que Debussy, comme l'a reconnu Schoenberg lui-même : avec « les harmonies non-fonctionnelles de Debussy », écrit-il, « la tonalité se trouvait déjà détrônée en pratique, sinon en théorie »[32]. La neutra-

31. L'accord de septième diminuée (7̸) est à cet égard le plus remarquable. Construit sur le VIIe degré de la gamme mineure, il partage l'octave en quatre parties égales de un ton et demi chacune. Il en résulte que, quelle que soit la disposition des notes et le renversement de l'accord, l'agrégation reste la même. La seconde augmentée sonne à l'oreille comme la tierce mineure. L'accord de septième diminuée peut donc être interprété de quatre façons différentes
(7̸, + 6, + 2, + 4)
5̸ 3)
et moduler dans huit tons différents.

32. SCHOENBERG, *Le Style et l'Idée,* p. 164. Ce texte extrait de « La composition avec douze sons » date de 1941. Dans un texte écrit dix ans auparavant (« Du nationalisme en musique », 1931), Schoenberg, semble-t-il, n'avait pas

lisation de la fonction harmonique est ici obtenue par une pratique tout à fait révolutionnaire à la fois du diatonisme, du chromatisme, de l'enharmonie et du « développement ».

En ce qui concerne le diatonisme, signalons l'emploi de la gamme par tons (non attractive par principe), le retour aux échelles modales (polarisées sans doute mais non polarisantes comme la gamme tonale), la stratification harmonique hétérogène (à une séquence diatonique tonale à la basse se superposent un niveau chromatique médian puis au niveau supérieur une suite d'accords parallèles), la juxtaposition statique de consonances disposées par mouvement contraire en forme d'éventail, enfin le déplacement parallèle des 7es et des 9es de dominantes (ou autres) (inaugurant une technique de « plaques » d'accords promise à un bel avenir dans la musique contemporaine). Toute cette pratique du diatonisme a pour résultat de neutraliser l'énergie fonctionnelle qui caractérise traditionnellement ce matériau harmonique.

Quant au chromatisme debussyste, il va dans le même sens. Généralement, il n'est plus passage et liaison entre notes mélodiques ou glissement d'une tonalité à l'autre mais soit brouillard de sons qui vient auréoler une note ou un accord pour leur conférer une résonance spatiale inédite, soit agglutinement de notes auxiliaires sur les notes principales de l'accord afin de les fixer en un bloc harmonique qui libère sa splendeur sonore cachée. L'enharmonie également prend dans cette musique une signification bien différente de celle qu'elle avait chez un Wagner et dans le style romantique [33]. Le fait qu'elle opère souvent la juxtaposition brusque entre espaces scalaires différents (par exemple échelle par tons - échelle modale) prouve bien l'irruption hors du système circonscrit par le cycle des quintes et l'arrachement au champ de l'attraction tonale. Décidément nous assistons bien là à la naissance d'un nouvel espace qui devait rapprocher la musique de la peinture.

Dans ces conditions, on comprendra aisément que le « développement » n'ait plus grand-chose à voir avec ce qu'il était dans les styles baroque, classique ou romantique. En effet, en l'absence du processus tension-résolution, principe de la fonctionalité harmonique, il ne reste plus, comme l'a justement souligné Adorno, que « la mise bout à bout de surfaces et de couleurs comme dans un

encore mesuré le caractère révolutionnaire de la musique de Debussy : « Debussy, qui avait incité avec un plein succès les peuples latins et slaves à se libérer de l'emprise wagnérienne, ne parvint pas à s'en libérer lui-même : ses découvertes les plus intéressantes ne trouvèrent à s'exprimer que dans les formes inventées par Wagner et à la manière de Wagner. Il faut encore noter que beaucoup de ses trouvailles harmoniques étaient aussi apparues en Allemagne, indépendamment de lui. Ce qui n'a rien d'étonnant après tout : c'étaient là des conséquences logiques de l'harmonie de Wagner, et Debussy ne fit que marquer quelques pas en avant sur la voie ouverte par ce prédécesseur. » *Le Style et l'Idée,* p. 139.

33. Voir E. ANDRÉANI, *Anti-traité d'harmonie,* 10-18.

tableau »[34]. Il n'y a plus de cadences conclusives (sauf à titre de citation ou de collage, comme lorsque Golaud décline son identité et ses titres à Mélisande), pas « de fin du morceau », celui-ci cessant « comme la vision d'un tableau dont on se détourne »[35]. Adorno dit aussi : « la permutation " remplace " le développement »[36]. Entendons par là que la structure globale de l'œuvre se construit à partir d'un certain nombre de cellules de base par tuilage ou comme une mosaïque par un jeu de duplications variées engendrant symétries et asymétries savantes du point de vue des échelles, des timbres, des registres, des rythmes, des tempi, des transformations mélodiques.

La comparaison entre le prélude de *Pelléas* et celui de *Tristan* est, à cet égard, bien éclairante. Si Debussy comme Wagner nous présente les prémisses du drame avec ses leitmotive principaux : la forêt sombre et mystérieuse, l'inquiétude et l'angoisse de Golaud, le profil de Mélisande en sa ligne descendante et son destin de chute, par contre la manière dont il construit ces vingt-trois mesures n'est plus cette modulation wagnérienne incessante obtenue par décalage chromatique indéfiniment répété. Il s'agit plutôt d'un travail de marqueterie ou de dentelle au cours duquel la forme d'ensemble s'impose par ajustement d'éléments redoublés ou contrastés. Sans vouloir entrer dans le détail, indiquons grossièrement la structure de cette pièce[37]. Les deux premières mesures dans le mode de ré se répètent légèrement transformées dans les deux suivantes (3 et 4). C'est le thème de la forêt. Ces quatre mesures sont équilibrées par la mesure 5 en tons entiers (thème de Golaud avec sa rythmique irrégulière et ses secondes inquiétantes) et sa répétition variée dans la mesure 6. Toute cette séquence n'est donc pas construite sur la fonction harmonique mais sur le contraste modal / tons entiers (sans parler des contrastes de rythmes, de timbres et de tessitures qui apparaissent à une analyse détaillée). La mesure 7 est unique : cet élément dissymétrique pose une avance (la bémol) dans l'attente de son extension en 14 et 15 (15 double exactement 14, puis est varié mélodiquement et rythmiquement, sinon harmoniquement en 16 - 17) : c'est le thème de Mélisande. Dans l'intervalle, les mesures 8 à 13 avaient répété, en le variant, le contraste présenté dans les six premières mesures, la duplication imposant sa prégnance à la forme. Reste la troisième et dernière section qui répond aux six mesures du début dont elle réalise une transformation par symétrie inversée. Section de synthèse également si l'on ajoute que dans les mesures 18 et 19 se superposent les thèmes de Mélisande et de Golaud, les deux

34. ADORNO, *Philosophie de la nouvelle musique*, p. 193.
35. *Idem.*
36. *Idem.*
37. On se reportera à la Note sur les duplications dans l'œuvre de Debussy, de N. Ruwet, in *Langage, musique, poésie*, Seuil, 1972, p. 70 sq., et notamment aux pages 90-99 qui donnent une analyse détaillée du Prélude de *Pelléas*.

personnages qui vont se rencontrer dans cette forêt pour mieux se perdre, ce qui constitue le nœud même de tout ce drame.

On mesure ainsi quelle mutation radicale dans le traitement de l'espace et du temps musical entraînait le refus debussyste des fonctions tonales. Cette mutation est assurément aussi décisive et aussi lourde de modernité que celle accomplie à peu près à la même époque en peinture par Cézanne, le héros principal de la déconstruction de l'espace de la Renaissance [38]. Voulant (tel fut le pôle dominant de la quête picturale qui occupa toute sa vie) réussir à la fois à saisir les données pures des sens et construire des formes stables, il dut renoncer à situer l'objet (nature morte, paysage ou portrait) dans le cadre géométrique de l'espace construit selon les lois de la perspective, espace cubique, typique de la représentation (au même titre que l'espace tonal). Cézanne remonte alors aux commencements de la peinture pour partir sur une nouvelle voie qui ne se confond pas non plus avec celles explorées par les artistes du Moyen Age, en dépit de recoupements remarquables. Dans l'espace roman, comme dans l'espace cézanien, personnages et contenant atmosphérique forment bien un tout homogène, mais l'unité planimétrique jointe à la perspective hiérarchique nous laissent dans un champ à deux dimensions. La solution ultime du dernier Cézanne ne sera pas davantage celle du fond d'or des peintres gothiques ni le ciel dense et pesant des Siennois dont la fonction commune était de maintenir l'unité de la composition menacée par la mobilité du contenu dans la profondeur. En réalisant la transposition des données empiriques dans une abstraction hardie qui demeure toujours un symbole vivant unissant dans un même mouvement d'expansion rythmique, comme en un geste indivisible, contenant et contenu, Cézanne a finalement réussi à construire une certaine profondeur qui nous offre charnellement comme l'équivalent pictural des dimensions de l'expérience vécue de la perception [39].

En définitive, ce que Cézanne et Debussy ont en commun, c'est un sens également profond de l'impression sensorielle vécue, et, en même temps, un souci tout aussi exigeant de la forme, de la structure, de la rigueur, par quoi tous deux transcendent l'impressionnisme. Mais surtout forme et structure ne sont plus, chez l'un comme chez l'autre, ce qu'elles avaient été avant eux. Une rupture décisive dont on commence à peine à mesurer l'importance s'est produite avec cette peinture et cette musique qui, par une remise en question radicale des fondements de ces deux arts, inauguraient une expérience toute nouvelle de l'espace et du temps capitale pour comprendre l'esthétique du XXe siècle et sa conscience de crise.

De plus, il faut ajouter qu'on assistait ainsi à un rapprochement tout nouveau entre les deux arts. La chose n'est peut-être pas immé-

38. Cézanne : 1839-1906 ; Debussy : 1862-1918.
39. Cf. Liliane Guerry, *Cézanne et l'expression de l'espace*, Flammarion, 1950.

diatement évidente en ce qui concerne Cézanne. Et pourtant il est bien certain qu'en réussissant la mise en rapport dynamique du motif et du fond selon un équilibre inédit, et ceci, en délivrant du joug de la perspective lignes et couleurs afin de libérer leurs énergies cachées grosses d'une spatialité autonome, le Maître d'Aix ouvrait toute grande la voie aux expérimentations de Kandinsky et surtout de Klee qui devaient conduire à dégager la « sonorité intérieure » des formes et des couleurs, c'est-à-dire finalement la musicalité de la peinture et à abandonner la réalité figurative. Si maintenant nous nous plaçons du côté de Debussy, il faut reconnaître qu'avec lui, en raison de son refus de ce que jusque-là on avait nommé « développement », s'opère une certaine picturalisation de la musique. Ce qui ne veut pas dire, comme le croit Adorno, « atemporalité musicale », « spatialisation de la musique » et son « abdication devant la peinture » [40]. Sans doute, il est certain que la négation de la dynamique tension-résolution, l'organisation des sons et des accords par juxtaposition à la manière des couleurs en peinture, l'atomisation du motif pour obtenir un « fondu enchaîné » des taches sonores [41], tout cela entraîne une modification profonde de l'expérience du temps et de l'espace musical qui reste encore à analyser. Mais, pas plus qu'en peinture, l'abstrait ne contredit le vécu, il ne saurait s'agir de « la fin de l'expérience du temps musical » et d'une sorte d' « anhistoricité musicale » par refus de « la continuité temporelle de la musique » comme si les sons cessaient de couler les uns dans les autres [42]. Debussy ne sacrifie jamais le temps de l'expérience vécue au profit d'une succession arbitraire d'unités numériques. La pulsation de base, où palpite la sensibilité du corps profond sous-tend toute sa musique (comme d'ailleurs celle de Stravinsky). Celle-ci retrouve ainsi, avec ses cellules binaires et ternaires irrégulières, la liberté, la souplesse et la subtile complexité de la rythmique grégorienne, ou encore, comme dans *Jeux*, elle réussit à engendrer un ostinato dont la grâce sensuelle évoque le balancement érotico-mystique du *gamelang* javanais et atteint à un art consommé du montrer-cacher et de l'esquive en jouant avec les timbres les plus délicats, disparaissant momentanément à un étage pour faire surface à un autre puis s'éclipser à nouveau...

40. ADORNO, *Philosophie de la nouvelle musique*, p. 196-197. Adorno mêle ici dans sa critique les musiques de Debussy et de Stravinsky. Voir plus loin, p. 52 sq.

41. *Idem*, p. 197. Ainsi l'intervalle de seconde majeure ou mineure sert de cellule génératrice pour les hauteurs, les harmonies et les rythmes du prélude « Des pas sur la neige », comme d'ailleurs des autres pièces de ce premier recueil des *Préludes pour piano*.

42. *Idem*, p. 91. Selon Adorno, il y a là un mouvement général vers le « dépérissement du temps subjectif » (*Idem*, p. 198), mouvement qui touche même l'École de Vienne et « entraîne les auditeurs à oublier le temps de leur expérience vécue pour se livrer au temps-espace » (*Idem*, p. 199). Nous discuterons ce point de vue d'Adorno dans le chapitre consacré à Stravinsky, ch. 3, § 7, p. 57 sq.

5. *Polyphonie généralisée et libre atonalité.*

Après ce long détour nous pouvons revenir à Schoenberg et mieux comprendre le sens de la révolution musicale qu'il a accomplie. A la différence de Debussy, celui-ci est, en effet, en même temps qu'un artiste à part entière, un théoricien de génie comme Rameau par rapport à Bach. C'est donc en toute conscience du sens global de cette histoire de la musique occidentale (tel que nous avons tenté de le résumer) que Schoenberg a choisi sa propre voie de transgression du système tonal désormais saturé (comme peut l'être une axiomatique dans le domaine logico-mathématique). Riemann et Lobatschevsky ont révolutionné la pensée géométrique par retour sur les axiomes de base euclidiens, de même Schoenberg va jeter les fondements de la nouvelle musique en remontant en deçà de la bifurcation homophonique vers une polyphonie généralisée ancrée dans la plus vieille tradition. Par polyphonie généralisée, il faut entendre une polyphonie qui, libérée des tabous harmoniques du permis et du défendu en matière de dissonances, échappe aux limitations tonales et s'épanouit en un contrepoint qui jouit d'une indépendance désormais totale dans la conduite des voix [43]. La supériorité de la pensée contrapuntique sur la pensée homophonique réside donc dans sa capacité « d'arracher le vertical à la contrainte aveugle des conventions harmoniques » [44] et la polyphonie ainsi réintégrée dans son principe fondamental se révèle dès lors comme l'essence même de l'harmonie émancipée [45]. De cette victoire du contrepoint sur l'inertie de l'harmonie tonale, une œuvre comme *L'Art de la Fugue* nous en donne déjà quelque idée, dans la mesure où le génie de Bach réussit à transcender la frontière mise à l'indépendance des parties par le schème harmonique [46]. Le coup de force de Schoenberg consistera dans l'ouverture délibérée de la musique à cette libre atonalité, où l'humanité, comme le chante la voix de soprano au début du quatrième mouvement du *Deuxième quatuor,* « respire l'air d'une autre planète ». Dans ces espaces de la dissonance délivrée, sans doute un sentiment étrange d'apesanteur saisit-il l'âme, mais cette invention de nouveaux horizons musicaux et d'espaces sonores encore

43. Voir note *e)* en fin de volume.
44. ADORNO, *Philosophie de la nouvelle musique,* p. 99.
45. *Idem,* p. 68.
46. *Idem,* p. 100. Certes, Bach demeure un « harmoniste » : chez lui, « la tonalité répond à la question de savoir comment la polyphonie est possible comme polyphonie harmonique » *(Id.).* Mais, si l'essence du contrepoint consiste à « envisager la trame musicale de telle manière que la relation des lignes entre elles engendre le discours de toute la pièce », c'est-à-dire « finalement la forme », — en cela précisément « consiste la vraie supériorité de Bach... Ce qui compte, ce n'est donc pas le caractère linéaire comme tel, mais son intégration au tout, harmonie et forme. En cela, *L'Art de la fugue* n'a pas son pareil. Schoenberg, en émancipant le contrepoint, reprend cette tâche » (*Idem,* p. 103-104).

inouïs n'est pas plus le renoncement à la rationalité de la pensée musicale que le non-euclidisme n'est la négation de la raison scientifique. Car plus un accord est dissonant, plus il est polyphonique, plus il est rationnel. Ce qu'Adorno commente très clairement de la manière suivante : d'une part « plus un accord est dissonant, plus il renferme en soi de sons différents les uns des autres et efficaces dans leur différence » (la dissonance révèle chaque son dans sa différence) « et plus il est polyphonique », d'autre part « la dissonance est plus rationnelle que la consonance dans la mesure où elle met en relief d'une manière articulée la relation, aussi complexe qu'elle soit, des sons contenus en elle, au lieu d'en acquérir l'unité par la destruction de ses détails, soit par une sonorité homogène » [47].

6. *De l'atonalisme au sérialisme selon Leibowitz.*

Mais le sens de cette rationalité supérieure peut être compris de façons fort différentes. Sur ce point l'interprétation qu'Adorno nous présente de la pensée musicale de Schoenberg est d'une ambiguïté significative et en tout cas complètement opposée à celle de Leibowitz. Ce dernier s'efforce de montrer comment, sous l'impulsion d'une logique intérieure au travail du matériau atonal sur lui-même, Schoenberg devait nécessairement être conduit de l'atonalisme à la série [48]. Pour résumer cette dialectique et systématiser au maximum, on peut dire que la série est la condition : 1°) d'une totale émancipation de la dissonance, 2°) d'un contrepoint réellement respectueux de l'indépendance des voix, 3°) de l'unité formelle de l'œuvre. Reprenons successivement chacun de ces points.

Pour éviter toute répétition qui, en donnant à une note plus de poids qu'aux autres, la convertirait en fondamentale et rétablirait alors aussitôt le champ de l'attraction tonale, il faut s'en tenir à un perpétuel déroulement des douze sons chromatiques selon un certain ordre fixé au départ : « La construction d'une série fondamentale de douze sons, écrit Schoenberg, a pour objectif de retarder le plus longtemps possible le retour d'un son déjà entendu. J'ai exposé, dans mon *Traité d'harmonie*, que l'accent mis sur une note donnée, par le fait qu'on la répète prématurément, risque de hausser cette note au rang de tonique. La mise en œuvre systématique d'une série de douze sons donne à chacun d'eux la même importance et écarte ainsi tout risque de suprématie d'un quelconque d'entre eux. » [49] On peut donc énoncer qu'un atonalisme conséquent exige la technique sérielle.

D'autre part, si la série est bien la condition d'une atonalité rigoureuse, elle doit engendrer à la fois mélodie et harmonie, l'une et l'autre étant totalement solidaires dans leur destin atonal. En effet, le mouvement horizontal des voix ne se trouvera plus comme dans

47. *Idem*, p. 68-69.
48. LEIBOWITZ, *Introduction à la musique de douze sons*, L'Arche, 1949.
49. SCHOENBERG, *Le Style et l'Idée*, p. 189.

le contrepoint traditionnel régi et donc limité par la construction verticale des accords. En transcendant l'opposition de l'horizontal et du vertical par réduction à un même commun dénominateur, la série permet d'échapper à ce « simulacre de contrepoint » pour atteindre à un « contrepoint réel » qui assure l'indépendance des parties par rapport à l'hétéronomie du principe harmonique. Le contrepoint atteint ici à l'autonomie par soumission à la combinaison d'intervalles qu'a posée au départ la libre décision du compositeur. En dépit des réserves qu'il présente et sur lesquelles nous reviendrons bientôt, Adorno reconnaît que la technique dodécaphonique réalise l'apprentissage et l'exercice d'une liberté contrapuntique parfaitement maîtresse d'elle-même : « La technique dodécaphonique a enseigné comment penser en même temps plusieurs parties indépendantes et comment les organiser sans les béquilles de l'accord. »[50] Et il explique très bien comment la série est génératrice de cette diversité des voix : « Depuis que s'est brisée la contrainte extérieure des harmonies préexistantes, l'unité des parties peut se développer strictement à partir de leur diversité, sans le lien de l'affinité » (tonale)... « L'unique critère, c'est la série qui veille à assurer la plus étroite relation entre les voix, à savoir celle du contraste. La technique des douze sons réalise littéralement le *desideratum* de poser note contre note. »[51]

Enfin, on comprendra mieux comment la série permet à la fois d'individualiser les différences et de les unifier en un tout cohérent, bref d'articuler unité et diversité, si au lieu de la confondre avec une formule rigide ou même avec un thème, on la considère, au même titre que le système tonal, comme définissant le matériau sonore de base sur lequel va œuvrer le compositeur. Et, en effet, cet ordre initial qu'est la série peut donner lieu à un traitement indifféremment thématique ou athématique : phrases mélodiques, thèmes ou motifs sont construits soit à partir de la série entière, soit à partir des fragments de cette série, soit à partir de plusieurs formes de cette série accolés les uns aux autres.[52] Mais surtout, comme le matériau tonal, la série remplit une fonction d'unification et d'articulation qui assure la cohérence de l'œuvre et sa « nécessité musicale », car « en musique, il n'y a pas de forme sans logique et il n'y a pas de logique sans

50. ADORNO, *Philosophie de la nouvelle musique*, p. 100. *Idem*, p. 124 : « C'est seulement par la technique dodécaphonique que la musique peut apprendre à demeurer maîtresse d'elle-même, mais elle ne le peut qu'à condition de ne pas se perdre dans le dodécaphonisme. » Nous commenterons plus loin ce dernier membre de phrase.

51. *Idem*, p. 101. L'écriture imitative ou le canon, en dépit de l'usage qu'en a fait Schoenberg, contredit donc l'idéal spécifique du procédé dodécaphonique, une cohérence de modus tonal venant surdéterminer une cohérence déjà organisée par la série (*Idem*, p. 101-102). Mais voir en fin de volume notes *h* et *i*.

52. LEIBOWITZ, *op. cit.*, p. 57 et p. 96. Cf. également BOULEZ, *Penser la musique aujourd'hui*, p. 114-115. Voir note *f)* à la fin du volume.

unité »[53]. Il s'agit bel et bien, en l'absence du principe de fonctionalité harmonique, de fonder « une raison logique différente, suffisamment forte pour assurer l'unité de l'ensemble sous un commun dénominateur »[54]. Au lieu donc d'abandonner la dissonance à l'arbitraire du goût individuel, comme si elle se réduisait à un condiment pour relever la consonance, la série en réglemente l'apparition et lui confère ainsi le sceau de l'intelligibilité[55]. La série, écrit lui-même Schoenberg, fut « comme la conséquence d'une évolution irrésistible qui me permit d'établir les lois de l'émancipation de la dissonance parce que je tenais l'intelligibilité de la dissonance pour aussi importante que l'intelligibilité de la consonance. Les dissonances ne sont pas une sorte de piment destiné à relever la fadeur d'une sonorité consonante. Ce sont les surgeons naturels et logiques d'un organisme vivant. Et dans ses phrases, ses rythmes, ses motifs, ses mélodies, cet organisme est aujourd'hui aussi plein de vie qu'il le fut jamais »[56]. Si « le principal avantage de la méthode de composition avec douze sons est qu'elle apporte l'unité »[57], reste à préciser comment elle remplit cette fonction primordiale. Les dissonances sont référées en totalité à l'ordre marqué par une série fondamentale : « Comme il est nécessaire d'utiliser, en même temps que la série fondamentale, son inversion, sa rétrogradation et la rétrogradation de son inversion, la répétition d'un même son se présentera plus fréquemment qu'on ne l'attendait. Mais chaque son paraît toujours encadré des mêmes deux autres sons ; il en résulte une forte sensation d'apparentement, mais sa répétition peut produire des effets psychologiques ayant une grande ressemblance avec les affinités plus étroites d'autrefois. Tous ces traits caractéristiques se retrouveront dans chaque motif, dans chaque thème, dans chaque mélodie. Si une mélodie ouvertement différente naît d'un changement de rythme et de phrasé, cette nouvelle mélodie n'en conservera pas moins une certaine parenté avec tout le reste. L'unification résulte ici aussi d'un constant rapport à un facteur commun. »[58]

Là notamment, grâce à ce travail d'unité accompli par la série, trouvait sa solution le problème de la « grande forme », grande soit par son ampleur instrumentale, soit par la longueur de son développement, soit généralement par les deux à la fois. Problème insoluble dans la phase d'atonalisme sauvage. L'interdiction de tout doublement des parties à l'octave limite la composition à de petits ensembles afin de présenter un tissu polyphonique ne comportant que des

53. SCHOENBERG, *Le Style et l'Idée*, p. 187.
54. *Idem*, p. 202. (A signaler le rapprochement qu'opère Schoenberg lui-même avec les nouveaux systèmes picturaux.)
55. *Idem*, p. 189.
56. *Idem*, p. 75.
57. *Idem*, p. 187.
58. *Idem*, p. 189. La mémorisation de la série fondamentale est pour l'interprète une aide précieuse et indispensable (*Idem*, p. 187).

parties réelles. D'autre part, la difficulté d'enchaîner logiquement de longues séquences condamne le compositeur soit à écrire des pièces courtes, soit à prendre un appui externe sur les mots pour trouver l'indispensable élément de cohésion[59]. Seul le maniement dodécaphonique permet de trouver d'autres moyens d'articulation aussi puissants que ceux mis en œuvre par la musique tonale afin de rendre possible à nouveau la construction de grandes formes. C'est ce que réalisera Schoenberg depuis les *Variations pour orchestre* (op. 31), un des sommets de son œuvre autant pour sa beauté que pour ses prouesses techniques jusqu'au grand opéra *Moïse et Aaron* qui couronne sa carrière lyrico-dramatique et qui, en dépit de ses dimensions monumentales, est entièrement construit sur une unique série[60].

7. *La résistance de Schoenberg au dodécaphonisme.*

Telle serait, selon Schoenberg lui-même, « l'évolution irrésistible » qui l'aurait conduit à l'emploi de la technique sérielle. Mais

59. SCHOENBERG, *Le Style et l'Idée*, p. 202. Ces affirmations sont cependant à discuter. Voir note *g*, en fin de volume.

60. Sur *Moïse et Aaron*, *idem*, p. 171. Pour une analyse détaillée des *Variations pour orchestre*, on se reportera à l'ouvrage cité de Leibowitz dont toute la seconde partie (p. 113 à 222) est consacrée à cette œuvre. Les pages 215 à 216 évoquent plus particulièrement les « principaux moyens d'articulation qui ont rendu possible la réalisation de la " grande forme " au sein de la technique de douze sons ». Leibowitz rappelle d'abord le processus de l'articulation tonale : « Les grandes formes ont besoin d'articulations puissantes pour se réaliser... Les grandes formes tonales (Sonate, Rondo, etc.) se réalisent grâce aux *pôles* de la tonalité qui constituent les régions de la tonique, de la dominante, de la sous-dominante et aussi des régions plus lointaines. C'est des mutations d'un pôle à l'autre ou des réalisations d'un même pôle et surtout de la tension qui s'exerce entre toutes ces régions, que naît la grande forme tonale dont ce sont précisément ces pôles qui représentent les articulations. Voilà ce qui manquait à la musique atonale pré-dodécaphonique. » Or, c'est le principe de la série qui va permettre à Schoenberg d'atteindre, selon une voie nouvelle, à cette diversité articulée indispensable à la grande forme. Les *Variations pour orchestre* procèdent par traitement thématique à partir de la série. La vaste structure du thème initial, « vaste structure qui rend possible de vastes variations, donc en fin de compte une grande forme, se réalise grâce à la fusion en un seul thème de quatre phrases importantes. Ces quatre phrases (A, B, C, D), dont chacune déroule les douze sons de la gamme chromatique (ce *total chromatique* qui garantit déjà par lui-même une certaine grandeur) sont nettement articulées, parce que chacune se sert d'une forme différente de la série (Original, Récurrence du renversement, Récurrence de l'Original, Renversement), formes qui sont liées les unes aux autres par un même principe fondamental ». D'autre part, les multiples contre-sujets sur lesquels sont construits les cinq variations centrales et maints passages du final « sont tous issus, comme le thème lui-même, de la série de douze sons (ou de ses variantes) qui se trouve à la base de l'œuvre. C'est donc que cet alignement des divers contre-sujets n'a rien d'arbitraire, rien de confus ou de désordonné. Issus tous de la même série d'intervalles, par des procédés de maniement divers de la série, c'est cette diversité même qui constitue les articulations dont il est question ».

cette « logique musicale »[61] est avant tout celle qui s'impose au compositeur engagé dans sa praxis quotidienne et non pas l'œuvre du théoricien. La théorie ne précède pas, elle suit : « Dans les toutes dernières années, on m'a souvent demandé si certaines de mes œuvres étaient " strictement avec douze sons " ou " plus ou moins avec douze sons ". J'avoue que je n'en sais rien. Je suis plus un compositeur qu'un théoricien. Quand je compose, je m'efforce d'oublier toutes mes théories et je ne commence à écrire que lorsque j'en ai débarrassé mon esprit. Il me semble nécessaire de prémunir mes amis contre un excessif souci d'orthodoxie. »[62] Ce qui nous ramène à l'interprétation qu'Adorno nous offre de Schoenberg pour l'opposer à « l'orthodoxie » de Leibowitz. Interprétation finalement la plus fidèle et la plus profonde en dépit (ou peut-être en raison) de cette ambiguïté soulignée plus haut. Personne, mieux qu'Adorno, n'a insisté sur le travail du matériau solidaire du contexte technico-historique, sur le sens de sa rationalité immanente en tant qu'esprit sédimenté, et sur le lien intime qui existe entre la modernité de l'œuvre ainsi définie et son caractère révolutionnaire. Or, en même temps il dénonce la poursuite d'une pleine et entière maîtrise sur le matériau comme la marque même du triomphe de la rationalité bourgeoise dans sa volonté aveugle de domination de la nature[63]. Le dodécaphonisme, ce n'est plus dès lors l'accomplissement de l'atonalisme dans ses virtualités profondes mais sa trahison, la répression et l'écrasement de la libre atonalité par la logique planificatrice du système totalitaire le plus rigide. Mais Schoenberg a su « se désolidariser d'avec cette domination absolue du matériau qu'il a créé lui-même... Comme artiste, Schoenberg reconquiert vis-à-vis de l'art la liberté pour les hommes. Le compositeur dialectique dit halte à la dialectique »[64].

Revenons un peu, pour expliciter la pensée d'Adorno, sur les termes de cette dialectique et sur ce mouvement selon lequel, comme dans le capitalisme occidental, la raison se renverse en déraison absurde. La prétention centrale de la technique sérielle, on s'en souvient, est d'assurer une réelle indépendance des parties dans le contrepoint. Or, celle-ci ne se solde-t-elle pas par un échec ? Sans doute la dimension horizontale est-elle libérée des considérations verticales et aucune voix n'est donc désormais subordonnée à une autre. Mais n'est-ce pas au prix de l'assujettissement de *toutes* les

61. SCHOENBERG, *Le Style et l'Idée*, p. 75.

62. *Idem.*

63. Sur cet idéal bourgeois de la maîtrise comme domination rationnelle sur la musique comme sur la nature, voir Adorno, *op. cit.*, p. 74-75, qui cite Luther appelant Josquin « le maître des notes musicales ; elles ont dû faire ce qu'il voulait, tandis que les autres... doivent faire ce que les notes veulent ». On songe évidemment aussi au grand livre de Max Weber sur l'*Éthique protestante et l'esprit du capitalisme*, ainsi qu'à *Die rationalen und soziologischen Grundlagen der Musik*.

64. ADORNO, *op. cit.*, p. 133.

voix à un même schéma dominateur par réduction au commun dénominateur de la série à partir de laquelle chacune d'elle est obtenue par dérivation ? Ainsi se retourne cette logique propre à la série et qui est, nous l'avons vu plus haut, le principe du contraste pur entre les parties : « Les voix complètement emboîtées les unes dans les autres sont identiques en tant que produits de la série, mais totalement étrangères et hostiles l'une à l'autre justement par cet emboîtement. Elles n'ont rien à faire l'une avec l'autre, mais ont tout à faire avec un tiers. »[65] Cette aporie apparaît dès que la technique sérielle, au lieu de se limiter à sa tâche d'émancipation à l'égard des contraintes tonales, prétend à l'autosuffisance créatrice. Cessant de s'opposer à un élément hétérogène qui lui résiste pour se poser en système autonome et pleinement rationnel, elle rencontre alors son destin sous la forme du dodécaphonisme, si « le destin, c'est la domination portée à l'abstraction pure »[66]. Concrètement ceci se traduit par la perte du contrepoint dans un continuum indifférencié et finalement sa disparition : « la technique des douze sons, en poussant l'idée contrapuntique de l'intégration jusqu'à l'absolu, ...abolit ...le principe du contrepoint par la propre totalité de celui-ci. Plus rien, dans la technique des douze sons qui diffère du tissu des voix, ni *cantus firmus,* ni poids propre de l'harmonie... Dans une organisation intégrale poussée, le contrepoint, au sens restreint, à savoir comme association d'une voix autonome à une autre, devrait disparaître. En effet, il a le droit d'exister seulement dans la mesure où il triomphe d'un phénomène hétérogène réfractaire auquel il est ajouté. Là où il n'y a plus une telle prééminence d'un être musical en soi, sur quoi il pourrait s'éprouver, le contrepoint est vain et se noie dans un continuum indifférencié »[67]. A la rigueur des dernières œuvres de Webern avec lesquelles « se dessine la liquidation du contrepoint », Adorno oppose la rigueur avec laquelle le dernier Schoenberg fait *retour* sinon à la tonalité, du moins « au matériel d'une tonalité en dissolution » comme dans la *Deuxième Symphonie de chambre* où « le retour manifeste au passé reconnaît l'aporie avec toute la rigueur qui caractérise Schoenberg »[68].

65. *Idem,* p. 103. D'où sans doute le recours aux formes classiques de l'imitation et du canon : « Si l'on a déterré les procédés éminemment tonaux, c'est parce que la technique dodécaphonique n'accomplit pas ce qu'on attend d'elle... » (*Idem,* p. 102). « De façon impuissante, on évoque l'art imitatif pour apprivoiser l'étrangeté des voix tout obéissantes » (*Idem,* p. 103).

66. *Idem,* p. 76.

67. *Idem,* p. 104.

68. *Idem,* p. 104, sur Webern, et p. 113, note sur Schoenberg.

Paradoxalement donc, Adorno salut ce « retour manifeste au passé » comme une marque d'extrême rigueur de la part de Schoenberg. C'est qu'il ne s'agit nullement d'asservissement à un langage dépassé, mais d'un travail rigoureux sur le langage musical d'aujourd'hui, donc d'un signe de modernité irrécusable. De son côté, Ch. Rosen parle du « néo-classicisme schoenbergien » et là encore pas du tout pour lui en faire grief. Evidemment, il ne s'agit pas de néo-classicisme au sens académique du terme (comme on l'applique encore souvent à une

Toutes les autres critiques adressées par Adorno au dodécaphonisme ne font que monnayer cette objection centrale de substitution d'un continuum sonore indifférencié à un discours musical réellement articulé : « stéréotypie du mélos », « détresse de la continuation », absence de toute dynamique, incapacité d'engendrer une forme vraiment autonome, grossièreté croissante, retour enfin à l'ornemental pourtant si vivement condamné. Le sérialisme en son principe établit le règne amorphe de l'identité. Ainsi l'omniprésence de la série et de ses dérivés, en déterminant une fois pour toutes des rapports d'intervalles bien définis, détruit toute possibilité de « cohérence temporelle », l'établissement de cette dernière exigeant une organisation différenciée des intervalles [69]. Faute de quoi, le recours forcé à un moyen extra-mélodique, tels certains schèmes rythmiques appliqués aux sons pré-définis par la série, ne peut qu'engendrer la rigidité des thèmes et une impression de ressassement [70]. D'où cette « détresse de la continuation » qui signifie pour la mélodie dodécaphonique l'incapacité d'avancer, sauf poussée par des manipulations extérieures, mais jamais par elle-même. Et, en effet, une continuation véritable « désavoue l'inévitable exigence de la musique dodécaphonique : être dans tous ses éléments également proche du centre » [71], tandis que la référence aux pôles de la tonalité, en situant aussitôt chaque note comme proche ou lointaine, inaugurait aussitôt un parcours musical et engendrait une dynamique. On peut affirmer, au contraire, que d'une manière générale, « la technique des douze sons contredit la dynamique » [72] : de même qu'elle dévalorise les concepts de mélos et de thème, de même elle empêche l'affinité des accords (« ceux-ci sont désormais de simples monades sans relations réciproques, tenues ensemble par une domination planificatrice ») [73], et

« phase » de l'œuvre de Stravinsky, à tort nous le verrons). Nous reviendrons plus loin, p. 42, sur ce point capital du « néo-classicisme » schoenbergien. Voir note *h)* en fin de volume.

69. *Idem*, p. 83-84 : « La véritable qualité d'une mélodie s'évalue d'après la mesure où l'on réussit à transposer dans le temps la relation quasi spatiale des intervalles. Cette relation, la technique dodécaphonique la détruit en profondeur. Temps et intervalle divergent. Tous les rapports d'intervalles se déterminent une fois pour toutes par la série de base et ses dérivés. Rien de nouveau dans le déroulement des intervalles, et l'omniprésence de la série rend celle-ci incapable de constituer une cohérence temporelle. »

70. *Idem*, p. 83-84.

71. *Idem*, p. 82.

72. *Idem*, p. 108.

73. *Idem*, p. 93. Et aussi p. 85 : « Certes, on a appris à s'émanciper de l'enchaînement de secondes et de la symétrie des pas consonants ; certes, on a accordé l'égalité de droit au tritonus, à la septième majeure et aussi à tous les intervalles qui dépassent l'octave, mais au prix d'un *nivellement* de tous les accords, anciens et nouveaux. Dans la musique traditionnelle, l'oreille limitée dans la tonalité pouvait évoquer des difficultés à intégrer des intervalles excessifs comme éléments mélodiques. Aujourd'hui, il n'y a plus une telle difficulté, mais les intervalles nouvellement conquis se mêlent dans l'*uniformité* à ceux dont on a l'habitude. » (Souligné par nous.)

elle ne tolère pas l'affinité de l'ensemble (« elle exclut... les catégories proprement dynamiques de la forme, c'est-à-dire l'exposition, la transition, le développement ») [74]. Ceci explique, en définitive, que la technique sérielle engendre « l'apparition sempiternelle de l'identique » [75] et que lui soit interdite la composition nécessaire aux grandes formes [76]. Les « symétries dodécaphoniques restent sans substance, sans profondeur » [77], elles ignorent la « médiation », la « transition » [78] et c'est pourquoi elles sont acculées à mobiliser éclectiquement les grandes formes pré-critiques de la musique instrumentale [79]. Voilà donc à quoi conduit la logique interne du dodécaphonisme : « liquidation de la cohérence » et « absurdité spécifiquement musicale » [80].

Condamnée au non-sens et à l'impuissance expressive [81], cette musique, pour donner le change, se voit obligée de recourir à des moyens grossiers tels que les « contrastes frappants de la position, de la dynamique, de l'écriture, du timbre ». Or, « les moyens les plus différenciés en soi, s'ils sont simplement juxtaposés, se ressemblent et s'estompent ». D'où la « part de vérité » du reproche de « monotonie » adressé par le profane à la musique moderne [82]. A l'appauvrissement complet et à la grossièreté de cette musique dodécaphonique que les contrastes brutaux ne parviennent pas à arracher à la grisaille, Adorno oppose l'aptitude de la musique traditionnelle à exprimer les transitions les plus délicates et les nuances sentimentales les plus variées. En effet, tandis que dans la musique récente est dévalorisée toute hiérarchie entre intervalles, sons, parties formelles et que sont nivelées non seulement la mélodie et l'harmonie mais aussi toutes les dimensions de la composition, « dans la musique traditionnelle, une modulation minime d'intervalle pouvait être déci-

74. *Idem*, p. 108.
75. *Idem*, p. 106.
76. *Idem*, p. 110 : « La grande musique s'indique dans cet instant du déroulement où un morceau devient réellement composition, se met en marche de par son propre poids et transcende le " ceci-là " du donné thématique d'où il part... C'est la vraie supériorité des " grandes formes " que, seules, elles sont capables de créer cet instant où la musique se cristallise en composition. » Et aussi, p. III : « La technique dodécaphonique est issue du principe de la variation, véritablement dialectique... Par la variation, la cause première, le " thème ", dans son acception la plus rigoureuse, se transcende elle-même. Mais la technique des douze sons, en érigeant en totalité le principe de la variation, en en faisant un absolu, l'a aboli dans un dernier mouvement du concept. Sitôt qu'il devient total, disparaît la possibilité de la transcendance musicale ; sitôt que tout se résout pareillement en variation sans que se conserve encore de " thème " et que tout phénomène musical se détermine indifféremment comme permutation de la série, plus rien ne se transforme dans l'universalité de la transformation. »
77. *Idem*, p. 106.
78. *Idem*, p. 93.
79. *Idem*, p. 105.
80. *Idem*, p. 93.
81. *Idem*, p. 87 : « l'expression elle-même est menacée ».
82. *Idem*, p. 88.

sive non seulement pour l'expression d'un endroit, mais pour le sens formel de toute une composition. Autrefois, les intervalles décidaient, sans équivoque du sens musical, du pas-encore, du maintenant et du après, du promis, de l'accompli et du manqué, de la mesure et de la prodigalité, du maintien dans la forme et de la transcendance de la subjectivité musicale. Maintenant, les intervalles sont devenus de simples pierres à bâtir et toutes les expériences accumulées dans leur différence semblent perdues »[83]. Et Adorno d'évoquer avec précision ce qui fut l'essence du style classique : « Ce fut une des plus grandes conquêtes de Mozart et de Beethoven que d'éviter de simples *contrastes* et de produire la variété dans les *transitions* très délicates, souvent au moyen de la simple modulation. Cette conquête se trouva compromise déjà à l'époque romantique, où, par comparaison avec l'idéal de forme intégrale du classicisme viennois, les thèmes sont répartis toujours à trop grandes distances l'un de l'autre et par là menacent de dissoudre la forme en épisodes. »[84] A quoi va succéder, après l'abandon de la tonalité, cet « emploi de contrastes sonores d'une crudité outrée », caractéristique de la nouvelle musique. La « violence » ainsi substituée à la « nuance » est peut-être un signe des temps, mais sûrement pas une valeur expressive autonome[85].

Ne serait-on pas alors en droit d'évoquer, à propos d'un style

83. *Idem*, p. 84-85. Pour illustrer l'expressivité de la musique classique, voir par exemple la *sensibilité* du récitatif mozartien (ainsi le trouble de Zerline à l'appel de don Juan).

84. *Idem*, p. 88.

85. *Idem*, p. 89. A cette destruction des nuances expressives s'ajoute celle des couleurs sonores. La *Klangfarbenmelodie* signifiait « que le changement de timbre devait par lui-même devenir événement de la composition et déterminer sa continuité. La sonorité instrumentale apparut comme la région vierge où s'alimentait l'imagination du compositeur. La *Troisième pièce pour orchestre* de l'op. 16, aussi bien que la musique qui accompagne la " Tempête de lumière " dans *Die glückliche Hand*, illustrent cette tendance. La musique dodécaphonique n'a rien produit de semblable ; il est douteux qu'elle en soit capable. Cette pièce pour orchestre, ne présuppose-t-elle pas, avec son accord " changeant ", une substantialité des événements harmoniques, que nie la technique des douze sons ?... La composition dodécaphonique... ne se permet absolument plus d'inventer quelque chose comme des couleurs sonores. La sonorité, en dépit de sa différenciation, se rapproche... du simple enregistrement » (*Idem*, p. 97).

Ch. Rosen cite également le traitement des timbres dans la troisième des *Cinq pièces pour orchestre* : « l'auditeur ne doit pas percevoir les entrées individuelles des instruments, mais seulement les changements graduels de la sonorité d'ensemble » (*op. cit.*, p. 53), d'où « un fond sonore en transformation lente » et la réalisation d'un déplacement de la relation dissonance-consonance à partir de la couleur orchestrale. D'une manière générale, l'éminence accordée dans ces œuvres de la phase atonale au timbre, à la texture et aux dynamiques signe le déclin de l'importance accordée à la hauteur (*id.*, p. 54) et l'on peut légitimement se demander si l'esthétique sérielle ne marque pas à cet égard un pas en arrière par rapport à l'atonalisme. En effet, le système dodécaphonique valorise la hauteur (même si celle-ci est généralisée puisqu'il y a identité entre les intervalles complémentaires et indifférence entre les octaves employées) puisque l'ordre des relations d'intervalles qui définit la série prend le pas sur l'ensemble des relations rythmiques, dynamiques et les timbres (*id.*, p. 96-97).

vraiment digne de ce nom, cette « sensibilité » par laquelle Jacobson caractérise une « langue naturelle », seule vraiment parlante, pour l'opposer à un simple métalangage ? Dans les deux cas, en dépit des différences dans le sens communiqué [86], la « sensibilité » désigne cette puissance d'émergence d'une parole vivante qui déborde de toute part le système de base sur lequel elle prend appui. Or, finalement ce qu'Adorno reproche au dodécaphonisme, c'est son inaptitude à la parole. Et tel est sans doute le sens profond de l'affirmation selon laquelle cette musique est condamnée à « tomber en proie à ce qu'elle combat le plus furieusement : à l'ornement » [87]. Il faut entendre par là, semble-t-il, quelque chose qui rappelle ce que Paul Klee nomme « l'impasse de l'ornemental ». Pour ce peintre est « ornementale » une ligne qui demeure descriptive, c'est-à-dire à la remorque d'un sens extérieur, faute d'atteindre à l'autonomie de l'existence d'une forme qui engendre son propre contenu immanent [88]. De même la musique dodécaphonique, faute de parvenir à créer par elle-même un sens original, doit se raccrocher, nous l'avons vu, à des formes empruntées à l'univers tonal. De là cette aporie interne qui signe son destin en la conduisant à l'opposé de cette vérité à laquelle elle aspirait.

Reste à savoir où Adorno veut exactement en venir avec cette charge féroce contre le dodécaphonisme. S'agit-il d'une invitation à restaurer la sensible et les cadences automatisées ? Est-ce un appel en faveur d'un néo-classicisme ? Adorno renierait alors sa pensée profonde de la modernité essentielle à l'œuvre d'art en prise sur le matériau de son époque [89]. Une formule définit bien le sens exact de sa critique : « C'est seulement par la technique dodécaphonique que la musique peut apprendre à demeurer maîtresse d'elle-même, mais elle ne le peut qu'à condition de ne pas se perdre dans le dodécaphonisme. » [90] Ceci certes veut dire qu'il y a danger à ériger les « règles didactiques » en « normes esthétiques » : « les règles, pour qu'elles portent leur fruit, ...il faut les désapprendre... Il y aura une chance de réussite seulement si la composition ne se laisse plus rien imposer par la série et par les règles et garde fermement sa liberté d'action » [91]. Mais la critique d'Adorno, en montrant, dans un style très hégélien, comment un but poursuivi se retourne en son contraire,

86. Voir notre travail sur *Le Musical*, Klincksieck, 1976.
87. ADORNO, *Philosophie de la nouvelle musique*, p. 79.
88. C'est tout le contraire, remarquons-le, de ce que Focillon entend par « art ornemental », ce « premier alphabet de la pensée humaine aux prises avec l'espace ». Adorno oppose l'ornement à la vérité de l'œuvre : *Idem*, p. 57. Voir plus haut, p. 22.
89. Bien sûr, il faut s'entendre, comme nous l'avons noté plus haut (p. 38, note 68) sur ce que l'on met derrière le mot « néo-classicisme ». Voir dans la note *h)*, en fin de volume, comment l'entend Ch. Rosen quand il l'applique à Schoenberg.
90. ADORNO, *Idem*, p. 124.
91. *Idem*, p. 125.

va bien au-delà de cette juste banalité sur le caractère toujours second et facultatif des règles d'école. En refusant ce qu'il nomme le « fétichisme de la série » auquel il accuse Webern d'avoir succombé [92], Adorno soutient que le sérialisme ne saurait s'ériger en absolu sans sombrer dans le non-sens, et que la technique dodécaphonique n'est légitime qu'à titre d'exercice atonal, c'est-à-dire seulement dans la mesure où elle demeure cet « instrument de liberté » [93] avec lequel le compositeur brise les vieilles contraintes harmoniques et travaille à l'instauration d'un réel contrepoint. Cette technique se justifie donc exclusivement par son caractère « polémique » et « didactique ». Dès qu'elle abandonne cette négativité pour se poser comme « rationalité totale » [94], elle se renverse en « non-liberté » [95] et chute dans « la nature originairement despotique du système » [96].

Le génie de Schoenberg est d'avoir réussi à conjurer cette « irrationalité de la technique rationnelle » [97] qui est le destin du dodécaphonisme. La différence dans le traitement de la série chez Berg, Webern et Schoenberg est, à cet égard, significative. Volonté de conciliation avec la musique traditionnelle chez le premier, sinon pure et simple récupération. Absolutisme de la pure discipline sérielle chez le second, sinon dogmatisme. Intransigeance de l' « irréconcilié » chez le troisième et maintien de la tension entre les deux musiques antagonistes [98]. « Pour toutes les œuvres de Berg depuis la *Suite lyrique,* tout l'effort tend à ce que la technique dodécaphonique ne se remarque pas. Précisément les parties les plus heureuses de *Lulu* sont manifestement pensées dans la fonction de dominante et en progressions chromatiques. La dureté essentielle de la construction dodécaphonique est atténuée au point que celle-ci en devient méconnaissable... La rigidité du système ...est ...surmontée par l'insertion de la technique de douze sons dans la musique traditionnelle... » [99] Webern se situe au pôle opposé. Berg a essayé de briser le ban de la technique dodécaphonique en l'envoûtant ; Webern voudrait la contraindre à parler » mais il aboutit au silence : « Webern réalise la technique dodécaphonique et ne compose plus : le silence, c'est le résidu de sa maîtrise. » [100] « Schoenberg viole la série. Il écrit une musique dodécaphonique comme si la technique des douze sons n'existait pas. » [101]

92. *Idem,* p. 120 : « A partir du moment où le compositeur juge que la règle sérielle imaginée a un sens de par elle-même, il la fétichise. Dans les *Variations pour piano* et dans le *Quatuor à cordes* op. 28 de Webern, le fétichisme de la série est éclatant. »
93. *Idem,* p. 126.
94. *Idem,* p. 78.
95. *Idem,* p. 76.
96. *Idem,* p. 76.
97. *Idem,* p. 113.
98. *Idem,* p. 118.
99. *Idem,* p. 117-118.
100. *Idem.,* p. 118-119.
101. *Idem,* p. 119. Voir note *i)* en fin de volume.

Si la musique de Schoenberg a pu ainsi tenir cette ligne de crête étroite et difficile qui sépare les deux versants opposés occupés respectivement par Berg et Webern, elle le doit à la liberté souveraine avec laquelle elle a usé de la série comme matériau : « En fait, Schoenberg considère la technique dodécaphonique, dans la praxis de la composition, comme simple préformation du matériau. Il "compose" avec des séries dodécaphoniques ; il opère avec elles souverainement, mais aussi comme si rien ne s'était passé. Il en résulte sans cesse des conflits entre la constitution du matériau et la méthodologie qui lui est infligée. »[102] Relevons cette affirmation capitale sur la série comme *organisation* du matériau sonore sur lequel s'exerce la *composition* proprement dite[103]. Et la résistance de ce matériau est ce qui suscite, comme tous les vrais matériaux de l'art, la création musicale elle-même, ce qui permet à Adorno d'affirmer : « Les pièces privilégiées du dernier Schoenberg sont obtenues contre la technique des douze sons aussi bien que grâce à elle. »[104] La résistance au matériau dodécaphonique et sa lutte avec lui, voilà en définitive ce qui a permis à cette musique de sauver les dissonances de la chute dans l'indifférence[105].

8. *Schoenberg et Klee.*

En accomplissant l'émancipation de la dissonance, Schoenberg devenait bien le héros véritable de cette révolution dans l'expression qu'on doit à la libre atonalité : les tabous de la forme liquidés, la censure de la rationalité bourgeoise supprimée, l'inconscient enfin débridé...[106]. L'atonalité en effet, c'est « l'épuration de la musique de toute convention », « quelque chose de barbare » et d'anticulturel qui fait sauter la croûte durcie de l'ordre social : « L'accord dissonant n'est pas seulement, par rapport avec la consonance, plus différencié et plus avancé, mais il sonne aussi comme si le principe civilisateur de l'ordre ne l'avait pas entièrement maîtrisé, comme s'il était pour ainsi dire plus ancien que la tonalité. »[107] Adorno reconnaît que par ce caractère « chaotique », « primitif » et sauvage, la musique de Schoenberg rejoint ici celle du *Sacre* : « Dans cet élan, Stravinsky

102. *Idem*, p. 119.

103. Cette distinction faite par Boulez recoupe celle d'Adorno. Et peut-être ceci éclaire-t-il cet autre texte assez obscur : « Webern, pour servir l'unité de l'œuvre, s'immerge dans la série. Schoenberg s'éloigne d'une telle proximité du matériau... Le matériau désensibilisé du dodécaphonisme désormais se désensibilise pour le compositeur » (*Idem*, p. 128).

104. *Idem*, p. 78.

105. Échapper à l'indifférence, c'est en particulier réussir à remplacer la fonctionalité harmonique traditionnelle par autre chose qu'Adorno nomme « harmonie complémentaire ». Voir note *j)* en fin de volume.

106. *Idem*, p. 50.

107. *Idem*, p. 51, note.

et Schoenberg ont été pendant un instant compagnon de route. »[108] Et si l'on se rappelle que pour Nietzsche la dimension dionysiaque renvoie au mythe sous-jacent à une culture, on peut dire que la libre atonalité, c'est vraiment dans la musique de Schoenberg le jaillissement de la spontanéité dionysiaque rétive par principe à toute systématisation rationnelle.

Comment ne pas évoquer ici l'aventure tout à fait parallèle accomplie sur le plan pictural par Paul Klee, le peintre sans doute le plus proche en esprit de Schoenberg, à la fois par sa radicalité et sa liberté ? Avec ces deux œuvres s'accomplissait vraiment le passage à la nouvelle peinture et à la nouvelle musique. En effet, dans l'une comme dans l'autre, même rupture consommée avec les systèmes du passé : univers tonal et espace figuratif de la Renaissance ; même ouverture sur des horizons encore totalement inexplorés, ceux de la libre atonalité et de la couleur émancipée par rapport à toute référence figurative ; même refus du système : tandis que Kandinsky et Delaunay se croient obligés d'apporter à leur praxis picturale la caution d'une théorie physique des couleurs, Klee se livre à une libre expérimentation à la fois sur les lignes purifiées de tout élément descriptif et sur les contrastes entre couleurs poussés jusqu'à la dissonance, libérant ainsi dans un même mouvement indivisible lignes et couleurs comme formes pures et les organisant polyphoniquement comme des sons musicaux ; enfin même délivrance d'une expression puisée à un fond immémorial : « Tout l'art, écrit Klee, est souvenir des temps immémoriaux, de l'obscurité originelle, dont quelques fragments survivent toujours chez l'artiste. »[109]

Nous saisissons là sur le vif le sens profond de ce qu'Adorno nomme « contenu de vérité », à savoir dans le cas précis de l'œuvre de Schoenberg la tension entretenue au niveau du langage de base (pratique de la technique sérielle jointe à la résistance au dodécaphonisme en tant que système) comme condition même d'émergence d'un horizon de sens totalement inédit. On pense, bien sûr, à l'arrière-fond freudien qu'évoque irrésistiblement le climat d'*Erwartung* et du *Pierrot lunaire*. Mais cette essence subversive propre au style schoenbergien va bien au-delà. Il y a dans cette musique tout le déchirement du monde moderne jusqu'au grand cauchemar de l'univers concentrationnaire (*Un survivant de Varsovie*, op. 46), et, au sommet, comme clef de voûte de cette pensée monumentale, avec *Moïse et Aaron*, le drame absolu de l'expressivité, à la fois la difficulté, sinon l'impossibilité, de communiquer l'abrupte transcendance divine à travers une parole trop humaine et la tentation, sans cesse renais-

108. *Idem*, p. 52, note. Un des rares passages, notons-le, où Adorno se montre juste envers Stravinsky. Voir plus loin, chapitre V, où à partir de la Fête primitive décrite dans *Totem et tabou* seront rapprochés la scène du Veau d'or (*Moïse et Aaron*, acte II, sc. 3) et *Le Sacre du printemps*.

109. Citation de Will Grohmann empruntée à Eva Stahn. Paul Klee, Payot, Lausanne.

sante dans le peuple, de sacrifier aux idoles de la violence et du délire [110]. Est-il besoin de noter qu'Adorno taît systématiquement cette inspiration fondamentale qui fait de Schoenberg un compositeur aussi essentiellement religieux que J.-S. Bach ? Le livre d'Adorno n'en demeure pas moins la défense la plus lucide et la plus profonde de la musique de Schoenberg.

110. L'opéra s'ouvre (acte I, scène I) en plaçant d'emblée le spectateur face à face au dialogue, à la lettre sublime par son caractère à la fois vertical et mystérieusement fraternel, entre Dieu et Moïse. La parole de Dieu qui monte du buisson ardent est évoquée par un sextuor vocal sans parole (énonçant en quatre accords de trois notes la série fondamentale avec le triton central qui partage l'octave en deux parties égales, symbole abstrait-concret de l'Infini en son identité et ubiquité) joint à un chœur en *Sprechgesang* qui dicte à Moïse sa vocation. La scène du veau d'or (acte II, scène 3), comme le *Sacre* de Stravinsky, nous offre le spectacle de la Fête primitive avec ses échanges de cadeaux, ses transgressions (viols, suicides...) et, à son paroxysme, l'acte sacrificiel des victimes émissaires qui scelle à nouveau dans le sang les liens primitifs de la communauté. Notons enfin que dans *Moïse et Aaron* le sens religieux (l'incommunicabilité du Tout Autre) et le sens esthétique (l'ascèse du langage nouveau face aux incompréhensions du public) se surdéterminent.

CHAPITRE III

ADORNO FACE A STRAVINSKY

1. *Un musicien réactionnaire ?*

Le second volet de la *Philosophie de la nouvelle musique* intitulé *Stravinsky et la restauration* fait autrement problème. A sa lecture, on éprouve un sentiment de paradoxe pour le moins curieux. En effet, le verdict final d'Adorno sur Stravinsky est particulièrement sévère (et, selon nous, tout à fait injuste) : il n'y a jamais eu, contrairement au schéma scolaire traditionnel, un Stravinsky révolutionnaire (celui du *Sacre* et de la période fauve en général), puis un Stravinsky du retour en arrière (phase néo-classique) pour la bonne raison que cette musique a *toujours* été en son principe même réactionnaire [1]. Mais (et c'est là que gît le paradoxe), quand on lit dans le détail le texte d'Adorno, on s'aperçoit qu'en un certain sens il dégage comme aucun autre les éléments essentiels pour définir la modernité radicale de Stravinsky. D'où l'impression que cette violence extrême mêlée à une perspicacité singulière témoigne de la part d'Adorno d'une forte ambivalence à l'égard de cette musique, ambivalence dont il ne serait pas sans intérêt de rechercher la motivation profonde.

Alors qu'il qualifie Stravinsky de musicien de « la restauration », Adorno n'en affirme pas moins que celui-ci a dédaigné le chemin facile de l'académisme sur lequel l'aiguillait son maître Rimsky-Korsakoff : « L'élève de ce Rimsky-Korsakoff qui corrigeait l'harmonie de Moussorgsky selon des règles de conservatoire, s'est insurgé contre les ateliers, comme seulement un fauve dans la peinture. » [2] Il a refusé

1. *Philosophie de la nouvelle musique,* p. 209 : « Est insoutenable le reproche adressé à Stravinsky qu'il serait devenu de révolutionnaire, réactionnaire, comme un classique allemand. Tous les éléments de la composition de la phase néo-classique non seulement sont contenus implicitement en ce qui précède, mais définissent ici et là toute la facture. »

2. *Idem,* p. 147. Précisons que l'influence de Debussy a été déterminante pour aider Stravinsky à conjurer ce démon (comme cet autre qu'était le wagnérisme).

d'approuver « l'idiome musical élaboré durant le XVIIIe et le XIXe siècle et qui a acquis le cachet du *naturel* et de ce qui va de soi pour la conscience bourgeoise à laquelle il appartient »[3]. D'où, par souci d'authenticité, le rejet brutal de ce langage routinier dont les formules sont chargées par imprégnation d'intentions bourgeoises[4]. Ainsi, tandis que Schoenberg, musicien de la « surenchère », fai éclater le langage de son époque en le poussant aux extrêmes dans sa propre direction, Stravinsky pratique la rupture complète avec le style romantique ou post-romantique, son culte de l'individualité et du sentiment subjectif, son chromatisme exacerbé, son gigantisme orchestral... Ainsi s'explique le caractère agressif que revêt souvent ce style en réaction contre les raffinements extrêmes de la musique de l'époque, ce parti pris provocateur de régression vers la barbarie, la sauvagerie et l'infantilisme, la réduction impitoyable opérée sur la syntaxe musicale (simplification draconienne aux points de vue mélodique et harmonique complémentaire d'ailleurs d'une forte complexification rythmique)... Or c'est là précisément que nous touchons le caractère de modernité de cette œuvre. Adorno remarque avec profondeur : « Plus on est moderne, plus on régresse à des stades reculés. Le romantisme, au commencement, s'occupait du Moyen Age ; Wagner, du polythéisme germanique ; Stravinsky, du clan totémiste. »[5] Et effectivement le *Sacre* marque un retour au berceau de tous les symboles et de tous les mythes[6].

2. *Anti-psychologisme et nihilisme.*

La « fureur antipsychologique » de Stravinsky ne fait qu'un avec cet anti-romantisme et cet anti-expressionnisme de principe. Le fameux axiome sur lequel on a tant glosé et selon lequel « la musique, par son essence » est « impuissante à exprimer quoi que ce soit »[7] ne veut pas dire autre chose. C'est la récusation décidée de l'*Einfühlung*, pilier de tout art humaniste[8]. Le « langage aconceptuel de la musique » devient alors l'instrument de la destruction du

3. *Idem.*

4. *Idem.* Adorno cite en note un texte de Nietzsche (*Humain trop humain*, aphorisme 215) soulignant que la musique n'est pas « un langage immédiat du sentiment » mais qu'elle a été psychologisée de manière croissante par son union séculaire avec la poésie. A cette influence conçue en un seul sens et de manière mécanique Adorno oppose une dialectique permanente entre le matériau musical et le sens qui lui est immanent, cette dialectique étant elle-même en prise sur une culture historique donnée dans sa totalité concrète.

5. *Philosophie de la nouvelle musique*, p. 173. Ceci ne dément pas le fait de la rupture qui s'établit avec Stravinsky (et Debussy) par rapport au drame wagnérien. Car même si leur œuvre est impensable sans celle de Wagner, reste qu'elle se définit en réaction contre celle-ci, tandis que l'expressionnisme de Schoenberg va dans le même sens que le romantisme wagnérien, même si le fil se brise à un certain moment.

6. *Idem*, p. 171.

7. STRAVINSKY, *Chroniques de ma vie*, I, p. 116.

8. *Philosophie de la nouvelle musique*, p. 149.

sujet et de l'individu en même temps que du sentiment. Stravinsky rejoint donc le positivisme de Mach : « On ne peut sauver le moi. »[9] Au pathos de Pierrot, Adorno oppose la mécanique de Pétrouchka[10]. Entre cet anti-humanisme de principe et d'autre part le caractère rituel de cette musique en même temps que l'importance du ballet dans l'œuvre de Stravinsky, il y a donc une complicité profonde : l'obstination convulsive à poursuivre jusqu'au terme la désintégration de l'âme.

L'élément dominant, et constant, du style de Stravinsky est ce langage impersonnel qui appartient par nature aux rites. Aux significations sentimentales et subjectives se substituent les significations dépersonnalisées et objectives du rite sacral, véritable « offrande antihumaniste à la collectivité »[11]. En effet, qu'il s'agisse de Pétrouchka, de l'Elue du *Sacre*, d'Œdipe ou même de la fiancée des *Noces*, on assiste chaque fois à la liquidation de la victime, pièce majeure, nous le savons, du sacrifice rituel scellant la réconciliation entre les membres du clan[12]. Reste qu'Adorno, au lieu de dégager l'aspect positif, en un certain sens, du rite sacrificiel pour la communauté y voit, au contraire, au moins dans la musique de Stravinsky, un signe irrécusable de nihilisme. En effet, l'apparent objectivisme du positivisme stravinskien est, en réalité, plus rivé à la psychologie que ne l'était la musique même de Wagner : « le plaisir sado-masochiste de s'anéantir soi-même, qui a une fonction si évidente dans son anti-psychologisme, est déterminé par le dynamisme de la vie instinctive et non par l'exigence de l'objectivité musicale »[13]. L'opiniâtre santé reniant tout ce qui est psychique comme si c'était déjà une maladie psychique « est un produit des mécanismes de défense au sens freudien du terme »[14]. Dans le cérémonial rigide du mythe, comme dans l'infantilisme de *L'Histoire du soldat* et de *Renard*, Adorno voit partout cet acharnement à briser « toute unité de la personne »[15] qui aurait sa racine profonde dans les pulsions de mort. Finalement la « complexion » de cette musique « a été apprise de la névrose obsessionnelle, et plus encore de son aggravation psychotique : la schizophrénie »[16]. D'où, selon Adorno, le caractère foncière-

9. *Idem*, p. 172. Là encore, en tant qu'il dégrade le *principium individuationis* en idéologie, Stravinsky achève Wagner (et Schopenhauer) et aboutit à un nihilisme consommé : « Par là la tendance mythologisante du *Sacre* continue celle de Wagner et la nie en même temps » *(Idem)*.

10. *Idem*, p. 150-151.

11. *Idem*, p. 154.

12. *Idem*, p. 151 : « Chez Stravinsky, la subjectivité prend le caractère de la victime ; pourtant — et c'est en cela qu'il se moque de la tradition de l'art humaniste — la musique ne s'identifie pas avec la victime, mais avec l'instance destructrice. Par la liquidation de la victime, elle se défait des intentions, de sa propre subjectivité. »

13. *Idem*, p. 173.

14. *Idem*, p. 173.

15. *Idem*, p. 175.

16. *Idem*, p. 174.

ment réactionnaire de cet art d'essence rituelle et magique. En mimant une conduite pathologique que nous venons d'évoquer, la musique de Stravinsky, par magie esthétique, réalise ce tour de force de présenter l'aliénation totalitaire à laquelle nous condamne la société industrielle avancée non seulement en anesthésiant l'auditeur contre toute angoisse mais en réussissant à l'apaiser et même à le séduire. A l'expressionnisme révolutionnaire de Schoenberg s'oppose donc la pratique magique de Stravinsky qui en musique est celui qui dit « oui » et qui « épate » le bourgeois, bien loin de le choquer [17]. Par exemple « la *Piano-rag music* est écrite pour piano mécanique. L'angoisse de la déshumanisation est transposée en la joie de dévoiler celle-ci, finalement en le plaisir du même instinct de mort dont le symbolisme a été préparé par le détesté Tristan » [18].

17. *Idem*, p. 175. On peut, dans l'argumentation d'Adorno, distinguer les moments suivants : *a*) « On *n'exprime* nullement la schizophrénie, mais la musique s'exerce à un comportement qui ressemble à celui des malades mentaux. L'individu *joue* la tragédie de sa propre dissociation » (p. 175) ; *b*) « Stravinsky esquisse des schémas de formes de réactions humaines, qui ensuite sont devenues universelles sous l'inévitable pression de *la société industrielle* au stade tardif. A cela répondait tout ce qui déjà de soi-même, par son propre mouvement, tendait vers ce à quoi cette société réduisait ses membres désarmés : effacement de soi, dextérité inconsciente, intégration à une totalité aveugle. Le sacrifice de soi-même, qu'exige de tous la nouvelle forme d'organisation, *séduit* en guise de passé primitif » *(Idem) ; c*) « La réflexion dans la copie esthétique atténue l'angoisse et renforce la *séduction*. L'élément apaisant et harmonisant, cet élément qui transpose dans l'art le redoutable, l'héritage esthétique de la pratique *magique* contre lequel se révoltait tout expressionnisme jusqu'aux œuvres révolutionnaires de Schoenberg, cet élément harmonisant triomphe comme messager de l'âge de fer dans le ton dédaigneux et tranchant de Stravinsky. Il est, dans la musique, celui qui dit oui » (*Idem*, p. 176) ; *d*) Conclusion : « Le geste schizophrénique de la musique de Stravinsky est un rituel destiné à renchérir sur la froideur du monde. Grimaçante, son œuvre défie la démence de l'esprit objectif. En exprimant la démence elle-même qui tue toute expression, non seulement elle défoule, comme on dit en psychologie, cette démence, mais elle la soumet à la raison organisante » (*Idem*, p. 176).

18. *Idem*, p. 176. D'où l'affirmation qu'en un sens Stravinsky achève Wagner (cf. plus haut, p. 49, note 9). Stravinsky est « un Wagner devenu finalement lui-même » (*Id.*, p. 195), en ce sens que sa musique est fondamentalement nihiliste et mue par l'instinct de mort. Le processus de déshumanisation, notamment par la technique de répétition qui tend à anesthésier l'auditeur (pratique déjà mise en œuvre par Wagner auquel Nietzsche reprochait « de vouloir par sa technique des motifs inculquer les idées aux gens musicalement stupides », *Id.*, p. 195-196) est ici poussé à son terme avec une sauvagerie brutale et un acharnement impitoyable.

On se demandera sans doute si Adorno ne se contredit pas complètement quand par ailleurs il déclare que « Stravinsky mène à terme le procès de Nietzsche contre Wagner » (*Id.*, p. 183). En fait, cette dernière formule se justifie au sens où Stravinsky, dans son antiromantisme de principe, rejette toute expression comme effusion sentimentale et aussi parce que Nietzsche, de son côté, s'est, à partir d'un certain moment de sa vie, déclaré guéri du *pathos* wagnérien (pris à tort comme dionysiaque) pour se déclarer désormais amoureux des musiques de Rossini, Bizet et Offenbach (*Id.*, p. 207). Dans son *Essai sur Wagner* (traduction Hildenbrand et Lindenberg, Gallimard, 1966), Adorno motive dans le détail son jugement sur le cas Wagner, jugement qui consonne pour l'essentiel avec celui de Nietzsche. Voir note *k)* à la fin du volume.

3. *Ballet et physicalisme musical.*

L'instrument privilégié de cette ritualisation sera le ballet, forme prédominante du début à la fin de l'œuvre de Stravinsky. En effet, quand il s'agit de tuer l'âme, l'art corporel devient le mot d'ordre. Or, « il est dans la nature de la musique de ballet de prescrire des gestes et, par surcroît, des comportements » [19]. Bien sûr, il ne saurait être question du ballet romantique « qui visait l'illustration ou la pantomime psychologique » [20], mais d'une « gesticulation objective » [21] où s'accomplit « l'exorcisation rituelle de l'âme » [22]. Adorno parle de « physicalisme musical » [23], à savoir la réalisation d'un étrange compromis schizoïde entre, d'une part, la perception du corps rendu extérieur au sujet par projection sur le danseur, ce medium étranger au moi [24], et d'autre part, une musique dont l'effet visé est non « l'identification du public avec les mouvements psychiques qui seraient exprimés dans la danse, mais en revanche une espèce d'électrisation pareille à celle qui saisit les danseurs » [25]. Enfin, cette « limitation de la musique au corps » [26] est d'autant plus la négation de l'âme que la « vraie danse est un art statique du temps, un tourner en rond, un mouvement sans progression » [27]. Là se situe précisément la véritable rupture stravinskienne : à une musique « expressivo-dynamique » se substitue désormais une musique « rythmico-spatiale » [28]. Nous touchons, en effet, affirme Adorno, au « terme... qui définit toutes les manifestations formelles de Stravinsky et consiste à mettre le temps en suspens comme dans un numéro de cirque, à présenter les complexes de durée comme complexes d'espace » [29]. En évoquant cette spatialisation du temps, nous sommes invités à pénétrer dans l'intimité même du langage musical de Stravinsky.

19. *Idem*, p. 175.
20. *Idem*, p. 201.
21. *Idem*, p. 207.
22. *Idem*, p. 179.
23. *Idem*, p. 204.
24. *Idem*, p. 181.
25. *Idem*, p. 201. Adorno retrouve la même « distance dissociative » au cinéma : « Dans le film, l'image, la parole et le son sont disparates. La musique de film et la musique de ballet obéissent à peu près aux mêmes lois » (p. 181, note).
26. *Idem*, p. 150.
27. *Idem*, p. 200.
28. *Idem*, p. 201.
29. *Idem*, p. 199.

4. *La spatialisation du temps musical chez Debussy et Stravinsky.*

Adorno, on s'en souvient, fait remonter à Debussy l'introduction de ce qu'il nomme l' « atemporalité musicale »[30]. Destruction du processus de tensions et de résolutions par la mise en œuvre d'une harmonie « non fonctionnelle » (d'où cette impression d'attente déçue de l'*Abgesang* qui ne vient jamais...)[31], atomisation croissante de la substance thématique, technique motivique procédant par répétition de successions sonores élémentaires, procédé du fondu enchaîné des taches sonores, tout cela va dans le sens d'une désagrégation de la continuité organique, donc d'une spatialisation de la musique et de son abdication devant la peinture[32]. Or si l'auteur du *Sacre* a pu apparaître comme l'antipape de l'Impressionnisme, par contre en tant qu'il pousse à bout la dissociation du continuum de la durée, il prolonge Debussy[33]. Stravinsky a repris directement de Debussy cette conception globale des plans sonores et des modèles mélodiques atomisés, mais il va beaucoup plus loin que lui dans cette direction en coupant les fils de raccordement entre les complexes sonores. Dès lors les sons cessent totalement de couler les uns dans les autres et se réalise cette spatialisation absolue qui fait de la musique un « parasite de la peinture »[34].

Entre la mise en œuvre systématique de cette esthétique du discontinu au niveau du langage et la signification globale qu'Adorno croit devoir reconnaître à cette musique la congruence semble bien parfaite. L'œuvre la plus révélatrice, à cet égard, est sans doute *L'Histoire du soldat*[35]. La régression vers un ante-sujet primitif (régression qui nous est apparue comme la loi la plus intérieure de l'art de Stravinsky) exige l'amputation de la mémoire comme prise de conscience de soi-même dans la durée intérieure. Si le soldat périt, c'est parce qu'il a sacrifié au passé et refusé de se perdre dans l'instant mathématisé et mécanisé : « Que le soldat demeure exilé dans le pur présent, cela explique le tabou sous le signe duquel se trouve toute la musique de Stravinsky. Les répétitions saccadées et qui percent les oreilles, il faudrait les interpréter comme des moyens pour extirper de la musique par la suspension de la durée, la dimension de la mémoire, c'est-à-dire le passé protégé. »[36] Ici (comme déjà

30. *Idem*, p. 192. Cf. aussi plus haut, p. 31.
31. *Idem*, p. 193.
32. *Idem*, p. 196-197.
33. *Idem*, p. 192.
34. *Idem*, p. 200.
35. *Idem*, p. 197, note : *L'Histoire du soldat* s'avère le véritable centre de l'œuvre de Stravinsky. » Même affirmation p. 180.
36. *Idem*, p. 198, note. Le sens ultime de cette *Histoire* est dégagé ainsi par Adorno : « Le héros, figure typique de cette génération d'après la Première Guerre mondiale qui a fourni au fascisme ses hordes prêtes à entrer en ligne, périt parce qu'il contrevient au commandement enjoignant au chômeur de vivre uniquement dans l'instant » (*Idem*, p. 198, note).

dans *Pétrouchka,* puis dans *Renard*) se dévoile la caractéristique centrale du style stravinskien : l'infantilisme. Adorno désigne ainsi le mouvement de régression vers le temps primitif et vers les expériences pré-individuelles communes appartenant à une fantaisie collective, bref par une sorte « d'anamnèse des rites tels qu'ils survivent dans le jeu » [37]. Ce qui se traduit par une musique calquée sur le caractère pantomimique des gestes ludiques de l'enfant, une musique qui gesticule et est faite de répétitions variables et mobiles. Or, c'est par le moyen même de cet infantilisme que prennent place dans la musique de Stravinsky les éléments proprement schizophréniques. Dans *L'Histoire du soldat,* « l'élément schizophrénique devient quasi thématique » [38]. En effet, la juxtaposition du récitant, de l'acte scénique et de la formation de chambre empêche toute sympathie (toujours le refus de l'expression !) et toute identification. Adorno y voit l'équivalent exact de ce que les psychiatres de la schizophrénie nomment « dépersonnalisation » [39].

5. *Esthétique du discontinu et infantilisme.*

Finalement « l'infantilisme, c'est le style du brisé » [40] et par là s'éclairent en profondeur les invariants fondamentaux du langage musical de Stravinsky aux points de vue mélodique, harmonique et rythmique. Non seulement est rejetée la mélodie continue wagnérienne avec ses chromatismes complexes au profit d'un diatonisme clair, franc et qui sonne populaire, mais surtout l'élan mélodique est cisaillé sans pitié en séquences élémentaires et tronquées constituant autant de cellules figées [41]. Quant à l'harmonie, elle est la plupart du temps cimentée au rythme pour constituer ces blocs harmonico-rythmiques (par exemple, dans le *Sacre,* les violents accords polytonaux au début des Augures printaniers, mesure 76) dont l'ostinato procède par translations statiques et où l'irrégularité du retour

37. *Idem,* p. 169.
38. *Idem,* p. 180.
39. *Idem,* p. 181.
40. *Idem,* p. 186.
41. Dans une note riche sur l'évolution de la mélodie (*Idem,* p. 157), Adorno souligne d'abord « le dépérissement de la mélodie romantique » dû au fait que, dans la pensée homophonique, « le déroulement harmonique passait de plus en plus au premier plan » et que « l'harmonie chromatisée ne supportait plus de mélodie autonome » (la saturation de la première aboutissant à la stérilisation de la seconde). Puis il estime que la solution du Debussy de la maturité aurait été de prendre son parti de cette atrophie de la mélodie en transformant cette dernière en une simple valeur de la fonction harmonique (d'où ces mélodies réduites, comme dans un laboratoire, à des modèles de combinaisons sonores élémentaires). Quant à Stravinsky, il aurait tiré la conséquence de la solution debussyste : « Conscient de la faiblesse des successions mélodiques qui, à vrai dire, ne le sont déjà plus, il abolit le concept de mélodie tout à fait en faveur de modèles mélodiques tronqués et primitifs. C'est seulement Schoenberg qui a véritablement émancipé le mélos, mais par là églement la dimension harmonique elle-même », ce qui veut dire que le système tonal lui-même s'effondre.

remplace le nouveau. La raideur et le martèlement autoritaire qui s'ensuivent engendrent cette musique de choc qui rappelle les états catatoniques : « Chez certains schizophrènes, une fois l'appareil moteur devenu autonome, après la désagrégation du moi, les gestes ou paroles se répètent interminablement ; on rencontre un phénomène analogue déjà chez des personnes frappées par un choc. »[42] Ainsi, à tous les niveaux du langage stravinskien, rencontre-t-on cette tendance à substituer systématiquement la répétition au progrès de façon à induire de force une audition de type « spatio-régressif »[43]. Et ce qu'Adorno avait montré à propos de *L'Histoire du soldat* peut être généralisé à l'ensemble de la production de Stravinsky : « Sa musique ignore le souvenir, donc la continuité temporelle de la durée. Elle va de réflexe en réflexe. » Elle « exclut la respiration de la forme, la continuité du processus, en définitive la vie »[44]. Dès lors « à cette musique ne restent plus que les coquilles vides de l'animé »[45].

6. *Distanciation et perversité.*

Ce serait une erreur de penser que les remarques précédentes ne s'appliquent qu'à une « période » bien déterminée de la carrière de Stravinsky. En réalité, elles vont nous conduire jusqu'au point central qui éclaire et fonde l'unité stylistique profonde de son œuvre entière du début à la fin : la distanciation obtenue par une sorte de jeu avec les langages qui rappelle la manière de Joyce[46], un style au second degré qui se définit par sa volonté de stylisation à l'égard des autres styles... Mais il est essentiel de remarquer que ce jeu chez Stravinsky est éminemment pervers. Et d'abord dans son principe. Le refus de l'expression, la poursuite acharnée de la dépersonnalisation, l'indifférence hébréphénique à l'égard du dehors née de l'incapacité de l'intériorité à trouver à s'y investir[47], tout cela fait que le sujet ne peut plus rien dire de lui-même et doit se contenter « de l'écho creux du langage musical objectif qui n'est plus le sien »[48]. Jeu également pervers dans sa technique même de manipulation d'un style étranger pris comme matériau à seule fin de le dénaturer : « La composition se nourrit de la différence entre les modèles et ce qu'elle en fait. Le concept d'un matériau musical inhérent à l'œuvre même, fondamental pour l'école de Schoenberg, ne s'applique guère sérieusement à Stravinsky. Sa musique regarde constamment vers une autre qu'elle

42. *Idem*, p. 183-184.
43. *Idem*, p. 201.
44. *Idem*, p. 170.
45. *Idem*, p. 184.
46. *Idem*, p. 188.
47. *Idem*, p. 181. Adorno parle « d'un univers où les objets sont vides de tout investissement libidineux » (*Idem*, p. 182). « L'animosité contre l'anima, qui imprègne tout l'œuvre de Stravinsky, est de même nature que la relation désexualisée entre sa musique et le corps » (*Idem*, p. 179).
48. *Idem*, p. 187.

défigure par surexposition de ses traits figés et mécaniques. »[49] D'où cette ironie féroce et sadique qui s'alimente à un masochisme profond.

On saisit alors comment le propre du style de Stravinsky est de réaliser la fusion entre distanciation et infantilisme. Au lieu de souffleter directement la convention, comme c'est le cas dans le *Sacre*[50], la stylisation tend à mettre celle-ci en lumière en élaborant jusqu'au bout son essence. Elément certes caractéristique d'une modernité qui voit les formes traditionnelles perdre de plus en plus de leur nécessité[51], mais ce qui distingue Stravinsky, outre l'emploi systématique de ce procédé, c'est d'en user dans un but anti-expressionniste et le plus souvent avec une volonté de parodie. Ainsi par le truchement de la convention qui se retourne, produire la distanciation dépsychologisante (tel est le sens du recours au latin, langue morte et traditionnelle, dans *Œdipus-Rex*)[52]. Mais surtout par l'imitation parodique, engager sûrement le processus de régression infantile. En effet, « la parodie, la forme fondamentale de la musique d'après la musique, signifie imiter quelque chose et en l'imitant le ridiculiser »[53]. Or, cette attitude s'adapte facilement à celle de régression au point de devenir son instrument privilégié de manifestation : « Comme un enfant démonte un jouet, puis le remonte mal, ainsi se comporte la musique infantiliste envers ses modèles. Ainsi peut-être les sauvages dansent-ils autour d'un missionnaire avant de le dévorer. »[54] A l'esthétique ravélienne « du jouet bien façonné »[55], Adorno oppose le parti pris de Stravinsky : « à la place du bien fait apparaît ici un mal fait artiste »[56] et il le rapproche de Picasso brisant « toute unité de la configuration picturale »[57]. Cette « musique d'après la musique » qui ne se borne pas à « chercher des modèles thématiques dans la musique d'art » (citation de tel grand compositeur) mais qui utilise des « morceaux d'usage courant, standardisés

49. *Idem*, p. 188.

50. *Idem*, p. 185. Mais, ajoute Adorno, « même le *Sacre* n'est pas inconditionnellement anticonventionnel. Par exemple, le passage de la scène du combat (qui prépare l'entrée du magicien) depuis le chiffre 62... est la stylisation d'un geste de la convention de l'opéra ».

51. *Idem*, p. 185, note : « Là où les compositeurs ne renoncent pas à toute généralité formelle préétablie, ils doivent tenter de formuler purement l'essence de la forme qu'ils emploient, c'est-à-dire en quelque sorte leur idée platonicienne. Le *Quintette à vent* de Schoenberg est une sonate dans le même sens que le conte de Goethe est le conte en général. » Adorno, à propos de ce passage à l'essence, souligne sa parenté avec la phénoménologie exactement contemporaine, son refus de tout psychologisme, la réduction au phénomène pur, tel qu'il se donne en tant que tel (*Idem*, p. 148).

52. *Idem*, p. 186.

53. *Idem*, p. 191. Voir par exemple, à la fin de la *Circus Polka*, la caricature de la *Marche militaire* de Schubert.

54. *Idem*.

55. *Idem*, p. 190.

56. *Idem*, p. 191.

57. *Idem*.

et dégradés par le marché » (musique la plus vulgaire, marche, raclement idiot des violons, valse démodée, tango, ragtime)[58] produit exactement le même effet que les collages pratiqués par les peintres de l'époque et se rapporte bien évidemment à cet infantilisme défini plus haut comme « le style du brisé »[59].

Une telle analyse[60] balaye en tout cas les reproches courants adressés à Stravinsky de sombrer dans le pastiche facile ou de faire retour à un « néo-classicisme ». Jamais, en effet, sa musique ne cède « à l'abêtissement qui devient évident sitôt que la musique d'après la musique supprime les guillemets »[61]. Si l'on songe d'autre part à tout ce que cette étude d'Adorno, qui se veut pourtant un réquisitoire féroce, apporte de vues essentielles sur la musique de Stravinsky, on ne peut pas, comme nous le notions au départ, ne pas éprouver une impression étrange. On a envie de s'écrier comme Aliocha à Ivan Karamazov à la fin de la légende du Grand Inquisiteur : « Mais... c'est absurde !... Ton poème est un éloge..., et non un blâme... comme tu voulais. » Cependant plusieurs points fondamentaux nous paraissent devoir être discutés.

58. *Idem*, p. 185.

59. *Idem*, p. 186. L'exemple le plus typique à cet égard est sans doute l'attitude de Stravinsky à l'égard du jazz telle que l'analyse magistralement Adorno : « Le *Ragtime pour onze instruments*, la *Piano-rag music* et même le tango et le ragtime de *L'Histoire du soldat* sont parmi ses pièces les plus réussies. A la différence des innombrables compositeurs qui, en flirtant avec le jazz, croient stimuler leur vitalité..., Stravinsky dévoile, en le déformant, le piteux, l'usé et le commercial de la musique de danse qui s'est établie depuis trente ans. Il oblige pour ainsi dire l'opprobre de cette musique à se révéler lui-même et transmue les formules standardisées en chiffres stylisés de la décomposition. Il élimine ainsi tous les traits de fausse individualité et d'expression sentimentale, parties inséparables du jazz naïf, et, avec une ironie acérée, change en ferments de déshumanisation ces vestiges de l'humain qui pourraient subsister encore dans ces formules composées d'une habile discontinuité. Ses pièces se composent avec des bribes de marchandises, de même que certains tableaux ou sculptures de cette époque, avec des cheveux, des lames de rasoir et des feuilles d'étain » (*Idem*, p. 177, note).

60. Il est intéressant de confronter cette analyse à celle que le même Adorno nous propose de Mahler. On y retrouve également des notations sur la régression à l'enfance et sur la musique brisée, mais cette fois mises au crédit du compositeur haussé au rang de précurseur et de prophète de la nouvelle musique. Voir la note *1)* en fin de volume.

61. *Philosophie de la nouvelle musique*, p. 192. Boulez précise bien le sens de cette écriture « entre guillemets » : comme Picasso le faisait à peu près à la même époque, Stravinsky introduit « des *objets trouvés* dans un complexe stylistique où ils fonctionnent par distorsion. La bizarrerie de la citation, sa naïveté, la différence de niveau des langages, l'hétérogénéité des éléments seront parties intégrantes de la composition. Il ne cherchera pas à réduire les divergences et à unifier les disparates par la synthèse grammaticale — comme une personnalité de la *surenchère*, Berg, le fera plus tard dans *Wozzeck*. Il aiguisera, au contraire, les discrépances et jouera sur l'absurdité du langage ; il écrira *entre guillemets :* ce qui laisse présager une attitude presque hostile vis-à-vis de l'intégration stylistique » (« Style ou Idée ? », in *Musique en jeu n° 4*, p. 6). De même Ch. Rosen, évoquant Stravinsky et Ives, déclare que ces musiciens « recherchaient des relations tonales produisant une sorte de *distanciation ironique*, comme s'ils empruntaient à une langue vieillotte au point d'en paraître exotique » (*Stravinsky*, p. 40).

7. *Une rythmique charnelle.*

Et tout d'abord nous paraît particulièrement grave l'affirmation d'Adorno sur la spatialisation de la durée chez Stravinsky car cette question engage, en définitive, tout le « contenu de vérité » de son œuvre. Certes Stravinsky, tout comme Debussy, s'inscrit en faux contre un certain traitement en continuité de la durée. L'anti-modèle pour les deux musiciens est bien la mélodie continue wagnérienne. Et, dans cette direction Stravinsky va encore plus loin que Debussy. En effet, tandis que ce dernier, comme il le relevait lui-même à propos de Moussorgsky, « compose par petites touches successives reliées par un lien mystérieux », chez Stravinsky la duplication fait place au ressassement, les cloisonnements accusent leurs arêtes au lieu de se fondre, la prolifération harmonique transforme les accords en agrégats sonores, les superpositions de mètres complexes différents engendrent des blocs rythmiques clairs et nets, toute impression de fluidité disparaît au profit de grandes successions verticales durement hachées ou admirablement calmes et immobiles... [62]. Mais doit-on pour autant conclure à « l'escamotage du temps » et au triomphe de « l'atemporalité musicale » [63] ? L'argumentation d'Adorno sur ce point prend appui sur un schème grossièrement bergsonien : « Stravinsky et son école préparent la fin du bergsonisme musical en jouant le *temps-espace* contre le *temps-durée* » [64]. Ce qui revient paradoxalement à donner raison à Bergson comme si la manière dont il oppose durée et espace était acceptable alors qu'en fait elle repose sur une conception qui ne rend compte ni du temps vécu, ni *a fortiori* du temps musical.

Si, en effet, la durée était, comme le soutient l'auteur de l'*Essai sur les données immédiates de la conscience*, succession sans distinction (la durée, écrit-il, « fait boule de neige avec elle-même »), elle s'abolirait dans la confusion car avec la fluidité pure le temps disparaît lui-même. L'expérience concrète du temps suppose à la fois distinction et unité, ce qui s'effectue dans la battue qui, dans l'indivisibilité du geste rythmique, articule appui et élan rigoureusement complémentaires, le point de jonction définissant l'instant pulsatile, origine dynamique de tout le système. Telle est la rythmique première et originelle, ancrée dans le corps et la pulsation cardiaque et sans laquelle il n'y aurait pas pour nous de temps vécu. Ce dernier n'est donc pas fluence mais présence, il ne coule pas, il jaillit [65]. Or, nous

62. Voir dans le livre d'André Souris, *Conditions de la musique*, Ed. de l'Université de Bruxelles, 1976, les passages où il est question de Stravinsky.

63. ADORNO, *Philosophie de la nouvelle musique*, p. 192.

64. *Idem*, p. 197.

65. Pour plus de détails, voir, dans notre livre sur *Le Musical*, Klincksieck, le chapitre intitulé : le rythme fondateur, p. 204 sq.

touchons là au fondement même de toute expérience musicale[66] et aucune rupture ne se manifeste ici entre Stravinsky (ou Debussy) et Wagner. Si « physicalisme » stravinskien il y a, celui-ci est tout le contraire d'une spatialisation (comme négation du temps vécu). Cette musique est toujours en prise sur la pulsation charnelle originelle, sa rythmique peut être des plus complexes (les « diableries métriques » qu'évoque Adorno), elle demeure cependant en permanence inscrite dans la souplesse du corps et donc irréductible à de simples combinaisons mathématiques écrites sur le papier. Ce qui la caractérise par contre, c'est la motricité mise au premier plan dans la dialectique des *tempi* et cet élément de danse qui, loin d'être cet « art statique du temps » dont parle Adorno[67], brûle de toute l'énergie dionysiaque la plus sauvage montée des profondeurs de la nature. Mais cette remarque demeure insuffisante pour dégager l'originalité de Stravinsky dans le traitement du temps musical.

8. *Le temps et l'éternité. Stravinsky et Byzance.*

Si le temps vécu est déjà un ordre institué par l'esprit, le temps musical se caractérise par la cohérence supérieure de son organisation, inaugurant ce régime de haute tenue de la conscience grâce à laquelle notre esprit se forge un destin qui lui est propre au-dessus de la banalité quotidienne. Le texte suivant précise en toute netteté l'essence spirituelle de cet ordre musical créateur d'émotion et de joie spécifiques, et donc libre de toute inféodation étrangère : « La musique est le seul domaine où l'homme réalise le présent. Par l'imperfection de sa nature, l'homme est voué à subir l'écoulement du temps — de ses catégories de passé et d'avenir — sans jamais pouvoir rendre réelle, donc stable, celle de présent. Le phénomène de la musique nous est donné à seule fin d'instituer un ordre dans les choses, y compris et surtout un ordre entre l'*homme* et le *temps*. Pour être réalisé, il exige donc nécessairement et uniquement une construction. La construction faite, l'ordre atteint, tout est dit. Il serait vain d'y chercher ou d'en attendre autre chose. C'est précisément cette construction, cet ordre atteint qui produit en nous une émotion d'un caractère tout à fait spécial, qui n'a rien de commun avec nos sensations courantes et nos réactions dues à des impressions de la vie quotidienne »[68].

Comment ne pas évoquer ici Bachelard qui déclare : « la durée est non pas une donnée mais une œuvre », une réalité polymorphe

66. Du moins jusqu'à une époque très récente, et nous laissons ici de côté le problème épineux de la disparition de cette pulsation de base dans certaines œuvres contemporaines.

67. Cf. plus haut, p. 51-52. Par contre, la rupture nous paraît consommée avec des œuvres de Messiaen comme *Mode de valeurs et d'intensités* (une des *Quatre Études de rythme*) et le *Livre d'orgue* (notamment la première et la dernière pièce, à vocation « théorique » du recueil). Voir la note *m*) en fin de volume.

68. STRAVINSKY, *Chroniques de ma vie* (Gonthier-Médiations), p. 63-64.

construite avec des rythmes et des systèmes d'instants superposés [69], et qui, transposant la leçon apprise de la physique quantique, nous montre la continuité temporelle engendrée par des groupements d'instants remarquables [70] ? A ce qu'il nomme « la berçeuse de la continuité », qui fait du temps un écoulement substantiel, il oppose donc la dialectique temporelle d'un ordre qui s'instaure en jouant avec la discontinuité de l'instant défini comme ce signal, au cœur de la battue, nouant des coïncidences et administrant le souffle [71]. Enfin évoquant le temps « travaillé » du poète ou du musicien, l'auteur de la *Dialectique de la durée* explique comment celui-ci brutalise le temps horizontal avec passé et avenir lié au déroulement d'une histoire intime et s'élève alors jusqu'au dynamisme pur de l'instant poétique dont la verticalité domine de haut la durée des vies mal faites. La temporalité poétique ou musicale s'ajuste ainsi à un niveau d'existence où palpitent les rythmes rares et purs de la vie spirituelle et où prend forme un temps où « l'homme reste debout » [72]. Toute cette conception du temps est assurément très proche de celle de Stravinsky. Mais pour comprendre le sens ultime de cette dernière, d'autres précisions doivent être encore apportées.

Dans sa *Poétique musicale*, Stravinsky, faisant référence au philosophe russe Pierre Souvtchinsky, souligne que cette construction du temps musical peut s'effectuer selon deux directions différentes, l'une parallèle au « temps psychologique », l'autre au « temps ontologique » [73]. Dans le premier cas, celui notamment de la musique romantique, dominent une volonté d'expression et la loi du contraste, c'est le royaume du multiple. Dans le second cas, la musique vise au « calme dynamique », elle obéit à la loi de similitude, elle est quête de l'unité. Et Stravinsky affirme que sa musique est du second type. Cette opposition assez obscure à premier lecture s'éclaire, nous semble-t-il, si l'on en saisit l'inspiration essentiellement néo-platonicienne ou augustinienne [74]. Non pas sans doute qu'il y ait eu influence explicite, mais la communion d'esprit est certaine pour la bonne raison que Stravinsky finalement, c'est Byzance qui ressuscite. Le *Canticum Sacrum*, composé en 1956 en l'honneur de Saint-Marc de Venise, avec ses cinq parties correspondant aux cinq coupoles byzantines de la basilique, est, à cet égard, hautement symbolique. Mais

69. BACHELARD, *Dialectique de la durée* (Boivin), p. 91.
70. *Idem*, p. 132, p. 142.
71. *Idem*, p. 141-142.
72. *Idem*, p. 109. Voir également dans *Le droit de rêver*, P.U.F., p. 22 sq. : Instant poétique et instant métaphysique.
73. STRAVINSKY, *Poétique musicale*, Plon, 1952, p. 22-23.
74. On a souvent confondu ce « temps ontologique » avec le temps d'univers, celui du réel physico-mathématique, par la faute même sans doute de Stravinsky, quand opposant le mètre au rythme (*Poétique musicale*, p. 21), il a tendance à confondre le premier avec la mesure des solfèges, alors qu'il s'agit d'une battue dont la pulsation régulière est en dernier ressort toujours inscrite dans le corps (battement cardiaque).

on peut montrer que nous touchons là au plus intime du style stravinskien et au principe de son écriture comme de sa pensée. Ce qu'il nomme la « vérité de l'ordre musical »[75] consiste à surmonter la dispersion du sensible pour s'élever jusqu'à ces « réalités essentielles » que sont « les hautes mathématiques musicales » et « l'essence ineffable de la musique »[76]. Et quand il parle de nombres et de mathématiques, c'est au sens mystique des Platoniciens et dans l'esprit du *De Musica* de saint Augustin, à savoir ce qui permet à l'âme de rejoindre le modèle intelligible qui est 'Ἐκεῖ (de là-bas) : « on découvre à l'origine de toute création un appétit qui n'est pas l'appétit des nourritures terrestres »[77], mais un « élan spirituel » qui « se ramène toujours et nécessairement à la poursuite de l'Un à travers le multiple »[78]. Tel est donc le sens profond de la musique : une discipline intérieure, maîtresse de silence et de recueillement, tout entière ordonnée au progrès de la vie spirituelle. Stravinsky peut donc affirmer : « L'art est une réalité ontologique. »[79]

On objectera sans doute que les remarques précédentes valent peut-être pour les œuvres d'inspiration religieuse de l'auteur de la *Symphonie de Psaumes*, de la *Messe* ou du *Canticum Sacrum*, mais assurément pas pour des ballets comme le *Sacre* ou *Noces* ni pour des opéras comme *Œdipus Rex* ou *The Rake's Progress.* En réalité, il faut, sur ce point encore, citer Pierre Souvtchinsky, quand il affirme avec profondeur : « Le thème peut être religieux ou profane, la musique de Stravinsky célèbre toujours, d'une manière profondément intérieure et mystérieuse, un rite sacral. »[80] Le *Sacre* ne se réduit pas, comme le prétend Adorno[81], à l'utilisation du donné ethnologique alors à la mode au profit d'un complexe masochiste d'auto-destruction personnelle, mais avec lui s'effectue cet ancrage véritablement ontologique dans l'arrière-fond mythique qui se situe au point nodal de l'articulation nature-culture, comme le démontre l'analyse magistrale de Freud dans *Totem et Tabou.* Telle est aussi, selon la leçon de Nietzsche, cette part inaliénable de l'homme, sous-jacente à toute subjectivité empirique, individuelle et sentimentale, cette dimension dionysiaque qui plonge dans les profondeurs mystérieuses de la nature et où palpitent les puissances originaires du

75. Stravinsky, *Poétique musicale,* p. 33. De son côté, Cézanne parlait de « la vérité de la peinture », mais il situait celle-ci au ras même du sensible, au cœur du perçu.

76. *Idem,* p. 33.

77. *Idem,* p. 17.

78. *Idem,* p. 95. Et Stravinsky ajoute les deux références suivantes : « L'Aréopagite prétend que plus grande est la dignité des anges dans la hiérarchie céleste, et moins ils disposent de mots ; en sorte que le plus élevé de tous ne prononce qu'une seule syllabe » ; « La musique, dit le sage Chinois Seu-ma-Tsen dans ses mémoires, est ce qui unifie » (*Idem,* p. 96).

79. *Idem,* p. 81.

80. Souvtchinsky : « La Notion de Temps et la Musique », *Revue musicale,* mai-juin 1939, numéro spécial consacré à Stravinsky.

81. Cf. plus haut, p. 49.

rythme et de la danse [82]. La musique de Stravinsky, loin de refouler l'élément magique et orgiastique qui inquiétait tant Platon (et, après lui, tous les politiciens autoritaires), l'assume en totalité par volonté plénière d'incarnation : pour le chrétien en effet (et Stravinsky s'est toujours proclamé homme de foi) [83], la sensibilité, et, avec elle, tout l'élan et le feu du désir, doit être sauvée, rachetée, non abolie [84]. *Le Sacre du Printemps* ressuscite, dans sa puissance incantatoire primitive, « un grand rite sacral païen » [85]. Dans *Noces,* selon le mot de Boucourechliev, « musique et scène montrent une action rituelle comme l'on montre une icône à la foule » [86]. Le texte fait d'un montage de dires ritualisés, incompréhensibles souvent à ceux mêmes qui les prononcent et qui sont les protagonistes du drame sacrificiel, évoque le *Nô* japonais. Quant à *Œdipus Rex,* il « incarne un mythe intemporel dans une forme devenue elle-même mythique » [87] : rigidité dans l'ordonnance et le cloisonnement des pièces de l'oratorio, rythmique figée qui « glace le drame dans la musique », emploi d'une langue morte, le latin, « matière pétrifiée, devenue monumentale et immunisée contre toute civilisation » [88], « langage conventionnel, presque rituel, moule immuable » [89], « antidote à la sentimentalité et à l'individualisme » [90]... Ici apparaît en toute netteté le sens de cet « objectivisme » stravinskien qui bannit impitoyablement le moi pour s'élever à l'essence et à l'archétype : celui-ci est hiératisme et non point nihilisme (sous forme de parodie destructrice, d'infantilisme, voire même de schizophrénie, comme le prétendait Adorno) [91].

82. Pour plus de détails sur cette référence à Nietzsche, voir notre livre sur *Le Musical,* p. 242 sq. et notamment p. 243, note 19. avec ce texte de Stravinsky qui fait un emploi explicite de la distinction du dionysiaque et de l'apollinien : « Ce qui compte pour la claire ordonnance de l'œuvre — pour sa cristallisation — c'est que tous les éléments dionysiaques qui ébranlent l'imagination du créateur et font monter la sève nourricière soient domptés à propos, avant de nous donner la fièvre, et finalement soumis à la loi : c'est Apollon qui l'ordonne » (*Poétique musicale,* p. 55).

83. STRAVINSKY, *Poétique musicale,* p. 6 : « Ma création... est le fruit de ma conscience et de ma foi. »

84. Stravinsky est sévère seulement pour « la musique impudiquement considérée comme une jouissance purement sensuelle (*Poétique musicale,* p. 42). Coupée de toute « réalité ontologique », cette musique cède à la concupiscence.

85. STRAVINSKY, *Chroniques de ma vie,* p. 41.

86. André BOUCOURECHLIEV, « Stravinsky ou l'unité ». *Musique en jeu, n° 4,* Seuil.

87. *Idem.*

88. STRAVINSKY, *Chroniques de ma vie,* p. 135.

89. *Idem,* p. 139.

90. *Idem,* p. 140.

91. Cf. plus haut, p. 55 (et en particulier la note 51). Boucourechliev (*art. cité)* souligne bien le caractère permanent de cet art « qui vise à l'archétype » : Renard, c'est le conte ; Mavra, l'opéra ; Apollon Musagète, le mythe solaire du Grand Roi, etc...

9. *La musique n'est pas religion mais liturgie.*

Là réside en dernière analyse ce qui constitue l'unité foncière de toute l'œuvre de Stravinsky en dépit de sa diversité apparente, à savoir le fait que finalement cette musique n'est jamais profane. En particulier, le ballet qui jalonne l'ensemble de la carrière du compositeur, en donnant priorité au rythme, a toujours une fonction sacrale. *Agon* (1957), à cet égard, apparaît bien comme un aboutissement : c'est la célébration abstraite du rythme en soi comme Combat. Nous avons dit déjà quelle forme archétypale prenait l'opéra stravinskien. Quant à la musique de chambre, elle revêt la plupart du temps, comme chez Bach, le même caractère religieux. Ainsi, par exemple, à propos des *Symphonies d'instruments à vent à la mémoire de Debussy,* l'auteur lui-même parle « des cantilènes de clarinettes et de flûtes reprenant fréquemment leur dialogue liturgique et le psalmodiant tout doucement », et il conclut « c'est une cérémonie austère qui se déroule en de courtes litanies entre différentes familles d'instruments homogènes » [92]. Nous revenons de la sorte à l'idée fondamentale qui en permanence a inspiré Stravinsky et selon laquelle la vocation ultime de la musique est d'être médiatrice quant aux mystères les plus élevés. En bref : la musique, dans son essence, est liturgie.

Il importe ici, si l'on ne veut point commettre un grave contresens, de souligner que nous sommes aux antipodes de la conception wagnérienne d'une religion de la musique (au sens où l'on parlait, également à cette époque, d'une religion de la science). Stravinsky s'en est lui-même très clairement expliqué : « A toute époque d'anarchie spirituelle où l'homme, ayant perdu le sens et le goût de l'ontologie s'effraie de lui-même et de son destin, on voit toujours paraître une de ces gnoses qui servent de religion à ceux qui n'en ont plus... Ainsi, de la musique impudiquement considérée comme une jouissance purement sensuelle, on est passé sans transition aux obscures fadaises de l'Art-religion, avec sa ferblanterie héroïque, avec son arsenal mystique et guerrier et son vocabulaire frotté de religion frelatée. » [93] Telle est donc la motivation principale de cet anti-wagnérisme radical. Plus encore qu'une musique sensuelle qui refuse de s'élever au-delà du sensible, *Stravinsky* rejette une musique qui, se posant en absolu, sombre dans une « singerie inconsciente du rite sacré » [94]. Et, visant notamment *Parsifal,* il dénonce avec sévérité la « conception inepte et sacrilège de l'art comme religion et du théâtre comme temple » [95]. Au contraire, dire que l'art est liturgique, c'est reconnaître son caractère médiateur, et seulement médiateur,

92. STRAVINSKY, *Chroniques de ma vie,* p. 105.
93. STRAVINSKY, *Poétique musicale,* p. 41-42.
94. STRAVINSKY, *Chroniques de ma vie,* p. 49.
95. *Idem,* p. 50.

pour notre conversion spirituelle vers l'Un. Le concept de musique pure trouve alors son sens plénier : d'une part l'élévation au-dessus du sensible par réduction anti-romantique de toute expression psychologique, d'autre part l'ordonnancement du temps de façon à aider l'âme à construire son éternité. Dès lors s'éclaire dans son ensemble le procès engagé par Stravinsky contre Wagner. Parce qu'elle a oublié sa fonction humblement médiatrice pour s'ériger en absolu, la musique wagnérienne sacrifie au pathos sentimental et se perd dans le multiple en même temps qu'elle se détourne de la construction d'un ordre temporel vraiment cohérent : « La musique de Richard Wagner est plus d'improvisation que de construction, au sens musical spécifique. Les airs, les ensembles et leurs rapports réciproques dans la structure d'un opéra confèrent à l'œuvre tout entière une cohérence qui n'est que la manifestation extérieure et visible d'un ordre interne et profond... L'œuvre de Wagner répond à une tendance qui n'est pas à proprement parler un désordre, mais qui tâche de suppléer à un manque d'ordre. Le système de la mélodie infinie traduit parfaitement cette tendance. C'est le perpétuel devenir d'une musique qui n'avait aucun motif de commencer comme elle n'a aucune raison de finir. »[96]

La parenté suggérée plus haut entre Stravinsky et saint Augustin dans leur conception de la musique comme voie anagogique (ἀναγωγή) paraît donc décidément bien fondée. La musique, « ars bene movendi », consiste à se mouvoir au-dedans de nous-mêmes à la rencontre de Dieu. Par elle, comme maîtrise du temps, s'instaure un ordre intérieur entre l'homme et le temps irréductible au flux des successions et sentiments personnels. Grâce à elle, en raison de cette essence spirituelle qui est la sienne, l'âme pénètre dans un monde invisible, silencieux, immobile où le temps rejoint l'éternité et où tout est paix et grâce. N'est-ce pas une expérience spirituelle de ce type que nous livre l'hymne quasi immobile par lequel s'achève la *Symphonie de Psaumes* ? La musique de Stravinsky renoue ainsi avec le premier art chrétien. Notamment l'emploi de longues pédales sous-tendant une harmonie statique de grands accords parallèles homophones évoque, comme l'a noté A. Souris, l'Ison des Byzantins qui lui-même correspond au fond d'or des icônes[97]. Et ce refus de la pâte orchestrale vouée à la description ou à l'expression signifie en musique, comme dans la fresque ou la mosaïque qui récusent la

96. STRAVINSKY, *Poétique musicale*, p. 44.

97. A. Souris *(op. cit.)* donne comme exemple, dans *Le Roi des Étoiles*, les pédales longues qui traversent les homophonies d'accords pyramidaux en séries métriques contrastées (entre le grand orchestre de huit cors et le petit chœur d'hommes). Ce statisme harmonique est d'ailleurs un héritage de Debussy auquel l'œuvre est dédiée. Voir également dans la *Messe* la grande psalmodie du *Credo* sur fond d'accords eux aussi statiques. Enfin, dans un contexte totalement sériel et dans un climat de dénuement sonore total on retrouve dans *Threni* les mêmes pédales harmoniques.

représentation, un art indivisiblement anagogique et hiératique [98]. Reste maintenant à montrer comment, de manière paradoxale en apparence seulement, se fonde sur ce *Kunstwollen* (ce « vouloir artistique » au sens de Riegl et de Panofsky) ce qui constitue la modernité même de Stravinsky.

10. *La modernité de Stravinsky.*

Adorno a eu parfaitement raison d'insister sur l'importance de la distanciation, de la citation et, en général, du jeu avec la diversité des langages musicaux pour caractériser l'unité stylistique de l'œuvre de Stravinsky [99]. Tout ceci va bien, en effet, dans le sens de cet anti-expressionnisme et de cette volonté d'objectivation si essentiels à cette musique. Par contre cette analyse nous paraît très artificielle aussitôt qu'elle prétend (contre la leçon même, nous semble-t-il, du Freud ethnologue) « réduire » psychologiquement cette dépersonnalisation d'essence rituelle en l'expliquant à partir d'un masochisme primaire. D'où, l'on s'en souvient, l'insistance d'Adorno sur la parodie, comme dégradation sadique du modèle, sur l'infantilisme comme style du brisé, sur le retour au mythe comme processus de régression et d'aliénation [100]... Or, l'attention portée par Stravinsky au mythe, nous l'avons souligné plus haut, est tout le contraire du nihilisme mais ressourcement ontologique en profondeur sous la zone superficielle de la subjectivité individuelle. D'autre part, la rythmique d'un ballet comme le *Sacre* n'a rien d'une rigidité mécanique mais en elle palpite la pulsation originelle du corps avec toute sa sève libidineuse [101]. Quant à la lecture qu'Adorno nous propose de *L'Histoire du soldat* [102], elle est sans doute fort ingénieuse et même séduisante mais totalement gratuite. En fait, il s'agit d'un conte dans lequel Stravinsky atteint à la stylisation d'un paysan à la fois russe et vaudois en le « prenant » dans le climat calviniste et pessimiste qui appartient en propre à Ramuz. Et la morale du conte est la suivante : qui a vendu une fois son âme au diable est à jamais perdu... Bref, c'est l'histoire d'une âme et Adorno confond bien légèrement rejet de la psychologie et refus de l'intériorité [103]. L'objectivisme stravinskien, loin de tuer l'âme, réinsère celle-ci dans l'horizon ontologique où se joue l'histoire de son salut. Et ceci vaut, *a fortiori*, bien sûr, pour les œuvres expressivement religieuses du compositeur, œuvres sur lesquelles, il faut le remarquer, le commentaire d'Adorno opère une impasse presque totale et fort significative.

98. Sur le mystère du temps musical chez Stravinsky, voir la note *n)* en fin de volume sur saint Augustin et Kierkegaard.

99. Cf. plus haut, p. 54 sq.

100. Cf. plus haut, p. 49. Sur ce Freud ethnologue, voir plus loin p. 114 sq.

101. Contre l'affirmation d'Adorno sur la « relation désexualisée » entre cette musique et le corps, cf. plus haut, p. 54, note 47.

102. Cf. plus haut, pp. 52-53.

103. Cf. plus haut, p. 54. Sur la similarité du thème de l'*Histoire du soldat* et de *The Rake's Progress* un parallèle serait à développer.

Dès lors, ceci rappelé, les éléments de modernité signalés à juste titre par Adorno, s'éclairent d'un jour tout nouveau. Au lieu de voir en eux la marque d'un sujet vidé de lui-même et condamné pour récupérer un semblant de sens à l'écholalie sur les langages étrangers, il faut ne jamais oublier la permanence de ce hiératisme qui, par son pouvoir d'abstraction, insuffle à l'ensemble de cette œuvre, en dépit de sa grande diversité, une unité puissante et immédiatement reconnaissable quels que soient les matériaux stylistiques sur lesquels elle opère ses exercices de distanciation. Nul syncrétisme donc ici, ni « retour à Bach » ni « conversion à la série », mais une libre expérimentation avec les langages d'autant plus audacieuse qu'elle demeure toujours marquée du sceau indélébile du hiératisme. Ainsi, la prise de conscience que, selon le mot de Boris de Schloezer, « le style est mort », est aussi aiguë chez Stravinsky que chez Joyce en littérature et chez Picasso en peinture. A la différence de Schoenberg qui ne doutait pas « que la musique allait désormais suivre la voie » qu'il lui avait « ouverte » et assurer ainsi « la primauté de la musique allemande pendant cent ans »[104], Stravinsky ne croit pas à la possibilité de retrouver une unique langue commune susceptible de s'imposer unanimement. Aussi bien sa liberté à l'égard du pluralisme des langues musicales diverses demeure-t-elle chez lui totale, comme chez aucun autre compositeur. Et, en ce sens, la formule d'Adorno selon laquelle « Schoenberg a parcouru le domaine entier du matériau musical »[105], s'applique, selon nous, de façon infiniment plus juste à Stravinsky. Si, par exemple, ce dernier reprochait à Schoenberg en 1926 son acte « individualiste (il s'agit de la prétention d'inventer avec la série une langue nouvelle), en 1952 (juste après d'ailleurs la mort de Schoenberg et après l'audition répétée du *Quator*, op. 22 de Webern), Stravinsky reconnaît que le sérialisme accède au rang " d'un phénomène musical collectif " et il commence à en user dans la Gigue du *Septuor*. Reste qu'à travers ce changement d'ordre stylistique (c'est-à-dire de langue)[106], la poétique stravinskienne demeure parfaitement immuable et originale : sa technique sérielle conjugue diatonisme et chromatisme, elle est purifiée de tout élément expressionniste, enfin le même principe de scansion rythmique incantatoire subsiste ainsi que la distanciation caractéristique du rituel sacré[107].

104. Voir *Le Style et l'Idée* respectivement p. 75 et p. 222 (note). Quant à Leibowitz, il affirme de son côté que la technique de douze sons est « la seule discipline valable à la suite des systèmes musicaux antérieurs » (*Introduction à la musique de douze sons*, p. 14).

105. ADORNO, *Philosophie de la nouvelle musique*, p. 116.

106. Stravinsky définit exactement le style en ce sens quand il écrit dans la *Poétique musicale*, p. 48 : « La langue est l'élément commun aux compositeurs d'une école ou d'une époque déterminée. » Quand Schoenberg évoque le style (dans *Le style et l'idée*), c'est également dans ce même sens de langue.

107. Boucourechliev (article cité plus haut) a bien dégagé cette unité du Style de Stravinsky à travers la variété des langages utilisés (styles au sens précis de la note précédente).

Ainsi, par la conjugaison de son esthétique et de sa spiritualité, Stravinsky a mesuré dans toute son ampleur et réussi à conjurer cette crise sans précédent des langages musicaux, caractéristique de notre modernité. En effet, il est demeuré à égale distance de la naïveté schoenbergienne qui pense avoir assuré le remplacement du système tonal et la naïveté de ceux qui ne craindront pas de jeter par dessus bord toute référence à une dimension collective du langage musical. Si la première attitude, en faisant bon marché des autres voies qui devaient conduire aux musiques d'aujourd'hui (notamment la voie debussyste, qui, tout en tournant le dos à la théorie, s'est révélée au moins aussi importante que la tradition sérielle) s'est trouvée démentie par les faits, la seconde par contre témoigne de la mort du style par éclatement total qui caractérise la condition présente de la musique avec le risque très réel pour cette dernière de se perdre en purs jeux sonores désormais indifférents à toute communication d'un sens.

CHAPITRE IV

LA FORME ET LE STYLE

A première vue l'œuvre d'art s'offre à nous comme un foyer de contradictions insurmontables. Unique, singulière, à nulle autre pareille, et, pourtant, en fait, toujours prise dans des liens de parenté stylistique plus ou moins resserés selon les cas mais cependant irrécusables en dernière analyse... Libre de toute détermination externe, elle jouit d'une autonomie parfaite, mais, dans le même temps enracinée dans une terre, un espace, un temps originaire, elle ne cesse d'assumer en plénitude sa condition charnelle historique... Porteuse du spirituel et ce d'autant mieux que, paradoxalement, elle demeure matérielle de part en part... Eternelle et moderne enfin, indivisément... En réalité, ces antinomies se révèlent apparentes et se dissipent à l'analyse des conditions de l'équilibre souverain entre tensions contraires qui caractérise la forme esthétique.

1. *Vie et Forme.*

Les formes esthétiques appellent la comparaison avec celles de la vie, et parfois d'une manière insistante. Bien sûr, on pense aussitôt à l'ornementation qui, dans les arts plastiques, imite la croissance organique des végétaux et des animaux. Mais le même phénomène peut s'observer en musique. Ainsi, dans le *Salve Regina* de Monteverdi pour deux sopranos, après la cadence à la dominante où se noue la première section de la pièce, suit un moment au cours duquel l'émotion de l'âme dans sa prière de supplication à la Vierge s'élève jusqu'à son sommet : là, alors, dans un ralenti sublime, s'opère sur le O de « O dulcis virgo Maria » l'échange des deux voix dans une sorte de montée balancée suivie d'une résolution sur les derniers mots qui évoque irrésistiblement l'épanouissement progressif d'une fleur somptueuse. Faut-il voir dans ces exemples plus qu'une simple métaphore ?

Certes, ce que Kant nomme « finalité interne » appartient en propre à l'être vivant « être organisé et s'organisant lui-même » puisque seul il se produit lui-même comme espèce et comme individu (il est capable, en effet, de se reproduire, de croître et de s'auto-réparer). Mais l'œuvre d'art ne se réduit pas pour autant à une forme physique dont l'équilibre dépend toujours de certaines conditions *extérieures* données. Ainsi la formation d'une bulle de savon apparaît comme la solution d'un problème de minimum et de maximum entre les forces externes qui, s'exerçant sur la pellicule de savon, tendent à la concentrer en un point, et la pression interne de l'air enfermé exigeant d'occuper un volume aussi grand que possible. L'œuvre d'art, au contraire, se caractérise par sa « nécessité *intérieure* » (l'expression est de Kandinsky) : pourvue d'une véritable solidarité interne (qui est de nature rythmique, comme le montrera la suite de l'analyse), elle doit être définie comme une unité autonome possédans ses lois propres et son ordre à elle. Aussi bien, loin d'être produite par une réduction de tension à l'égard de conditions réelles préexistantes et par l'acheminement de l'ensemble du système vers le repos et l'inertie, elle témoigne de la présence d'un état de haute tension riche de virtualités infinies et qui inaugure un mode d'existence débordant d'ailleurs non seulement le domaine physique mais également, nous le verrons, le simple domaine biologique.

Comment nier, en effet, cette consistance supérieure propre à l'œuvre digne de ce nom ? Dans un organisme vivant, chaquc partie existe non seulement *pour* les autres, mais *par* les autres. Or, même si un tableau ne se restaure pas lui-même, cette formule peut néanmoins s'appliquer à lui selon une analogie bien fondée. Chacune de ses composantes ne prend sa valeur propre que dans et par le tout de la toile. Typique, à cet égard, est l'exemple du traitement de la couleur chez des peintres comme Matisse ou R. Delaunay où les réactions « simultanées » obtenues à partir des contrastes entre couleurs pures assurent au tableau à la fois sa luminosité, son dynamisme, sa structure et sa puissance d'expression. Et ce qui est vrai des couleurs l'est également des sons en musique ou des mots en poésie. Chaque fois se vérifie le principe fondamental de cohérence intérieure en dehors de laquelle il n'y a pour l'œuvre ni unité, ni existence autonome. Là réside en dernière analyse la différence radicale qui sépare une peinture même figurative d'un vulgaire trompe-l'œil. Ce dernier, toujours à la remorque du monde extérieur et donc conditionné du dehors, s'ingénie en vain à capturer par imitation un objet étranger qui chaque fois se dérobe à sa prise comme, dans les films de Walt Disney, ces obstacles imaginaires qui, à peine abattus par le héros, ressurgissent aussitôt devant lui au loin indéfiniment... Une nature morte de Chardin, au contraire, dans son exactitude exemplaire, est en elle-même un monde total, elle tisse en son réseau de formes et de couleurs une ambiance entière, un milieu lumineux complet. Autre exemple, bien différent en apparence mais qui illustre au plus haut niveau cette cohérence, condition de la légalité autonome de l'œuvre : dans le choral de Bach *Vor deinen Thron* (BWV 668), les quatre séquences du *cantus firmus* exposées au soprano engendrent grâce aux ressources du contrepoint le plus rigoureux, par une relation en quelque sorte « utérine » (le qualificatif est de Boulez), la structure entière de la pièce, portant au sens ce symbole ultime de mort et d'espérance, à la fois testament et signature du vieux *Cantor*.

Remarquons que ce critère de limitation interne serait à tort considéré comme caractéristique d'un style particulier, en l'occurrence le seul classicisme. L'œuvre peut être, autant qu'on voudra, prodigalité, exubérance, explosion baroque dans une illimitation de l'espace, reste qu'en tant qu'elle déploie, mesure et qualifie son propre espace-temps, elle porte en elle cette limite absolue qui scelle son existence comme forme. Ainsi s'explique l'art nécessaire et inconditionnel des sacrifices. Le vice rédhibitoire du trompe-l'œil, c'est qu'en voulant précisément tout reproduire, il ne réussit jamais à produire un tout véritable[1].

Que l'œuvre d'art puisse prétendre comme le vivant, de manière analogue sans doute, sinon identique, au statut d'organisme, on peut le montrer aussi à partir de considérations sur la notion de *style*. Une œuvre singulière, les œuvres diverses d'un grand artiste, enfin les œuvres caractéristiques d'une époque déterminée possèdent leur style propre tout comme cette feuille d'un chêne (selon le « principium individuationis » sur lequel a tant insisté Leibniz), l'ensemble des feuilles du même arbre, puis tous les individus appartenant à la même espèce. Et il ne s'agit pas là que de ressemblances extérieures. L'analyse des transformations internes qui commandent la genèse des formes permet de dégager ici et là des processus étrangement voisins : présence d'un invariant qui sert de matrice engendrant par duplication répétitive, glissements et métamorphoses insensibles toute une *série* de variations aboutissant à l'éclosion d'une forme autonome singulière ou jalonnant la suite des individualités appartenant à une commune famille de formes. Ainsi la rose produite à partir de la pétalisation des étamines de la modeste églantine mais aussi l'étonnante diversité des variétés de roses créés par l'art de l'horticulteur... Ainsi sur un chapiteau roman un rinceau se dédoublant et s'enlaçant sur lui-même pour produire toute une vie foisonnante et chimérique de monstres comme à Chauvigny mais aussi toutes les églises sœurs de l'Auvergne romane, par exemple, ou encore toutes ces cathédrales gothiques qui brodent chacune à leur manière sur le même théorème de l'ogive... Qu'il s'agisse donc d'une espèce ou d'un individu, d'une succession d'œuvres dans une aire culturelle bien définie ou d'un chef-d'œuvre singulier, chaque fois le style désigne un certain mode d'itération ou de développement opérant à

1. Voir les analyses de J. Hersch. *L'Être et la Forme*. La Baconnière, Neuchâtel, 1946.

partir d'un axiome de base. On remarquera surtout à partir de certains exemples précédents où l'on semble surprendre l'enjambement de la nature à l'art (notamment celui de la rose) comment la notion de style semble se situer exactement à l'articulation du biologique et du culturel.

Nous trouvons là une indication précieuse pour comprendre comment l'œuvre d'art plonge dans les profondeurs de la vie et de la nature en même temps qu'elle témoigne d'une émergence radicale. Si le style, au niveau esthétique comme au niveau biologique, apparaît comme le résultat de transformations topologiques, et même si, comme le pensent certains, on peut en donner la formule mathématique, « le fait saillant à propos du style, c'est que l'esprit travaille inconsciemment dans une direction comparable à celle de la nature » (Lévi-Strauss). Kant disait déjà du génie qu'il est ce « favori de la nature » grâce auquel s'accomplit la médiation entre symbolisme de l'art et symbolisme de la nature, le premier se fondant sur le second où il puise en dernière instance son énergie créatrice. Cette thèse renoue en un certain sens avec la réflexion platonicienne sur la mimesis qui est à l'origine de la tragédie et menace l'institution en libérant les explosions incontrôlées de la Phûsis, mais surtout avec l'analyse d'Aristote selon laquelle « l'art porte à son terme ce que la nature n'a pas le pouvoir d'achever ou la mime » (*Physique* II). Il ne faut donc voir dans la théorie grecque de l'imitation la simple concession, comme on l'a cru longtemps à tort, à l'idée de l'art-reflet mais aussi la reconnaissance de cette mimétique qui est de l'ordre de la danse inscrite originairement dans le corps, bref cette puissance pulsatile du rythme qui est l'essence dionysiaque présente en tout grand art comme le dira fortement Nietzsche.

Reste maintenant à montrer, comme nous y invite explicitement le texte d'Aristote, que l'art dépasse la nature. Et, en effet, si la référence au style permet de comprendre comment l'art prolonge l'activité rythmique de la nature et comment palpite en l'œuvre géniale un sens monté des profondeurs, il importe de souligner que le propre de l'art est de promouvoir le style au rang de langage. Les formes esthétiques appartiennent donc de plein droit à l'ordre sémiologique (sinon linguistique dans son acception délimitée de langage verbal) : elles sont vouées à la communication d'un sens spécifique et c'est pourquoi, plus haut, nous n'avons parlé que d'analogie entre elles et les formes biologiques. Aussi bien la réitération qui est au principe de la genèse des formes de l'art est-elle celle-là seulement qu'a décrite Jakobson comme engendrée par la projection de la métaphore sur la métonymie, c'est-à-dire l'instauration d'un rythme porteur d'un contenu de vérité qui lui appartient en propre. Nous reviendrons incessamment sur ce dernier point car nous voilà rejetés du côté des signes, si nous vous cerner de plus près ce qui constitue l'originalité des formes esthétiques.

2. *Signe et Forme.*

En une formule décisive, Focillon a énoncé la différence essentielle entre signe et forme : « Le signe signifie, alors que la forme *se* signifie. » Le propre du signe en effet est son caractère *arbitraire,* à savoir le fait qu'il est un medium parfaitement transparent qui renvoie à un sens transcendant d'ordre conceptuel. L'analyse du signe qui sert de fondement à la linguistique moderne explique très bien la nature du lien qui s'établit ainsi entre signifiant et signifié. Non seulement les mots ne prennent sens que dans et par leur différence à l'intérieur du système global de la langue, mais surtout ils sont construits eux-mêmes à partir d'un petit nombre d'éléments qui sont des unités *non signifiantes* et qu'on nomme phonèmes. Ces derniers, prélevés sur le fond beaucoup plus large des possibilités sonores naturelles et universelles du larynx humain, constituent l'infra-structure propre à une langue promue d'emblée au rang de phénomène culturel. Précisons que ce n'est pas l'existence en elle-même de ces deux niveaux d'articulation qui permet de rendre compte de la distinction entre signe et forme. En effet, la double articulation est la condition nécessaire pour qu'il y ait communication d'un sens, donc langage au sens large mais fort du mot. Le niveau de base, constituant le medium indispensable à la communication dans une aire culturelle déterminée, ne peut pas ne pas être présent en art si ce dernier accède vraiment au sens. Seulement la différence fondamentale avec le signe est qu'ici ce niveau de base est déjà, à sa manière, *signifiant :* champ vécu de potentialités pré-tracées, il possède la densité d'un véritable matériau de l'art élaboré par une culture singulière et, comme tel, il est porteur d'une praxis spatio-temporelle bien déterminée solidaire d'un *Kunstwollen* original[2]. Nous aurons l'occasion de montrer abondamment par la suite comment l'analyse des œuvres n'est féconde qu'à la condition de creuser jusqu'à cette couche sous-jacente des divers langages esthétiques.

Pour l'instant, il importe de tirer la conséquence principale qui résulte de la manière dont se présente en art le système de base : le sens n'est plus arbitraire ni conceptuel, mais immanent et vécu. Le matériau s'illumine de l'intérieur dans l'épaisseur de sa masse et rayonne un sens qui, né de la conjugaison de l'imaginaire et du sentiment, est de l'ordre de l'expressivité jaillie à même l'articulation rythmique de l'espace-temps constitutive de la forme. En opposant signification et sens, Sartre éclaire très bien la distinction précédente : « un objet est *signifiant* lorsqu'on vise à travers lui un autre objet. En ce cas l'esprit ne prête pas attention au signe lui-même : il le dépasse vers la chose signifiée. Le *sens,* par contre, ne se distingue pas de l'objet même et il est d'autant plus manifeste que nous

2. Sur le concept de *Kunstwollen,* voir la note *o*) en fin de volume.

donnons plus d'attention à la chose qu'il habite... Un objet a un *sens* quand il est l'incarnation d'une réalité qui le dépasse mais qu'on ne peut saisir en dehors de lui et que son infinité ne permet d'exprimer adéquatement par aucun système de signes [linguistiques] ; il s'agit toujours d'une totalité, d'une personne, d'un milieu, d'une époque, de la condition humaine »[3].

Le sens qui entre ici en jeu est de l'ordre du symbolisme au sens précis où l'entend Kant dans la *Critique du jugement,* à savoir une activité spécifique de l'imagination transcendantale qui, prenant appui sur de « libres matières » lui servant de schèmes, s'élève réflexivement vers l'indicible ou l'ineffable jusqu'en un domaine de pensée qui est celui de l'Ame, par principe au-delà du connaître et donc incontournable par le concept. Ainsi, la blancheur du lys est-elle le symbole de l'innocence. Nous prolongerons l'analyse kantienne par deux remarques qui permettent de mieux caractériser la nature de cette imagination symbolique. Tout d'abord, et ceci recoupe les analyses célèbres de Bachelard sur l'imaginaire, cette imagination est par essence *matérielle* puisque le propre du symbole est d'être porté par une riche matière qui lui donne son élan et d'irradier un sens dont la présence demeure immanente à ce matériau en permanence.

D'autre part, cette activité symbolique de l'imagination s'identifie à l'activité du sentiment. Pour admettre ce point, il faut bien sûr renoncer à l'interprétation traditionnelle qui réduit le sentiment à une sorte d'accompagnement toujours second et obscur de l'activité intellectuelle. Le retour à l'Ame plus haut évoqué signifie, en fait, la réhabilitation de l'intériorité, à savoir d'une immanence originaire ou possession *a priori* de soi qui est au fondement même de tout mouvement de transcendance (y compris de l'activité conceptuelle). Or le sentiment, par essence, c'est le retentissement de l'en-dehors « en » moi où je reprends appui dans l'immanence de mon intériorité, puis l'investissement du moi dans les choses appréhendées par une sorte de communion charnelle qui définit ce « non-moi mien » du monde de la présence où consonnent immédiatement paysage et état d'âme, objectivité et subjectivité. La médiation concrète opérée ainsi par le sentiment entre le monde et moi (en même temps qu'entre les diverses puissances de mon être) s'accomplit donc dans un mouvement d'allure respiratoire aspir-expir qui n'est autre que le souffle originaire de la cadence rythmique appui-élan articulée sur l'ictus qui donne l'impulsion à l'ensemble du mouvement. On comprend mieux dès lors pourquoi l'œuvre d'art, possédée de part en part par un rythme fondateur, est par excellence l'organon du sentiment.

Avec cette catégorie de rythme nous touchons enfin au point central qui nous permet d'affirmer que la forme ne se réduit ni à

3. Texte extrait de la Préface écrite par Sartre au livre de Leibowitz, *L'artiste et sa conscience.* (La parenthèse est de nous.)

une trace statique ni à un simple schème formel mais qu'elle engendre vraiment son propre contenu. On connaît dans les manuscrits du Moyen Age ces lettrines qui débutent un chapitre, se chargent soudain d'ornementations, prolifèrent en rythmant une spatialité inédite : un mince trait sinueux est déjà frontière ou chemin, folle végétation ou animal fabuleux... Nous surprenons ici sur le vif la transmutation du signe en forme, l'émergence d'une symbolique qui se superpose à une sémantique, la naissance d'un univers imaginaire autonome qui vient recouvrir celui du discours linguistique... De même une analyse comme celle de Jakobson, à laquelle nous faisions allusion plus haut, nous permet de saisir comment le linguistique se convertit au poétique au moment précis où le procès métaphorique passe au premier plan en réinvestissant le procès métonymique lui-même. Toutes les composantes du langage, son et sens, se trouvent de la sorte réévaluées selon le principe de similarité et d'équivalence, c'est-à-dire au moyen d'une articulation rythmique tout à fait comparable à celle où s'accomplit le temps musical[4]. Les rapports de contiguïté au lieu d'être organisés pour construire un discours en principe univoque sont traités rythmiquement et symboliquement afin de libérer une polysémie inépuisable d'essence poétique en même temps que la langue naturelle, de medium linguistique, se trouve brusquement promue au rang de matériau de l'art qui chante pour lui-même... Ainsi, dans un seul vers, Mallarmé réussit à nous livrer un condensé spirituel de tout l'art wagnérien :

« Trompettes tout haut d'or pâmé sur les vélins ».

A l'éclat du premier hémistiche construit en ascendance et qui culmine sur le mot « or » s'opposent, en descendance, les timbres feutrés du second. Là trouve sa correspondance poétique parfaite une musique si remarquable par ses puissants contrastes dynamiques. Quant à cet « or », sommet et clef de voûte de tout ce vers, véritable nœud métaphorique, il entraîne notre rêverie dans un réseau de subtiles analogies : une orchestration très riche en cuivres, les enluminures des manuscrits du Moyen Age où le musicien-poète est venu puiser ses thèmes littéraires, tout le vieux fond légendaire de *L'Or du Rhin* enfin ressuscité... Admirable logique de l'imaginaire déployé par le symbole jouant indivisément sur le son et le sens...

Mais revenons sur l'art ornemental que Focillon désigne comme « le premier alphabet de la pensée humaine aux prises avec l'espace », car on y saisit, à l'état naissant en quelque sorte, comment la forme engendre un sens qui lui appartient en propre en donnant une forme

4. Jakobson montre sur deux vers tirés du *Corbeau* d'E. Poe comment s'opère le traitement rythmique du matériau linguistique par le procédé de la paronomase :

« And the Raven, never flitting, still is sitting, still is sitting
On the pallid bust of Pallas just above my chamber door. »

Le jeu des paronomases inversées évoque le mouvement rétrograde en musique : *raven* est l'image en miroir de *never*, /n.v.r./ - /r.v.n./, puis /sti//sit... / sti // sit /.

à l'espace, soit, par exemple, qu'elle pose un fond stable sur lequel elle déploie régulièrement une série d'éléments discontinus et symétriques, soit qu'elle dévore et annule son support par la continuité onduleuse de courbes foisonnant à l'infini. Ainsi s'opposent l'immobilité, la symétrie, la rigueur analytique des combinaisons géométriques du décor musulman à la souplesse, aux fluences, au châtoiement des labyrinthes irlandais : deux styles, deux cultures. Ce schème opératoire de l'ornement ne se limite d'ailleurs pas à la forme abstraite ou fantastique. Ce qui sert de support aux métamorphoses peut être le corps de l'homme et de la femme, le paysage, la nature morte... Par là passe toute l'histoire des styles, série d'expérimentations diverses sur l'espace et, en même temps, traces et repères d'expériences spirituelles chaque fois singulières. Nous sommes donc habilités à parler de la variation ornementale comme d'un principe universel en tout art. Nous touchons vraiment ici au principe moteur qui engendre cette itération caractéristique d'un style. Le romantique Wagner ne développe pas comme Haydn, Mozart ou Beethoven avec lesquels règne le *style* sonate, ni ceux-ci comme Bach et les musiciens baroques [5]. Et que devient le développement chez un Debussy ? Le rôle, et l'intérêt, de l'analyse, en musique comme dans les arts plastiques, consiste à dégager ces ruptures stylistiques qui résident dans des différences radicales au niveau du traitement de l'espace-temps à l'intérieur de la forme.

3. *Forme et matériau.*

Si le contenu d'une forme échappe par principe à toute signification conceptuelle et doit être saisi à même une trajectoire ou un tissu spatio-temporels déployés rythmiquement par la forme qui jalonne chaque fois un cheminement singulier pour notre rêverie esthétique, cela implique que cette spatialité pleine de sens est nécessairement engagée dans un matériau lui-même solidaire, en tant que matériau de l'art arraché à la nature, d'une conduite spatio-temporelle spécifique caractéristique d'un champ esthétique et d'une culture déterminés. C'est dire l'impossibilité d'opérer une distinction réelle entre ce qui revient à l'espace et ce qui revient au matériau. En particulier ce que nous avons nommé plus haut « systèmes de base » et qui constitue l'infrastructure spatio-culturelle indispensable à toute communication esthétique est toujours porté par un matériau culturellement daté et il est lui-même matériau de l'art en tant qu'il supporte, tel un véritable *a priori* historique, les œuvres d'une certaine époque et d'un certain lieu. Nous chercherons à mettre ce point en valeur dans l'esprit des recherches d'un Wölfflin, d'un Panofsky ou d'un Francastel, car nous pensons que nous touchons là aux principes d'une archéologie des styles non seulement dans

5. Sur la « forme » sonate érigée en style et sur baroque, classicisme et romantisme, voir plus haut, chapitre II.

les arts plastiques mais également en tout art (et notamment en musique).

Au départ, en rapport direct avec ce sens consubstantiellement lié à un espace, brillant au cœur d'un matériau et fournissant une pâture à l'imagination matérielle, il faut rappeler le principe fondamental dégagé par Focillon : la forme n'agit jamais « comme un principe supérieur modelant une masse passive » mais « la matière impose sa propre forme à la forme » et « la forme est toujours incarnation ». Il y a, en effet, comme « une vocation formelle » du matériau et sans le respect de celle-ci il ne saurait y avoir d'art authentique. La pierre brute, le marbre poli, le métal ou le bois, en raison de leur contexture, de leur grain, de leur couleur propres ne s'engagent pas avec les mêmes potentialités expressives dans la dialectique architecturale qui noue le ciel et la terre, et ils n'appellent donc pas les mêmes formes. On a dit à juste titre que la pierre du Thoronet avait une vocation cistercienne. Et, il est vrai que sa nudité ascétique se prête admirablement à la sobriété austère de cette spiritualité comme la rudesse de son grain est disponibilité totale et parfaite envers la lumière qui rythme la liturgie du soir et du matin. Le marbre n'a manifestement pas ici sa place, lui qui, par contre, sert admirablement la sublimité baroque de Saint-Pierre de Rome. Michel-Ange, au Palais Farnèse, a donné ses lettres de noblesse au travertin dont la texture spongieuse *(spugnosso)* s'accorde au baroque romain avec la puissance homogène de sa masse et cet effet de profondeur et d'infini qu'engendrent l'estompement des angles et saillies et le modelé des ombres et des lumières. Le contraste est ici saisissant avec le matériau sec et dur des florentins qui donne à leur architecture ce caractère de légèreté nette, aérée et incisive, limpide et transparente, comme du Machiavel, et qui est l'essence même de la Renaissance classique.

Une fois reconnue l'existence de cette destinée ou vocation formelle, il faut en tirer la conséquence immédiate, à savoir « que les matières de l'art ne sont pas interchangeables, c'est-à-dire que la forme, passant d'une matière donnée à une autre matière, subit une métamorphose ». A l'appui de cette affirmation, Focillon cite le cas du dessin dont le support matériel paraît pourtant des plus minces. En réalité, « sa variété est extrême : encre, lavis, mine de plomb, pierre noire, sanguine, craie, séparés ou unis, autant de propriétés définies, autant de langages » de sorte qu'un fusain copié au lavis acquiert des propriétés complètement inattendues et devient une œuvre nouvelle. Et à qui s'étonnerait « qu'un volume puisse changer, selon qu'il prend corps dans le marbre, le bronze, le bois, selon qu'il est peint à la détrempe ou peint à l'huile, gravé au burin ou lithographié », il faut répondre « que les volumes, dans ces divers états, ne sont pas les mêmes, puisqu'ils dépendent de la lumière qui les modèle, qui met en évidence leur plein ou leur creux et qui fait de la surface l'expression d'une densité relative. Or, la lumière même dépend de la matière qui la reçoit, sur laquelle elle glisse par coulées ou se pose avec fermeté, qu'elle pénètre plus ou moins, qui lui communique une qualité sèche ou une qualité grasse. Il est trop clair que, dans la peinture, l'interprétation de l'espace est fonction de la matière qui tantôt la limite et tant l'illimite, mais, de plus, un volume n'est pas le même selon qu'il est peint en pleine pâte ou par des glacis sur des dessous ». On excusera la longueur de la citation, mais ce texte est particulièrement apte à faire saisir pourquoi la forme est incarnation et pas seulement incarnée. Des exemples tout à fait analogues pourraient être cités en musique pour distinguer une transcription qui est trahison d'une transcription qui est une création nouvelle. Ainsi quand Bach transcrit pour clavecin des concertos de violon de Vivaldi, son génie créateur demeure entier. Attentif aux impératifs du matériau instrumental, ici le son bref et sec du clavecin, il n'hésite pas, quand il le juge nécessaire, à assouplir la ligne de basse, à renforcer l'harmonie, à introduire des parties intermédiaires avec des éléments rythmiques et contrapuntiques qui renforcent l'unité du tout, à orner enfin la mélodie pour la rendre plus chantante dans l'esprit même du concerto italien... Finalement l'œuvre se trouve profondément transformée et dépasse souvent son modèle par la puissance expressive du phrasé.

D'une manière générale, qu'il s'agisse de transcription musicale, de transposition plastique (d'un tableau à une gravure par exemple) ou d'un original, le non-respect du matériau signe la nullité artistique d'une œuvre. Les exemples de la mosaïque et du vitrail sont sans doute les plus typiques à cet égard. Née de la juxtaposition d'éléments hétérogènes par la dimension, l'épiderme, la couleur et dont les limites sont soulignées par des joints visibles, la mosaïque semble bien vouée à l'arabesque fermement tracée qui circonscrit les objets dans leur intégrité et à la couleur pure employée en aplats qui, non asservie à la notation des éclairages et des ombres, brûle d'un feu tout intérieur. Telle est l'âme de Saint-Vital ou de Saint-Apollinaire-le-Neuf. Quand, à partir du XVIIe siècle notamment, les mosaïstes, soumis à la volonté de représentation, s'ingénieront à copier les effets de la peinture à l'huile, valeurs, ombres et volumes, afin de fabriquer un espace de la perspective, les couleurs perdront aussitôt leur intensité, elles deviendront pâles, fades et, pour tout dire, insignifiantes. L'art de la mosaïque aura perdu son âme. Des remarques tout à fait parallèles s'appliquent au vitrail. Celui-ci, monté à partir de morceaux de verre inégaux et sertis dans une résille de plomb, vit de l'irradiation de la lumière jouant à la fois sur les surfaces et les couleurs. Les surfaces claires tendent à se dilater, les surfaces sombres à se contracter. Les tons s'exaltent par contraste. Quant aux plombs, loin de se réduire à une fonction utilitaire neutre esthétiquement, dans la mesure où ils sont eux-mêmes surface et couleur, non seulement ils cernent les formes mais ils modifient l'irradiation des couleurs (c'est pourquoi par exemple le bleu dévore dans le vitrail contrairement à ce qui se passe en peinture). Pour toutes ces raisons dues à la personnalité de son matériau, le vitrail, comme la mosaïque, exclut le modelé sous peine de déchéance : par essence il est hiératique et tend vers l'abstrait comme le redécouvriront au XXe siècle, après un oubli de plusieurs siècles, des artistes tels que Matisse, Braque, Manessier ou Bazaine.

Il ne faudrait pas cependant interpréter les remarques précédentes sur la vocation formelle du matériau dans le sens d'un déterminisme aveugle et mécanique, car, comme dit encore très bien Focillon, « ces matières si bien caractérisées, si suggestives et même si exigeantes à l'égard des formes de l'art, sur lesquelles elles exercent une sorte d'attrait, s'en trouvent, par un retour, profondément modifiées ». C'est cette action en retour de l'homme et d'une culture sur le matériau qu'il importe maintenant de dégager si l'on veut cerner le statut exact des matières de l'art. Et d'abord la plasticité des matières, même résistantes et impératives comme la pierre, est telle que la violence (non le viol) exercée sur elles par un artiste pour en tirer une expérience correspondant à un certain *a priori* qui est le sien, permet de révéler parfois en celles-ci des potentialités exactement contraires. On peut illustrer ce fait en reprenant l'opposition développée par Worringer sur ce point précis entre architecture grecque et architecture gothique : « C'est en acceptant complètement la pierre et ses lois matérielles que l'architecture classique atteint sa valeur d'expression vivante. Dire oui à la pierre, c'est exprimer d'une façon architecturale le conflit de la masse et de la force. La nature de la pierre est d'être lourde, c'est sur la base de la loi de l'inertie qu'elle est utilisable en architecture... Tout ce que l'architecture grecque obtient en fait d'*expression* c'est *avec* la pierre, c'est *par* la pierre qu'elle l'obtient ; tout ce que l'architecture gothique — ici apparaît le contraste dans toute sa force — obtient en fait d'expression, c'est *malgré* la pierre. Son expression ne se base pas sur la matière, elle naît de la négation, de la dématérialisation de la matière. »[6] Ceci ne contredit qu'en apparence nos remarques précédentes sur la nécessité catégorique du respect du matériau. En effet,

6. W. WORRINGER, *L'art gothique*, Idées/farts, Gallimard, p. 154. Voir la suite de ce beau texte : « Si nous jetons un coup d'œil sur la cathédrale gothique, nous voyons un mouvement vertical pour ainsi dire pétrifié duquel toute loi de la pesanteur semble exclue. Nous ne voyons qu'un mouvement de force vers le haut, d'une puissance énorme, en opposition avec la pesanteur naturelle de la pierre. Il n'est pas un mur ni une masse qui nous donne l'impression d'une solide existence matérielle ; seules s'expriment mille forces particulières, dont nous percevons à peine le caractère matériel et qui nous impressionnent seulement parce qu'elles représentent une expression immatérielle, une ascension sans obstacle. C'est en vain que nous cherchons l'indication, nécessaire à notre sentiment, du rapport de la masse et de la force : on dirait qu'il n'y a pas de masse du tout ; nous ne voyons que des forces libres et sans entraves qui s'élancent vers la nue dans un élan gigantesque. Il est clair que la pierre est ici débarrassée de toute sa pesanteur matérielle... L'art gothique dématérialise la pierre au profit d'une expression purement spirituelle. »

la négation qu'évoque Worringer, loin d'être l'ignorance du matériau, est, un peu à la manière de la négativité hégélienne, cette force motrice intérieure au contenu qui l'amène à se dépasser lui-même vers une positivité nouvelle et plus haute, ici la sublimation de la pesanteur de la pierre en un jaillissement de forces vives qui s'élancent jusqu'au ciel. Autre exemple : dans l'architecture de Sert, à la Fondation Maeght, tandis que la pierre est l'élément terrestre, le béton est traité comme élément aérien, il ouvre le ciel grâce à la forme des impluviums aux grandes ailes relevées. Cette délivrance d'un trait inédit dans le matériau est toujours la marque d'une création du génie.

D'autre part, et ceci va encore dans le sens de l'initiative de l'artiste sur le matériau, si « les matières ne sont pas interchangeables », par contre, toujours selon l'auteur de *La Vie des Formes,* « les techniques se pénètrent », ainsi chez Michel-Ange à la fois sculpteur et peintre, chez Rembrandt à la fois peintre et aquafortiste, chez Xénakis architecte et musicien... La technique d'un créateur véritable ne saurait se réduire à une recette de métier. « Poésie toute d'action », elle est une certaine façon inimitable de faire vivre les formes dans la matière. Vivante, elle est sans cesse en quête d'expérimentations nouvelles et toujours plus hardies. Focillon évoque « la jeune liberté dont font preuve, au soir de leur vie, Tintoret, Hals et Rembrandt ». D'où « ces puissantes variations » nées de « l'impatience de la technique à l'égard du métier » et qui joue notamment sur les interférences entre techniques en réaction — seulement apparente là encore — contre la vocation formelle du matériau. Nous retrouvons le problème des transpositions déjà évoqué plus haut et il convient de porter attention aux inventions souvent étonnantes qui négocient cet échange, créateur à la limite de matières nouvelles.

En dernière analyse, ce qui signe le style d'un artiste, est cette instauration qui forme le matériau de l'intérieur au cours d'une lutte amoureuse où idée et matière se révèlent l'une par l'autre l'une à l'autre. Cette rencontre créatrice au cours de laquelle l'idée s'éveille dans la main en même temps que la forme dans la matière se nomme la *touche.* Empreinte du geste créateur devenue la texture même du matériau, « la touche est structure ». La macrophotographie nous révèle par exemple, dans l'épaisseur même de la pâte picturale, la touche nerveuse et crépitante d'un Frans Hals ou celle de Van Gogh, étalée en larges coulées de laves. A la lettre, il s'agit là de la radiographie d'un style. De même un grand interprète et un compositeur vraiment original se reconnaissent aussitôt à la manière dont ils façonnent le son musical. Impossible, par exemple, de confondre le toucher, l'attaque et le phrasé d'un E. Fischer, d'un W. Gieseking ou d'un Samson François. Quant à l'œuvre pour piano d'un Chopin, d'un Liszt ou d'un Debussy, chacune à sa manière est révolutionnaire dans son traitement du matériau pianistique et par les sonorités nouvelles qu'elle réussit à arracher à cet instrument. Ainsi le piano de Debussy est clair et léger, d'une sensualité sonore incomparable grâce à la libre et ample disposition des tessitures, à la multiplicité complexe et asymétrique des nuances dynamiques et rythmiques, à la recomposition subtile de la phrase à des registres différents à travers des sous-entendus mélodiques et harmoniques, enfin et surtout grâce aux couleurs d'accords dont la splendeur en soi est obtenue par récusation du tyrannique principe de fonctionalité harmonique. Quant à la musique de Messiaen, elle nous a révélé des timbres jusque-là inouïs à l'orgue.

Les analyses précédentes nous permettent donc de prendre conscience de l'importance du travail qui aboutit à la genèse d'un matériau de l'art. Nous sommes en droit de poser la proposition fondamentale selon laquelle ces matières sont « issues de la nature, mais non pas naturelles ». Encore faut-il pour donner à cet énoncé de Focillon la plénitude de son sens ajouter une précision importante. En effet, les rencontres créatrices évoquées plus haut n'ont jamais lieu dans un face à face entre d'un côté une nature fruste et brute (même douée de potentialités formelles), et, de l'autre, un homme génial, isolé dans sa belle individualité. Une œuvre quelconque, et *a fortiori* la plus révolutionnaire, ne surgit jamais dans le vide culturel. Si, en effet, toute création particulière s'effectue dans la lutte avec un matériau (comme nous l'ont suggéré les exemples précédents), celui-ci est toujours le matériau d'une époque, à la fois prélevé sur une nature géographiquement marquée et portant l'empreinte indélébile de la culture qui l'a engendré. Ce matériau de base, sédimenté culturellement, sert de milieu nourricier pour les œuvres en même temps qu'il se nourrit d'elles, il est le medium qui leur permet d'entrer en communication avec leur entourage et d'être entendues. Il est donc finalement cet *a priori* historique qui sous-tend toutes les productions artistiques d'une époque et qui se nomme un *style*. Tel est le thème fondamental que nous nous proposons de développer ultérieurement en montrant comment s'imbriquent ici en un système indivisible un matériau qualifié, des techniques ou praxis bien définies, des conduites spatio-temporelles habitées par un sens, et finalement tout un *Kunstwollen* original. Il nous suffira pour le moment de donner quelques exemples simples pour illustrer ce qu'est un matériau de l'art.

La technique de la peinture à l'huile est l'invention au XVe siècle des frères Van Eyck. L'huile était connue depuis longtemps pour sa fonction utilitaire. Au Moyen Age on l'employait notamment pour protéger les statues de bois contre l'humidité et les intempéries. Avec une toile comme *L'Agneau mystique,* elle accède pour la première fois à la dignité de la carrière esthétique. Création véritable assurément et de quelle admirable matière ! Tantôt grasse et épaisse, elle est travaillée dans la masse au pinceau ou au couteau, tantôt mince, légère et transparente elle est utilisée en glacis. Cette matière vit et en vieillissant elle se fendille comme une céramique ancienne.

Enfin et surtout elle est riche d'une polyvalence exceptionnelle : « dure et durable comme le minéral, souple et pulpeuse comme le végétal, vivante et sensuelle comme la chair », ainsi que l'a écrit René Huyghe. Ceci dit, ce serait une erreur de considérer cette invention comme due au hasard de la création géniale d'un individu en dehors de tout contexte culturel. Le fait qu'elle apparaisse à ce moment précis et en tel lieu n'est point indifférent. Comment ne pas reconnaître que cette technique nouvelle s'inscrit dans la grande aventure née avec la Renaissance italienne et vouée à la volonté de représentation caractéristique d'un style qui appelait impérieusement un tel matériau ?

L'exemple des laques développé par Focillon nous transporte dans un autre horizon culturel, celui des Maîtres d'Extrême-Orient. Ce matériau se veut en émulation avec la nature, il évoque la fluidité et la mobilité à la fois de l'eau et de la fumée, non par volonté de réalisme mais par souci de ce lieu des métamorphoses et des migrations où se lient le ciel et la terre en ce que Cézanne nommait « la religion du paysage ». Mais les laques sont bien une production artisanale, non une donnée de la nature : « elles viennent de la résine d'un certain pin, travaillée et polie longtemps, dans des huttes construites au-dessus des cours d'eau, à l'abri de toute poussière. La matière de leur peinture, qui tient à la fois de l'eau et de la fumée, n'est plus ni l'une ni l'autre, puisqu'elle possède le secret contradictoire de les fixer sans qu'elles cessent d'être fluides, impondérables et mobiles ». Apparaît donc ici en toute netteté ce double paramètre (nature-culture) caractéristique de tout grand matériau de l'art.

Mais c'est sans doute en musique où la fonction du matériau de l'art se révèle le plus complètement dans toute sa complexité, et surtout dans une systématicité exemplaire. Ici, en effet, un système de base définit pour une culture donnée le son musical comme distinct du bruit, et il est entièrement solidaire d'une technique particulière d'émission de la voix (au sens où Mauss parle de techniques du corps), d'une facture instrumentale bien déterminée, des schèmes organisateurs du discours musical (ce que l'on nomme généralement les « formes musicales ») et enfin des idéaux profonds d'une société. Ces systèmes sont donc marqués par la relativité culturelle, et c'est d'ailleurs ce qui fait leur richesse inestimable. Ils diffèrent dans la Chine ancienne, l'Inde, l'Afrique, la Grèce antique, le Moyen Age chrétien, l'Europe des XVIIe, XVIIIe et XIXe siècles (où domine le système tonal), sans parler des bouleversements du XXe siècle...

Dans le système tonal, seul est qualifié de musical et reconnu comme tel le son que le physicien nomme périodique et dont on peut mesurer la fréquence. Ce son se répétant quasi-identique après un certain nombre fixe d'intervalles ascendants ou descendants, engendre l'octave qui se divise selon les lois de la résonance en quinte plus quarte[7]. Le sixième mode grégorien, le mode d'ut, va alors éclipser tous les autres en raison de sa structure qui s'accorde parfaitement à la logique précédente. D'une part, ce mode, portant des accords parfaits majeurs précisément sur les degrés 1, 4, 5 où l'on reconnaît l'articulation de l'octave en 5/4, met en un relief saisissant la loi de la résonance naturelle. D'autre part, second caractère remarquable du mode d'ut, celui-ci se divise en deux tétracordes identiques, lesquels redoublés vers le haut et le bas, et moyennant l'usage des altérations, engendrent tout l'horizon tonal selon le cycle des quintes, espace donc circulaire et clos. A partir de ces prémisses tonales, se déduisent en toute rigueur l'exigence du tempérament (voir note 25), la structure des instruments, l'organisation des formes (suite, sonate, fugue...), enfin l'évolution du système à travers le baroque, le classicisme, le romantisme, jusqu'à saturation et éclatement. En privilégiant ainsi la hauteur comme valeur pilote, le système tonal prélevait sur le sonore brut l'élément qui se prêtait le mieux à cette rationalisation considérée par Max Weber comme la constante fondamentale de la civilisation occidentale.

Seule la naïveté ethnocentrique a pu faire croire à l'Occident que le système tonal possédait le privilège unique d'être fondé en nature. En réalité, il faut sur ce point renvoyer dos à dos le naturalisme et le conventionalisme, Rameau et Boulez, car tout système se fonde en prélevant sur la nature ce qui définit sa spécificité culturelle. Et ce qui définit la nature pour le physicien est déjà le produit d'une sélection *a priori* très restrictive par rapport à un donné brut beaucoup plus vaste. Le rapport à la nature peut donc être entendu en des sens fort différents. Ainsi, dans la Chine classique, la fondation de la musique dans la nature ne s'établit pas selon une intentionalité scientifique au sens occidental inauguré par les Grecs. Au règne de la science se substitue celui de l'Etiquette avec ses deux aspects complémentaires, Rites et Musique, respectivement principes universels de distinction et d'harmonie. Le recours aux Nombres ne doit pas faire ici illusion, car ceux-ci sont traités non pas comme quantités mais comme emblèmes commandant les correspondances concrètes entre les Notes, les Saisons-Orients et les Eléments. Comme l'art du paysage, constante et dominante de toute la peinture chinoise, la musique relève de cette technique suprême ayant valeur d'exercice spirituel qui vise l'aménagement de l'Espace et du Temps afin d'entrer en communion avec le rythme profond *Yin* et *Yang* vibrant au cœur de l'ordre universel, lequel englobe en une société unique les humains et la nature. C'est pourquoi la théorie musicale est solidaire de l'aménagement du Calendrier où se nouent ordre naturel et ordre

7. La tableau suivant montre la coïncidence entre le rapport 5/4 dans l'octave et les premiers degrés de la série des harmoniques : sons 2/3/4. Tel est l'élément structurant essentiel du système tonal. (Voir p. 24, note 23).

Fondamentale	Octave		Quinte		Octave	Tierce	Quinte + Quarte = Octave
N	2 N	3/2	3 N	4/3	4 N	5 N	$3/2 \times 4/3 = 12/6 = 2/1$

culturel, les Fêtes et les Saisons. La classification des Douze Tubes (bambous de hauteurs différentes mesurées approximativement par leurs nœuds et donnant chacun une note) évoque les douze mois de l'année et elle compte en alternance six tubes mâles *(Yang)* et six tubes femelles *(Yin)* correspondant au Ciel et à la Terre, au contraste des Saisons (Soleil et Ombre), enfin au rythme qui meut l'univers entier et dont le symbole est précisément le couple *Yang-Yin.* Nous laisserons de côté les explications laborieuses par lesquelles les Chinois, à partir de manipulations subtiles sur les Nombres, cherchaient à superposer cette classification des Douze Tubes à celle des Cinq Notes définissant la gamme pentatonique construite par succession de quintes ramenées à l'intérieur de l'octave. Bornons-nous à dire que chacune de ces cinq notes a un nom *(kong, tche, chang, yu, kio)* en rapports à la fois avec les Orients (Centre, Sud, Ouest, Nord, Est), les Saisons (Centre de l'Année, Eté, Automne, Hiver, Printemps), les cinq premiers tubes, les cinq éléments (Terre, Feu, Métal, Eau, Bois)... Il importe de remarquer que les hauteurs évoluant sur la base de la gamme pentatonique échappent à la fonction attractive et harmonique caractéristique de la polarisation tonale. C'est pourquoi cette musique, riche mélodiquement, ignore pratiquement la polyphonie, tout comme le paysage chinois ignore la perspective « scientifique » et l'usage de la pâte, mais réussit à nous restituer « le proche et le lointain » à l'aide de quelques lignes dont la pureté et la simplicité s'inspirent de l'art calligraphique, ou encore grâce à quelques taches colorées discrètes. Enfin, les instruments aux timbres très diversifiés de par leurs matériaux de base multiples (métal, pierre, soie, bambou, courges et calebasses, argile et terre cuite, peau, bois...) incarnent morphologiquement ce cycle liturgique où composent cosmos et ordre social. La structure hiérarchique des orchestres reproduit celle de l'ordre social, lequel lui-même calque un univers hiérarchisé dans son principe... L'exemple peut-être le plus frappant est celui d'un instrument comme le *khin* tel que nous le décrit le P. Amiot. Sorte de grande cithare à cinq (ou sept) cordes, il est un microcosme à l'image exacte du macrocosme avec le Ciel, la Terre, les Saisons, les cinq planètes, les cinq éléments... Instrument de sagesse parfaitement fonctionnel, il ajuste l'homme à l'ordre universel en réglant son cœur et mesurant ses passions. Vraiment « tout en lui est doctrine, tout y est représentation et symbole »[8].

Voilà donc un système, fort différent de celui de la tonalité, mais dont la puissante cohérence n'a rien à lui envier. Son rôle premier est bien de distinguer, comme dit encore le P. Amiot, « le ton » du « bruit sans vie, aussi incapable de rien produire hors de soi que de se reproduire lui-même ». Tel est en effet le niveau de l'*organisation*

8. R.P. Amiot, *Mémoire sur la musique des Chinois tant anciens que modernes,* Nyon l'Aîné, Paris, 1779. Texte cité par Maria Scriabine, *Le langage musical,* Editions de Minuit. On se reportera également à Marcel Granet, *La pensée chinoise,* A. Michel.

qui supporte celui de la *composition* (ces expressions sont de Boulez). Faute de ce matériau de base commun (donc déjà organisé), il n'y a plus communication d'un sens mais simple jeu avec une succession de formes kaléidoscopiques. Bien sûr, au nom d'un formalisme vide de sens, on ne manquera pas de proclamer, haut et fort, la mort du mythe de l'expression. Outrecuidance misérable. En réalité, le jeu aura pris la place de l'art, jeu parfaitement vain et stérile qui amuse peut-être l'interprète mais ne tarde pas à ennuyer profondément l'auditeur. Là encore c'est la rançon inéluctable de l'oubli de l'impératif catégorique du matériau.

L'art musical illustre donc fortement ce qu'est un véritable matériau de l'art pris dans sa compréhension pleine et entière. Notamment apparaît ici, en toute clarté, la dialectique qui le caractérise et au cours de laquelle s'opère simultanément cet arrachement à la nature libérateur de propriétés inédites insoupçonnées et l'institution d'un ordre possédant la rigueur quasi-formelle d'une syntaxe, à la fois totalement solidaire d'une culture et servant d'assise à ses créations significatives. Car, et voilà le point le plus important, un simple bricolage (même très sophistiqué au niveau des laboratoires les plus modernes) ne suffit pas pour assurer l'émergence d'un style. L'art, étant *à sa manière* langage, doit remplir les conditions qui lui permettent d'embrayer sur la réalité sociale. C'est ce que nous voudrions montrer maintenant sur l'exemple des arts plastiques, en prenant appui notamment sur les travaux de Panofsky et Francastel dont l'intérêt principal nous paraît résider dans l'effort pour dégager cette couche archéologique sous-jacente à une culture donnée et mise à jour soit à partir d'un schème instrumental où la technique est en prise directe sur le matériau et qui, en même temps, implique un comportement spatial (ou une spatialité qualifiée) solidaire d'un contenu spirituel original, soit, plus largement, à partir des « systèmes de visualisation » où se composent, chaque fois de manière caractérisée, lieu et figure. Assurément nous touchons, dans un cas comme dans l'autre, à ce lieu-origine où se noue le phénomène stylistique au sens le plus précis du terme.

4. *Forme et espace.*

L'exemple de l'ornement nous a montré comment la forme chiffre son propre espace en l'engendrant à partir d'une rythmique également présente dans les arts plastiques, en poésie et en musique. Cette spatio-temporalité, en effet, n'est pas celle du savant mais elle renvoie à une dimension d'existence plus vieille que la connaissance et plus originelle, celle d'une présence ou d'un vécu de plain-pied avec notre corps, nos rêves, nos sentiments, et qui devient ainsi le lieu de nos expériences spirituelles les plus précieuses et les plus variées [9].

9. Selon la remarque profonde de Wölfflin, « un style ne peut naître que là où est fortement ressenti le besoin pour le corps de vivre d'une certaine

Ces espaces de l'art se qualifient diversement à la fois par les matériaux mis en œuvre et par les cultures dont ils sont solidaires. Nous ne ferons qu'évoquer le premier point déjà largement abordé dans le chapitre précédent. L'architecture, la sculpture, la peinture, la musique, comme tout grand art, entretiennent chacune, en raison de leur matériau de base, un rapport privilégié avec l'espace qui définit leur génie propre. L'architecture, en prise directe sur la tridimensionnalité spatiale, la pesanteur et l'équilibre, joue à la fois sur la masse externe dans son rapport avec le paysage et avec elle-même (combinaison des masses principale et secondaires comme dans le roman auvergnat l'étagement des volumes depuis la lanterne jusqu'aux chapelles absidiales), sur la masse interne par l'articulation organique des éléments (bas-côtés, nef, coupole...), afin de susciter une intériorité habitée et en relation déterminée à l'échelle humaine, enfin sur l'articulation de ces deux masses entre elles notamment par l'organisation complexe de la façade comme passage de l'une à l'autre, et surtout des perçées qui, selon un choix délibéré, incorporent la lumière à la vie intime de l'édifice. Par contre le plein est bien, comme l'a montré Focillon, la qualité sculpturale dominante à laquelle se subordonnent toutes les autres valeurs : axes, profils, proportions, modelé, et c'est en jouant sur le volume que se déploieront des expériences aussi différentes que par exemple celle de l'espace-limite de la sculpture romane ou celle de l'espace-milieu de l'art baroque [10]. Avec la peinture, en raison même de l'abstraction de principe sur l'espace qui la définit, s'ouvre un champ d'expérimentation infini sur les espaces les plus divers, y compris celui de la représentation dans ses efforts de conquête de la perspective. Quant à la musique, elle se situe à l'autre extrémité de l'éventail des espaces de l'art ouvert par l'architecture. En effet, grâce à son matériau de base à la fois enfoncé dans toute l'épaisseur du sensible, organisé avec une rigueur analogue à celle d'un système linguistique et surtout accordé immédiatement au rythme saisissable ici comme nulle part ailleurs en sa totale nudité et complexité, elle a l'insigne privilège de se trouver en prise directe sur les mouvements profonds de l'âme en cet espace natal dont les coordonnées maîtresses sont les dimensions primitives de l'imagi-

manière ». Ainsi « la Renaissance développe... l'expression du bien-être ; tout ce qui était dur et rigide devient vigueur tranquille du mouvement, vigoureuse tranquillité du repos » (*Renaissance et Baroque,* p. 171).

10. On peut se demander si cette analyse vaut encore pour une sculpture qui, à des matériaux appelant la taille directe ou la fonte, substitue des matériaux qui se collent, s'emboîtent les uns dans les autres ou se soudent, mais qui surtout instaurent le vide comme valeur constructive, opérant ainsi la « trouée » du volume et inaugurant un espace, comme dans la sculpture de Vladimir Tatline, sans doute plus proche de celui de l'architecture. A cet égard, le Monument pour la IIIe Internationale du constructiviste russe, en réalisant l'interpénétration des espaces intérieur et extérieur est à rapprocher à la fois du baroque tardif italien d'un Borromini (avec l'extraordinaire spirale terminale de la lanterne qui couronne Saint-Yves-de-la-Sapience) et d'une architecture moderne inaugurée avec la Tour Eiffel.

nation (le haut et le bas, le proche et le lointain, le clair et l'obscur...) [11].

Mais, comme nous l'avons annoncé, notre analyse se tournera plutôt du côté des arts plastiques, pour mettre en lumière les différences stylistiques comme instauration d'espaces qualitativement diversifiés selon le choix spirituel correspondant chaque fois à une culture particulière. Nous commencerons par une réflexion sur la magistrale « histoire de la théorie des proportions humaines conçues comme un miroir de l'histoire des styles », dans laquelle Panofsky, sur un exemple très rigoureusement délimité, nous paraît dégager des résultats d'une portée considérable pour l'analyse stylistique des œuvres d'art. Il s'agit de comparer, à travers diverses civilisations, les schèmes divers utilisés pour sculpter ou peindre le corps de l'homme (et éventuellement des animaux et de divers objets). L'art égyptien pratique une méthode *reconstructive* selon laquelle les proportions techniques (celles pratiquées par l'artiste pour édifier son œuvre) sont exactement calquées sur les proportions objectives (à savoir celles qui correspondent à l'objet lui-même). Le sculpteur égyptien trace quatre dessins distincts sur les quatre faces verticales du bloc de pierre, les épures géométriques correspondant aux proportions réelles, par exemple telle longueur du bras ou du corps tout entier d'une personne se tenant debout. Puis il dégage les contours de l'ensemble, reliant par une taille en biseau les plans se recoupant à angles droits. Quand il peint, l'artiste projette en une image unique sur les deux dimensions de la fresque les diverses parties du corps, soit en pur profil (têtes et jambes), soit en vue frontale (poitrine et bras). Ainsi le canon égyptien des proportions humaines reposait sur la *division* de la figure humaine en dix-huit ou vingt-deux unités (la longueur du pied correspondait à 3 ou 3 1/2 de ces unités, celle du mollet à 5, celle d'un pas dans la marche rapide à 10 1/2 unités, celle de l'écart entre pieds immobiles à 4 1/2 ou 5 1/2 unités, etc.). Ce canon *précède* l'œuvre, à la différence de la « mise au carreau » des modernes qui n'est qu'un procédé de transfert. Cette manière de procéder implique l'indifférence au mouvement vivant comme à la perspective relative au point de vue de l'artiste et à celui du spectateur (avec les effets de raccourci, modelé, profondeur et perspective). Le sens de tout cet art est voué à fournir un substrat matériel à une autre vie après la mort. A la limite, il n'est pas fait pour être vu, comme en témoignent ces figures enfouies dans l'obscurité des pyramides. Le *Kunstwollen* des Egyptiens, comme l'écrit Panofsky, « ne tendait pas à symboliser le présent en sa vitalité, mais à réaliser une éternité hors du temps » [12].

11. Pour une analyse détaillée voir *Le Musical*, deuxième partie, chap. I, notamment § 7, p. 137 sq. et, plus particulièrement, p. 157 sq.

12. Panofsky, *L'Œuvre d'art et ses significations* (Gallimard), p. 62. Riegl caractérisait l'art égyptien de « tactile » ou plus précisément d' « haptique » par opposition à « optique ». Voir note *p)* en fin de volume.

Par rapport au schème égyptien fondé sur l'identification entre proportions objectives et proportions techniques, l'art de la Grèce classique et l'art chrétien de Byzance au Moyen Age occupent respectivement deux positions symétriques et inverses, le premier privilégiant les proportions objectives, le second les proportions techniques. Et, en effet, l'opposition est radicale entre une méthode anthropométrique visant à reproduire fidèlement les apparences objectives et une méthode schématique mettant en œuvre une technique de réduction de la figure à la surface. D'un côté, une quête au travers même des *apparences* sensibles d'une beauté définie par la *symmetria* (articulation organique des parties entre elles et au tout), jointe à l'*eurythmia* (correction des dimensions objectives pour éliminer les distorsions dues à la perception subjective et atteindre à une apparence agréable). De l'autre, un effort d'*abstraction* pour remonter au-delà des apparences vers la transcendance de l'intelligible.

D'où deux canons irréductibles. D'une part, celui qui sera codifié à la fin de l'Antiquité d'après des sources grecques par Vitruve et qui consiste à *diviser* le tout en un système de fractions permettant d'exprimer chaque partie en fonction de la figure totale, par exemple la main comme 1/10ᵉ de la longueur totale et la tête 1/8ᵉ. Ainsi, dans le *Doryphore* de Polyclète, les dimensions des principales parties du corps peuvent être exprimées par de telles fractions. Ce canon, transmettant des relations plutôt que des qualités réelles, fournissait à l'artiste l'idée vive d'un organisme à trois dimensions et ne pouvait qu'aller dans le sens d'un humanisme naturaliste et d'une soumission à la représentation visuelle. D'autre part, le canon byzantin (contenu dans le *Manuel du Peintre du Mont Athos*), qui repose sur la *multiplication* d'un module de base (la face, siège de l'expression spirituelle, est cette unité) : ainsi la hauteur totale du corps se définit comme « 9 longueurs de face », X = I, Y = Xx 9. Ce canon à module unique, en fournissant automatiquement toutes les dimensions du corps, indépendamment des structures organiques, assurait la maîtrise schématique de l'image sur un plan à deux dimensions. Le système gothique, tel qu'il est exposé dans l'*Album de Villard de Honnecourt,* s'éloigne encore davantage de l'antique. Abandonnant toute référence à la structure naturelle de l'organisme, il renonce à la mensuration en fonction de la tête pour un inventaire des techniques de schématisation planimétrique du contour physique et des directions de mouvement du corps.

Là encore, il faut tenter de dégager le sens impliqué en chacune de ces deux manières si différentes de travailler le matériau et par chacun des deux espaces ainsi engendrés. Panofsky ne fait qu'une très brève allusion à Plotin pour l'opposer à l'esthétique classique (p. 68). Et pourtant l'influence de Plotin semble bien avoir été déterminante sur cet art paléo-chrétien (jusqu'au XIIᵉ siècle et parfois bien au-delà). La beauté, enseigne-t-il dans le Traité 6 de la *Iʳᵉ Ennéade,* n'est pas dans la *symmetria* (accord, nous l'avons vu, des parties entre elles et avec le tout), ou du moins cette beauté composée doit être interprétée comme un signe renvoyant à l'éminente simplicité d'une lumière intelligible qui, au-dessus du monde, est l'Un transcendant, puissance d'illumination et vrai don de soi, et qui, tel le Bien platonicien, confère la puissance de voir à l'œil et aux choses la visibilité. C'est donc le simple lui-même qui porte en soi sa qualité axiologique. Dès lors la beauté véritable n'est point à chercher dans l'image qui copie la nature — distraction, dispersion et tentation —, mais dans l'or et la couleur irradiant une lumière infuse venue d'en haut, comme dans la transparence d'un visage brûle le feu de l'intériorité ou luisent dans la nuit les lucioles et les feux phosphorescents de certains animaux [13]. Ainsi le fond d'or et les couleurs en aplat des mosaïques byzantines brillent-elles dans l'obscurité en attendant de s'illuminer dans la transfiguration de *Midi le Juste*, puis de s'enflammer aux derniers rayons du couchant. Pour cet art qui se définit tout entier par la voie anagogique et dont on peut suivre la tradition à travers la fresque romane jusqu'aux Siennois comme Duccio, l'œuvre est une icône qui invite l'âme du fidèle au recueillement intérieur. Art d'abstraction qui, au lieu de suggérer l'illusion de la troisième dimension en pliant la ligne à la volonté de repré-

13. « C'est, pour ainsi dire, un lieu commun que la symétrie des parties, les unes par rapport aux autres et par rapport au tout, et l'adjonction d'une belle coloration produisent la beauté sensible au regard et que, pour ces beautés visibles comme pour toutes les autres, ce qui les rend belles, c'est leur symétrie et leur mesure. Dans cette perspective, le beau n'appartiendra aucunement au simple, mais de toute nécessité au composé, et c'est le tout qui sera beau tandis que les éléments ne posséderont de soi aucune beauté, en sorte que, pour qu'il y ait beauté, il faudra qu'ils se joignent en vue de former un ensemble harmonieux. Et pourtant, si le tout est beau, il faut bien que les parties aussi soient belles, car ce qui est beau n'est certes pas fait d'éléments laids, mais tout ce qu'il contient est beau. Et [dans l'hypothèse que nous combattons], les belles couleurs que reçoivent ces objets, et par exemple la lumière solaire, n'auraient rien qui les rende belles, étant simples et ne pouvant emprunter leur beauté à la symétrie de leurs éléments. Et l'or, d'où viendra sa beauté ? Et l'éclair ou les astres, comment se pourra-t-il qu'il soit beau de les voir dans la nuit ? Et de même, pour les sons, il faudra que le son simple soit privé de beauté, alors que souvent chacun de ceux qui appartiennent à un bel ensemble est beau par lui-même. » PLOTIN, *Ire Ennéade,* 6, I. (Trad. M. de Gandillac).

La modulation chromatique (voir p. 76 et p. 144) et qui est au principe même de l'art de la mosaïque libère l'énergie radiante de la lumière qui, par son expansion en surface et en profondeur, engendre l'espace-milieu de l'icône. Ainsi, comme dit Plotin, « la lumière s'étend » (*IVe Ennéade,* livre V, § 6) et de cette diffusion du simple naît l'unité optique homogène qui embrasse tout : « La lumière est l'acte d'un corps lumineux agissant au dehors... La lumière est tout à fait incorporelle, bien qu'elle soit l'acte d'un corps. On ne saurait proprement dire ni qu'elle s'éloigne ni qu'elle est présente » (*IVe Ennéade,* livre V, § 7). En effet, comme le commente H. Maldiney (*Regard, Parole, Espace,* L'Age d'Homme, p. 203), « elle est mouvement de l'espace s'espaçant lui-même dans l'irradiation de son ubiquité. C'est là l'espace que Robert Delaunay avait en vue sous le nom de simultanéisme, qui est le contraire de l'ordinaire simultanéité ».

sentation et en liant la couleur au ton local, aboutira au déploiement d'un fond bi-dimensionnel où s'inscrit un sens symbolique et où la ligne devient libre arabesque et les accords de couleurs — souvent codées liturgiquement — pures vibrations musicales.

Au contraire, l'humanisme grec conduira à cette autre grande direction de l'art qui éclatera à l'aube du *Quattrocento* à Florence, inaugurant cette modernité qui marque l'avènement d'un homme nouveau tourné vers la conquête de ce monde et en quête d'une spiritualité adaptée à ce changement. Le Renaissance reprend la notion classique de symmetria comme principe fondamental de la perfection esthétique. En ce sens elle est bien orientée vers la *représentation* de la nature et des apparences sensibles. Mais paradoxalement on assiste à un flottement quant à la définition du canon des proportions humaines. Certes le canon de Vitruve, nous l'avons dit, renoue explicitement avec la tradition hellénique, mais le canon byzantin, transmis fidèlement par Cennino Cennini, théoricien de la fin du *Trecento,* n'est pas pour autant remis en question alors qu'il est plutôt accordé, nous le savons, à un espace à deux dimensions et à l'abstraction. Le paradoxe se dénoue, semble-t-il, dans la mesure où, à partir de la Renaissance, et là se situe la nouveauté, la théorie des proportions se trouve élevée au niveau d'un principe d'expérimentation permettant de mettre à la question la nature pour en dégager le « normal » identifié à « l'idéal ». Aussi cherche-t-on à éprouver les données de Vitruve en mesurant les statues classiques. L'importance si remarquable accordée par cette époque aux considérations sur la « section d'or » reprise des anciens (et notamment de Platon) va dans le sens même de cette exploration active de la nature. Il s'agit chaque fois d'approcher l'idéal anthropométrique par une méthode vraiment expérimentale où théorie et observation empirique s'épaulent afin d'appréhender la structure naturelle du corps humain en son intégrale tridimensionalité (d'où l'effort pour élargir la théorie des proportions aux directives sur la profondeur récemment conquise). Leone Battista Alberti et Léonard de Vinci sont les deux artistes-théoriciens qui ont porté d'une manière décisive la théorie des proportions au-delà des normes antiques et médiévales, Alberti en affinant la méthode de mesure, Léonard surtout en extrapolant celle-ci à la rationalisation des trois formes de la subjectivité par la prise en compte de l'influence du mouvement organique, de la perspective en raccourci et de l'impression visuelle du spectateur [14]. Là s'affirme de façon vraiment explicite, par la référence insistante à l'expérience visuelle subjective d'un spectateur virtuel, le triomphe

14. La nouveauté d'Albert Dürer par rapport à ses deux modèles italiens sera non seulement dans la variété et la précision de ses mensurations, mais surtout dans le fait d'avoir renoncé « à la prétention de découvrir un unique canon idéal de beauté » et d'avoir alors entrepris « la tâche infiniment plus laborieuse d'élaborer divers types *caractéristiques* qui chacun, à sa manière propre, pussent *échapper à la pure laideur* » (Panofsky, *op. cit,* p. 95).

de l'espace qui devait dominer toute la peinture occidentale jusqu'à la fin du XIXe siècle : l'espace de la représentation.

Ce serait une erreur de penser que cet anthropocentrisme revêt aussitôt la signification d'un humanisme athée. La thèse des deux vérités (terrestre et céleste)[15] est une des constantes du *Kunstwollen* de la Renaissance, et non pas simplement comme récupération politique de la tradition religieuse comme chez Giotto ou Fabricius del Gentil (selon l'interprétation sans doute en grande partie fondée de Francastel), mais comme fusion de l'esprit rationnel et de l'esprit mystique dont le modèle est l'œuvre de Léonard de Vinci avant d'atteindre à la synthèse tensionnelle du baroque comme chez un Michel-Ange aussi passionnément païen qu'éperdument chrétien. Chez Léonard, la coexistence sans différenciation des deux types de proportions[16] s'éclaire ainsi d'un jour nouveau qui, loin de contredire la signification expérimentale avancée plus haut, la restitue dans cette vision fondamentale de la Renaissance qui fait fusionner l'interprétation symbolique des proportions comme chiffre du plan harmonieux de la Création selon l'héritage repris de l'époque hellénistique et du Moyen Age, et d'autre part la notion empruntée au classicisme grec de la *symmetria* conçue comme le principe fondamental de la perfection esthétique. Dès lors, ce monde de la *représentation* que nous restituent de concert science et peinture, correspond à ce que Leibniz nommait les « apparences bien fondées », et rejoint à la limite cette vision (au sens de spectacle visible) voulue comme finalité ultime de l'acte créateur divin[17].

Mais on peut se demander si cette synthèse caractéristique de la Renaissance n'est point menacée d'éclatement. Panofsky, à la fin de son essai, note que la théorie des proportions va très vite tomber en déclin, puis être abandonnée au profit des hommes de science. L'explication en serait dans ce qu'il nomme le triomphe du subjectivisme. Par opposition à l'art égyptien pour lequel l'objet en soi était tout, l'art de la Renaissance est centré sur la vision du spectateur, reconstruite à partir du schème de la perspective. Le développement dans le sens de la subjectivité se poursuivra avec la peinture hollandaise du XVIIe siècle et l'impressionnisme du XIXe siècle, qui portent intérêt à la lumière plus qu'à l'objet à trois dimensions, en attendant la peinture moderne qui, en jouant sur la déformation systématique des figures et des objets, aboutira à une désintégration complète de cet espace tridimensionnel de la Renaissance. Ces

15. Sur le fond de la volonté de réconciliation entre les deux mondes antique et chrétien.

16. « Dans les études de Léonard, les deux types (dont l'un correspond aux proportions de Vitruve, l'autre au canon de Cennini et de Gauricus) coexistent sans différenciation, au point qu'il est souvent difficile ou impossible de mettre tel traitement particulier en relation avec l'un ou l'autre » (Panofsky, p. 91, note 84).

17. « Enfin la perspective me fait voir le monde comme Dieu l'a vu » (Alberti).

remarques, un peu rapides sans doute, appellent quelque approfondissement.

C'est avec la peinture, au *Quattrocento* italien, qu'on enregistre la première secousse annonciatrice de la mutation culturelle qui devait bouleverser l'Occident. Ainsi la peinture a-t-elle ouvert la voie à la civilisation moderne telle qu'elle se manifestera dans tous les domaines, notamment en musique avec Monteverdi (et l'affirmation de la tonalité jointe au « stile rappresentativo »), en physique avec Galilée (et l'apparition de la méthode expérimentale), en philosophie avec Descartes (dont l'œuvre, jointe à la *Logique* et la *Grammaire de Port-Royal,* théorisera cet ordre nouveau de la « représentation »). Par opposition à un art de la *signification,* solidaire d'une doctrine de la conversion qui remonte à l'esthétique plotinienne dont l'influence a été si forte sur l'art chrétien des premiers temps jusqu'au Moyen Age, il s'agit donc de cerner rigoureusement ce qui fait la spécificité de ce que l'on peut nommer un art de la *représentation.* Mais, nous l'avons vu, demeurent encore mêlées dans le *Kunstwollen* de la Renaissance (ce dont témoigne la coexistence des deux types de proportions), — et là gît le paradoxe — une interprétation symbolique et analogique des choses, et des recherches multiples et passionnées sur la perspective qui impliquent la mise en œuvre de la représentation ordonnée au point de vue fixe et unique d'un spectateur, au point de fuite qui correspond à l'axe du regard et finalement à un espace cubique dont le modèle réduit est la « machine à voir » de Brunelleschi et que codifiera Alberti au milieu du XVe siècle [18]. Or, sont ici en jeu deux visions antinomiques au niveau même du traitement de l'espace. Dans la première, celle des byzantins et des peintres du Moyen Age, le fond est la « surface consolidation » où s'inscrivent comme sur les feuillets d'un manuscrit les épisodes de l'histoire sainte et les symboles de la foi. Dans la seconde (et c'est particulièrement net, comme l'a montré magistralement Francastel, à partir des fresques de Masaccio à la chapelle Brancacci de

18. Voici comment Francastel, d'après Vasari, nous décrit ce merveilleux petit appareil d'optique réalisé par Brunelleschi dans les premières années du *Quattrocento :* « Il s'agit de deux petits panneaux où sont représentées des architectures familières à tous les Florentins : le Baptistère vu de la porte centrale de la Cathédrale et le palais de la Seigneurie. Ils sont représentés, l'un et l'autre, avec leur cadre de rues et de places constituant autour d'eux un décor à plans échelonnés. Dès ce moment, notons-le, la spéculation prend l'allure d'une recherche en quelque manière scénographique. Le fait est flagrant puisque, pour regarder les vues de Brunelleschi, il convenait de placer son œil contre un petit trou foré au centre du panneau — au point correspondant pour la première des deux vues au seuil du portail de la cathédrale, d'où la vue était prise et ordonnée. Le panneau était monté, d'autre part, sur un plateau de métal poli qui reflétait le ciel. Et vis-à-vis du panneau peint on avait monté verticalement, à l'autre extrémité du plateau, un second miroir où se reflétait la composition. A travers le petit trou pratiqué dans le panneau peint, c'était donc, par un jeu raffiné d'optique, tout un monde imaginaire de rayons et de reflets qui s'offrait au regard » (Francastel, *Peinture et Société,* p. 14).

Santa Maria del Carmine), le support devient transparent (c'est la « trouée du mur » évoquée par Vasari), ouvrant un espace qui n'est plus celui de l'homme raconté dans un récit sacré et d'une âme engagée dans un processus anagogique, mais celui d'un homme saisi physiquement, immédiatement, sensoriellement, charnellement, présent d'une présence immanente au cœur même du sensible : « Désormais, l'homme sera défini non par les actions et les récits qui le situent dans une histoire, mais par une saisie physique immédiate, sensorielle, qui crée la présence. Le but de la figuration, ce sera les apparences et non plus le sens. »[19] Ainsi commence une toute nouvelle aventure pour l'espace pictural.

Encore faut-il remarquer que chez Masaccio, si l'espace du Tribut n'est assurément plus l'espace médiéval, il n'est pas pour autant ce que sera l'espace d'Alberti mais, selon l'expression de Lyotard, un « espace fantasmatique » qui préfigure l'expérience cézanienne d'un espace ouvert. Une orientation semblable caractérise, nous semble-t-il, la peinture d'un Piero della Francesca. Car chez ce théoricien rigoureux de la perspective, ce qui prime assurément c'est bien plutôt la construction de la profondeur par les volumes (dans leur monumentalité géométrique) et les couleurs (par exemple le traitement du clair-obscur par le contraste entre deux couleurs, au lieu du modelé sur une couleur unique). Mais, à ces deux exceptions près, l'ensemble des peintres de la Renaissance s'engageront dans la voie de l'espace clôturé selon l'optique de la perspective. On peut suivre la formation de cet espace de la représentation depuis le montage des lieux cubiques engagés les uns dans les autres et intégrés par les frises du décor (Giotto, *Naissance de sainte Elisabeth*), l'intégration du morcellement des scènes à une construction géométrique fortement marquée (Uccello, *La Profanation de l'hostie*), la substitution aux cubes multiples du cube unique, le cube scénographique de Brunelleschi (Andrea del Castagno, *La Cène*) et l'association fréquente du cube figuratif et de la veduta (ouverture sur l'extérieur) jusqu'à l'identification finale du tableau lui-même à cette fenêtre ouverte[20]. Dès lors, selon l'expression de Lyotard, « la fenêtre n'est plus représentée, mais le tableau-fenêtre représente », et c'est « la victoire du clos sur l'ouvert dans la peinture du *Quattrocento* »[21].

La fonction de la peinture est alors clairement définie : elle n'est plus de signifier mais de faire voir comme une scène sur un théâtre ou comme une image dans un miroir. Ainsi est réservée à la peinture la recherche de la vérité sensible, de la vérité dans le sensible, tandis

19. FRANCASTEL, *La Figure et le Lieu*, p. 235.

20. FRANCASTEL, *Peinture et Société*, p. 75, 76, 77, 98, 104, 105. Le tableau de Giotto date de 1317-1325, celui d'Uccello de 1468, celui d'Andrea del Castagno de 1449-1457. Brunelleschi a établi sa règle de perspective au commencement du XVe siècle. Alberti la codifiera vers le milieu de ce même XVe siècle.

21. LYOTARD, *Discours, Figure*, Klincksieck, p. 204. Voir note *q)* en fin de volume.

qu'est abandonnée à la science la recherche objective (et, par le fait même, la théorie des proportions). Cette division du travail entre la science et la peinture trouvera sa justification théorique dans le dualisme cartésien de l'entendement et de l'imagination, et dans la *Logique de Port-Royal* où sont posés, avec l'analyse du signe et de la représentation, les fondements même de l'ordre classique.

C'est le moment où, comme l'a montré Michel Foucault, le signe cesse d'être mêlé aux choses (selon les lois de l'universelle analogie gouvernant un cosmos dont toutes les parties conspirent entre elles) pour s'identifier à la fonction représentative par laquelle un signifiant renvoie à un signifié extérieur à lui. Ce rapport constitutif de la représentation est d'autant plus pur qu'il ne véhicule plus de ressemblance entre les deux termes. Le signe linguistique (le mot) est donc l'essence même de la représentation, et ceci à un double titre, — d'abord, comme nous venons de le dire, par le fait de *désigner* la chose de façon purement *arbitraire* (ce qui signifie sans compromission aucune avec elle par un lien quelconque de ressemblance) —, et, en second lieu, par sa capacité d'*attribution* qui est le pouvoir de se lier à une autre représentation et en même temps de représenter ce lien (ce redoublement de la représentation est la pensée même, car penser c'est juger, et juger à la fois lier et affirmer ce lien, c'est-à-dire en prendre une conscience réflexive). Constitué par cette double fonction (verticale de désignation et horizontale d'attribution), le signe comme représentation pure s'ajuste au niveau de l'entendement : — d'une part, totalement distinct de la chose, il est coextensif à l'idée parfaitement transparente pour un esprit pur et attentif (ce que Descartes nomme intuition d'une nature simple), — d'autre part, relié en séries à d'autres idées, il engendre ces « longues chaînes de raisons » que la méthode apprend à parcourir et qui constituent l'*ordre* même du discours rationnel [22].

Mais, à côté de cette représentation pure qui est le mot, il y a d'autres signes qui ne possèdent pas cette transparence de la pensée en raison des rapports de ressemblance qu'ils entretiennent avec les choses. Tel est le cas de la peinture. Exemple type de l'ambiguïté d'une représentation-image : elle n'est ni la chose même puisqu'elle est représentation, ni idée en raison de sa ressemblance à l'original

22. Voici deux textes de Descartes illustrant cette articulation étroite entre théorie de la représentation, théorie de l'idée et théorie du signe. Dans les *Méditations*, la « réalité objective » de l'idée est définie comme « l'entité ou l'être de la chose *représentée* par l'idée en tant que cette entité est *dans* l'idée ». Dans la *Dioptrique*, Discours 4ᵉ, est souligné nettement le caractère arbitraire du signe, comme diraient les linguistes contemporains : « Nous devons considérer qu'il y a plusieurs autres choses que des images qui peuvent exciter notre pensée, comme par exemple les signes et les paroles *qui ne ressemblent en aucune façon* aux choses qu'elles signifient » (texte souligné par nous). Là vraiment on voit comment « le langage se retire du milieu des êtres pour entrer dans son âge de transparence et de neutralité » (M. Foucault) et comment ceci constitue pour la pensée occidentale « l'entrée dans une nouvelle *épistémè* ».

dont elle est comme l'image en miroir. Ce prodige de l'illusion célébré par le Siècle ne pouvait d'ailleurs qu'attirer les foudres du Jansénisme redoutant le pouvoir de fascination et de concupiscence de ce culte des apparences illusoires et vaines engendrées par l'imagination « maîtresse d'erreur et de fausseté »[23]. Sans aller jusqu'à ces conséquences extrêmes, Descartes souligne avec force que la représentation-image s'oppose à la représentation-idée comme la géométrie à l'algèbre et la *vision* simultanée des parties à l'*analyse* successive de la pensée selon la méthode qui parcourt les degrés les uns après les autres. Il y a bien là deux domaines très distincts, celui de l'entendement et celui de l'imagination, mais si la pente cartésienne est sans doute de valoriser l'un par rapport à l'autre comme l'ordre par rapport au désordre, il n'en demeure pas moins vrai que ces deux puissances sont rigoureusement complémentaires et que ce dualisme est constitutif de l'ordre classique de la représentation. D'ailleurs une connivence intime existe entre la représentation du discours scientifique et celle de la visualisation picturale, c'est le caractère également artificiel et curieusement parallèle qui préside à l'établissement de l'un et de l'autre. En effet, à l'artifice de la méthode cartésienne qui substitue « l'ordre des raisons » à « l'ordre des matières » (la pratique du « comme si » est fondamentale dans les *Regulae*) et de l'intuition comme regard pur et attentif braqué sur une « nature simple », correspond dans son ordre propre la technique de la perspective calquée sur celle de la « machine à voir » de Brunelleschi qui refoule toute l'épaisseur du perçu latéral au bénéfice d'un champ euclidien unifié[24].

Cette peinture de la représentation est donc tout le contraire d'une invitation à l'insertion de notre être parmi les choses, mais avec elle s'institue le « face à face » du spectateur et du spectacle. La représentation est donc bien toujours distanciation, ici celle qui marque le triomphe de la scène et de la théâtralité[25]. Et il faudra attendre Cézanne, renouant par-dessus les siècles avec Chardin et Masaccio, pour retrouver la voluminosité de la présence avec sa latéralité et son épaisseur, et ainsi, à la limite, abolir cette distance

23. Pascal, *Pensées*, Brunschvicg, 82. D'où la condamnation célèbre du même Pascal contre la peinture. Voir notre *r)* à la fin du volume.

24. Voir note *s)* à la fin du volume.

25. En musique également, l'ordre classique — avec la forme sonate érigée en style (voir chapitre II) — est par essence dramatique et culmine dans l'opéra mozartien, sommet incontesté de l'art théâtral. Ajoutons également que le système tonal s'installe lui aussi à partir d'un artifice qui façonne le sonore comme la perspective a façonné la vision. Cet artifice est le tempérament ou plutôt les divers tempéraments jusqu'au tempérament égal institué par Werckmeister en 1691, qui d'autorité calibre les quintes sur un module identique pour rendre commensurables les intervalles d'octaves, de quinte et de tierce majeure qui ne le sont pas dans la résonance naturelle et de permettre ainsi les modulations dans un espace total qui se clôt sur lui-même. L'analogie avec ce qui s'est passé en peinture est significative. C'est l'avènement en musique de l'ère de la représentation.

creusée par la représentation entre l'œil du spectateur et l'objet vu. Quand Cézanne déclare : « la nature est à l'intérieur », n'est-ce pas ce rapport d'extériorité inhérent à la représentation qu'il remet en question ?

La nature morte telle que l'a pratiquée avec passion toute sa vie un Chardin n'est-elle pas précisément, en son essence même, l'exorcisme de la théâtralité et le refus de toute mise en scène afin de retrouver la présence silencieuse des choses dans la transfiguration du quotidien ? Ainsi, au lieu de rester bloquées sous le regard, les choses recommencent-elles à palpiter d'une vie intime grâce à un échange sans fin des reflets et des couleurs avec tout leur entourage, fond et autres objets. De même à la profondeur fuyante de la perspective se substitue ce qu'on pourrait nommer une profondeur d'expansion et de participation jaillie de l'intérieur de la chose même et comme de dessous par le traitement de la couleur en « couches épaisses appliquées les unes sur les autres et dont l'effet transpire de dessous en dessus », comme l'expliquait profondément Diderot [26]. Ici, véritablement, la couleur n'est plus enveloppe mais substance, et les choses s'offrent à nous comme ces fruits béants si nombreux dans cette peinture ou cette célèbre « Raie ouverte » aux entrailles lumineuses. A une telle souveraineté de l'objet, nous devons sans doute d'éprouver, face à une toile de Chardin, le sentiment irrésistible d'une présence qui se donne comme une chair aimante.

A la notation de Diderot sur Chardin, fait écho Cézanne quand, évoquant « la vérité de la peinture » qui transfigure tout ce qui nous entoure « dans un monde autre et cependant réel », il tente de cerner la manière dont s'accomplit « le miracle » du « monde changé en peinture » comme l'eau en vin aux noces de Cana : « Tous les tons se pénètrent, tous les volumes tournent en s'emboîtant. Il y a continuité. Ce sont les dessous, l'âme secrète des dessous qui, tenant tout lié, donnent cette force et cette légèreté à l'ensemble. » [27] En effet, dans la nature « les objets se pénètrent entre eux... Ils ne cessent pas de vivre... Ils se répandent insensiblement autour d'eux par d'intimes reflets, comme nous par nos regards et par nos paroles » [28]. Or, si « l'art est une harmonie parallèle à la nature » [29], le peintre doit

26. J'emprunte la citation de Diderot à Michel Ribon (*Revue de l'Enseignement philosophique*, juin-juillet 79) qui, dans son article sur « Chardin : une peinture du troisième genre », montre très bien comment chez ce peintre même les scènes de genre (où les personnages ne posent jamais) sont traitées comme des natures mortes en hommage à la souveraineté suprême de l'objet, comment l'évidence plastique de la rigoureuse géométrie des alignements, cercles, ovales, triangles fonde la circularité des échanges de couleurs et de lumière, comment enfin les figures ne se détachent jamais sur le fond neutre et indifférencié de la représentation perspectiviste vouée à la scène et au spectacle, mais comment l'épaisseur des chaudes couleurs de terre réussit à faire parler les fonds en complicité intime permanente avec les choses qui les habitent.

27. Rapporté par Gasquet, *Cézanne*, Bernheim-Jeune, p. 102.

28. *Idem*, p. 122.

29. *Idem*, p. 80.

chercher à surprendre « cette rencontre, dans l'ambiance, des particules les plus ténues, cette poussière d'émotion qui enveloppe les objets... le reflet qui est enveloppant, la lumière... » [30]. Là nous touchons au principe de «la grande rupture» qui s'est accomplie en peinture quand Cézanne, selon le mot de Bazaine, « a démonté l'espace » de la perspective albertienne en renonçant au contenant spatial préexistant à son contenu [31]. D'où cette recherche passionnée de la pulsation intérieure capable d'unifier dans un même rythme générateur la chose (nature morte, paysage ou figure humaine) et l'espace qu'elle déploie en prenant volume. Ce « but tant cherché », comme il le dit lui-même, Cézanne ne l'atteindra que dans les œuvres de ses dernières années en transposant délibérément dans l'abstraction à la fois contenant et contenu. L'abstrait, c'est la soumission absolue de tous les éléments du tableau au couple diastole-systole, expansion-unification, qui, en un geste indivisible, porte la toile entière dans son unité organique et fait qu'elle « joint les mains » et « ne vacille pas » [32]. Graphisme et couleur jouent indivisiblement sur les deux composantes du couple aspir-expir comme foyer d'un espace total unifié. Dès lors le fond rayonne et conspire avec le motif. Voilà donc bien cette « âme secrète des dessous qui, tenant tout lié, donnent cette force et cette légèreté à l'ensemble » [33]. La chose, enfin restituée à son champ de marginalité, recommence ainsi à respirer au lieu de rester amarrée au point de vue fixe de la perspective qui la fige. Et à la vision traversante se substitue ce qu'on pourrait nommer une vision donnante, la vision de la chose qui se donne en personne, telle la surrection puissante dans la lumière des *Sainte-Victoire* peintes par le Maître d'Aix. Véritablement l'Apparaître de l'Etre.

Aussi peut-on dire qu'à la même époque où Debussy, en transgressant le principe de fonctionnalité harmonique, détrône en pratique (sinon en théorie) le système tonal régnant depuis trois siècles, Cézanne, de son côté, par sa volonté de retour au commencement même de la peinture et à l'expérience primordiale de l'espace, remet en question de façon non moins radicale tous les principes sur lesquels reposait la peinture occidentale depuis le *Quattrocento*

30. Rapporté par Gasquet, *Cézanne*, p. 122.
31. Le mot de Bazaine est cité par L. Brion-Guerry dans son article du *Catalogue de l'exposition 1978 au Grand Palais*, p. 15 (article très riche sur l'espace cézannien).
32. Rapporté par Gasquet, *Cézanne*, p. 80.
33. *Idem.* p. 102. Ce qu'H. Maldiney écrit des aquarelles de Cézanne est fort éclairant à cet égard : les taches colorées ne sont pas détachées d'un fond qui passerait derrière elles. Leur existence est inséparable de l'énergie lumineuse du fond blanc (celui du papier). L'énergie lumineuse du blanc affleure différemment à même les différentes couleurs qui sont des modulations de l'énergie fondamentale (*op. cit.*, p. 175). D'où cette affirmation de Cézanne : « La nature n'est pas en surface ; elle est en profondeur. Les couleurs sont l'expression, à cette surface, de cette profondeur. Elles montent des racines du monde... » (Rapporté par Gasquet, *Cézanne*, p. 91).

italien[34]. Et c'est pourquoi ces deux génies ouvrent toutes grandes les portes de notre modernité.

5. *Modernité et pérennité de l'œuvre d'art.*

A partir des considérations précédentes sur le matériau de base et l'espace caractéristique du style d'une époque, nous sommes désormais en mesure de cerner ce qui constitue la modernité révolutionnaire d'une œuvre en même temps que son entrée dans la gloire éternelle pour la mémoire des hommes. Car c'est par sa modernité, c'est-à-dire dans la mesure même où elle est pleinement de son époque, qu'elle accède précisément à l'autonomie qui la consacre comme éternelle. Pour éclairer ce qui, dès le départ, nous était apparu comme un paradoxe, la conjonction de l'autonomie et de l'incarnation esthétique, de la contingence et la nécessité, nous prendrons appui sur les analyses de Francastel, notamment dans *la Figure et le Lieu,* étant bien entendu que le principe de cette approche est transposable en dehors des arts plastiques à d'autres domaines comme la musique[35].

Nous trouvons d'abord chez Francastel l'affirmation très ferme de l'originalité d'une « pensée figurative » (en généralisant on pourrait parler de pensée esthétique). Il faut y voir la reconnaissance pleine et entière de la dimension phénoménologique du sensible esthétique dons son irréductibilité radicale à la fois au concept et au langage verbal (et bien sûr à un simple reflet du « réel »)[36]. Il s'agit d'une pensée qui naît en prenant corps dans des objets, lieux et temps imaginaires où s'affirme l'esprit de l'homme dans sa dialectique historique avec la nature et son attachement *hic et nunc* aux valeurs essentielles caractéristiques d'une certaine vision du monde liée à un art de vivre. Pensée à part entière en ce qu'elle instaure une communication entre les hommes d'une époque et d'une même culture. Autrement dit elle est langage à sa façon qui n'est pas celle du langage ordinaire.

Une œuvre d'art exige donc interprétation, déchiffrage, apprentissage au même titre que l'audition ou la lecture d'une langue étrangère et Francastel nous apporte ici les linéaments d'une véritable analyse sémiologique. Plutôt que de « trois niveaux distincts de compréhension »[37], il nous paraît préférable de parler d'un système ou d'un ordre où des significations originales sont mises en œuvre grâce à la combinatoire d'objets figuratifs, de lieux et de temps

34. Sur Debussy, voir plus haut, chapitre II, p. 27 sq. De Cézanne, L. Brion-Guerry cite ce mot dans une *Lettre à E. Bernard,* du 23 octobre 1905 : « Donner l'image de ce que nous voyons en oubliant tout ce qui a paru avant nous. »

35. FRANCASTEL, *La Figure et le Lieu,* Gallimard. En musique, voir ce que nous disions plus haut sur la modernité de Bach (chapitre I), puis sur la modernité de Debussy, Schoenberg et Stravinsky (chapitres II et III).

36. FRANCASTEL, *op. cit., passim,* p. 13, 101, 148.

37. *Idem,* p. 352.

imaginaires [38]. L'analyse progresse dès lors de l'investigation patiente des objets figuratifs, des lieux et des temps caractéristiques des œuvres appartenant à un milieu culturel bien délimité au dégagement archéologique du Lieu comme espace imaginaire culturellement différencié et qui joue par rapport aux lieux préalablement définis la fonction d'un véritable *a priori* historique (analogue à ce que Foucault nomme *épistémè*). Tel est, par exemple, ce que nous avons analysé sous le nom d'espace de la représentation mais ici peuplé de tout son contenu iconologique concret. Quant à la Figure, relative au Lieu, selon une métaphore géométrique qui donne son titre au livre, c'est un certain type de découpage sélectif dans le champ figuratif qui fait apparaître dans le Lieu quelque chose comme des objets. Par exemple, quand Léger, dans une œuvre comme *Composition d'objets* (Paris, 1937), associe sur un même plan, sans souci ni de l'échelle ni des positions relatives, dans un cadre spatial libre, des choses globales (le pot de fleurs) et fragmentaires (une fleur), — le traitement de l'objet pictural (son mode d'apparaître) est commandé par un tout autre *a priori* spatial que celui de l'objet figuratif dans le système visuel de la Renaissance [39]. Dépaysement tout à fait analogue à celui qu'on éprouve à l'audition du 4e mouvement du *Second Quatuor* (en fa dièse mineur) de Schoenberg, quand soudain les sons arrachés aux coordonnées impératives du système tonal se mettent à flotter dans une atmospère d'apesanteur.

Le Lieu et la Figure constituent ensemble ce que Francastel nomme la Forme, à savoir le système de base qui sous-tend les œuvres singulières, assurant leur fonction de communication à un moment donné et dans un milieu culturel bien déterminé. Dès lors à une histoire horizontale des peintres ou des écoles de peinture se substitue une recherche sur les « mutations qui modifient périodiquement les systèmes picturaux comme tous les autres » [40] et sur la manière dont un système se forme, fonctionne en se développant dans diverses directions, puis s'institutionalise avant de se disloquer. Histoire structurale qui met l'accent sur les œuvres vraiment créatrices d'un nouveau langage esthétique en prise sur les matériaux, les techniques, les changements fondamentaux de la pensée sous toutes ses formes qui caractérisent une époque. Ces œuvres,

38. Parmi des exemples empruntés à la peinture du *Quattrocento*, citons comme objets figuratifs le char, le rocher, la nuvola, l'arbre, la colonne, le cheval, les lances, la femme... (*op. cit.*, ch. I, p. 63 sq.) — et comme exemple de lieux et temps imaginaires l'ordre qui préside aux fresques du *Cycle de la Légende de la Croix* à Arezzo, où se combinent ordre symétrique et ordre circulaire de lecture. L'Annonciation se situe au point de recoupement des deux ordres, dans l'ordre circulaire au point où le mystère de l'Incarnation vient renverser les valeurs de l'histoire humaine, dans l'ordre symétrique à la place anachronique entre deux batailles (pour souligner la nécessité du recours au bras séculier pour défendre la Foi) (*Idem*, p. 162-164).

39. FRANCASTEL, *Peinture et Société*, Gallimard, Idées/Art, p. 223.

40. FRANCASTEL, *La Figure et le Lieu*, p. 343.

tournées vers l'avenir, sont par essence utopiques en ce sens qu'elles ouvrent des possibles et collaborent à l'instauration d'un ordre nouveau. Ainsi Francastel, sur l'exemple du Quattrocento italien, montre-t-il comment à Florence naît le nouveau style qui devait définir la modernité occidentale jusqu'à la seconde moitié du XIXe siècle. La mutation s'annonce dès le XIVe siècle avec Giotto, se déclare avec Masaccio (à la fois moment crucial et point critique comme nous l'avons souligné plus haut), s'affirme avec Uccello et Piero della Francesca, se déploie et s'enrichit avec Mantegna (thème de l'antique), Botticelli (la culture moderne, l'ésotérisme et le triomphe de la Femme), Bellini (la nature et le paysage) pour aboutir à Léonard de Vinci et Giorgione qui ferment la phase d'élaboration de ce style, lequel, en se durcissant en institution, va s'installer en Occident pour près de trois siècles.

L'intérêt fondamental de cette prospection archéologique en direction du langage stylistique propre à une époque est de nous dévoiler, au cœur de l'œuvre d'art, ce niveau stratégique qui lui permet à la fois d'inaugurer un ordre imaginaire totalement autonome et de se trouver engagée à part entière dans la dialectique culturelle de son temps. Rien n'est mieux apte à illustrer une telle relation dialectique que les analyses de Francastel sur ce tiers monde de la culture, véritable « esprit objectif » au sens hégélien, que constituent les objets figuratifs du *Quattrocento*. Entre ceux-ci et les « machines » nommées « édifices » conduites solennellement en procession (à Florence la « mostra » était la procession de tous les « édifices ») lors des paraliturgies fêtant les grands moments de la vie religieuse de la cité, le lien est évident. En effet, ce sont les mêmes artistes qui simultanément fabriquaient et ornaient les édifices et peignaient les fresques et les tableaux[41]. L'exemple de la mandorle nommée *nuvola* par Vasari est typique à cet égard. Machine utilisée dans les processions pour véhiculer la personne qui représentait le Saint, elle devient dans la peinture d'un Masolino le nuage qui porte la Vierge de l'Assomption, et, par là même, le véhicule auprès des foules d'un nouveau dogme en voie de formation. « On voit ainsi se dégager, écrit Francastel, la notion d'un tiers monde situé entre la matière et l'image, univers non pas naturel mais fabriqué, engagé à la fois, sous des formes diverses, et dans le concept et dans l'imaginaire. La *nuvola* et l'image de la *nuvola* sont l'une et l'autre des objets de civilisation. Ceux-ci existent aussi bien sous leur aspect matériel qu'imaginaire ; ils constituent, ensemble, non pas le réel, mais un niveau de réalité. »[42]. Il ne s'agit donc pas ici de représentation au sens d'une copie servile du réel mais d'une *sélection* créatrice grâce à laquelle s'instaure ce qu'on est en droit de nommer un véritable « réel imaginaire »[43]. Ces objets prélevés sur

41. FRANCASTEL, *la Figure et le Lieu*, p. 74.
42. *Idem*, p. 68.
43. *Idem*, p. 83.

des traditions populaires remontent pour certains au Moyen Age (comme la *nuvola*), voire même à la tradition antique (la colonne par exemple), mais le peintre, par une radicale reprise de sens, les convertit en signes d'une nouvelle culture. Ainsi la manière dont se composent dans l'œuvre d'Uccello éléments anciens et modernes font de celle-ci, et notamment de ses *Batailles*, « une grande symphonie de l'objet imaginaire »[44].

Quant à ces objets-signes[45], ils ont une fonction de relais qui assure à l'œuvre son ancrage dans l'expérience quotidienne de tout un peuple. Certains éléments suffisent alors à évoquer le tout comme dans les *Chorals* de Bach et de ses prédécesseurs tel fragment mélodique emprunté à la tradition luthérienne, grégorienne ou populaire et connu de tous avait aussitôt valeur de repère liturgique précis et donc de prédication pour le fidèle de l'époque[46]. Par et dans ces objets figuratifs s'intègrent expériences individuelles et expérience collective. Ce sont des objets de civilisation à part entière faisant fonction de medium pour une culture et assurant son consensus en induisant une expérience et des conduites communes : « L'œuvre figurative, toujours selon Francastel, ne traduit pas une réalité ; elle manifeste, en revanche, avec beaucoup d'ampleur, les réalités, les différents niveaux de réalité qui nourrissent l'expérience commune des artistes et de leur entourage et qui rendent possible un dialogue. »[47] Par *système figuratif* il faut donc entendre cette création imaginaire originale qui permet à l'œuvre d'art d'opérer par rapport au réel le décrochage fondateur de son autonomie et en même temps (car l'un ne va pas sans l'autre) de plonger ses racines au plus profond du « fait social total » (comme dirait Mauss) avec ses changements religieux (nouvelles formes de spiritualité et de dévotion), politiques (prise de conscience de l'état moderne avec Machiavel), économiques (montée des marchands et des banquiers), scientifiques (diffusion de la pensée arabe, de la géométrie euclidienne...). Telle est la portée véritable d'une mutation esthétique digne de ce nom. En effet, « il n'y a de mutation possible que lorsque, très rarement, coïncide un renouveau général de toutes les problématiques et de

44. *Idem*, p. 96.

45. Chez Paul Klee, dans un tout autre langage spatial, on trouve, de manière analogue, l'usage de formes-signes (étoiles, lune, quartier de lune, astérisques), signes symboles d'origine populaire inspirés des sous-verre qui sont l'œuvre des paysans bavarois. Dans l'œuvre de Klee ils désignent symboliquement l'unité cosmique primordiale qui renvoie au fond originel.

46. En Italie les *Laudi* (Laudes) sont sur le plan musical le complément paraliturgique des processions d'édifices dont nous parle Francastel. Déjà présentes à Florence dès 1183, ces monodies religieuses en langue profane vont se multiplier aux XIIIe et XIVe siècles, surtout à la suite de Saint François en Ombrie. De forme lyrico-narrative, et déjà plutôt tonales que modales, elles mettent en scène la représentation sacrée (Nativité, Passion), allient musique et poésie vulgaire, et sont l'origine la plus directe de l'opéra moderne.

47. FRANCASTEL, *La Figure et le Lieu*, p. 77.

toutes les formes d'expression d'une société en fonction d'un changement fondamental de la pensée »[48].

Dès lors dans la formulation de la question posée par Marx dans l'*Introduction à la Critique de l'économie politique* : « Qu'est-ce qui fait de l'art une valeur éternelle malgré son historicité ? », il faut substituer au « malgré » un « en raison de ». Focillon affirme de l'œuvre de génie : « Elle plonge dans la mobilité du temps et elle appartient à l'éternité ; elle est particulière, locale, individuelle et elle est un témoin universel. »[49] Mais Baudelaire va plus loin, et il a raison, en posant modernité et éternité, contingence et nécessité comme les deux faces inséparables du beau dans son unité : « La modernité, c'est le transitoire, le fugitif, le contingent, la moitié de l'art, dont l'autre moitié est l'éternel et l'immuable. »[50] L'art réussit, en effet, à dégager la dimension en profondeur du présent en haussant le « contingent » ou le « circonstantiel » à la révélation d'un aspect inédit de l'Etre. Là se scelle l'universel singulier de l'œuvre. Si l'art se détourne des modes superficielles en quête incessante de succès faciles aussi vites oubliés qu'obtenus, par contre, il respecte la Mode au sens majeur qui, par son pouvoir de manifestation des possibilités esthétiques infinies du corps humain, fait œuvre véritable de beauté de sorte qu'il « s'agit, toujours d'après Baudelaire, de dégager de la mode ce qu'elle peut contenir de poétique dans l'historique » afin « de tirer l'éternel du transitoire »[51]. La beauté jaillit donc bien de l'unité profonde des deux aspects plus haut distingués : d'une part l'universel n'est atteint qu'en creusant dans le présent le plus singulier et le plus incarné historiquement, sinon il demeure vide, abstrait et mort. Mais, d'autre part, l'instant fugitif n'accède à l'éternel et à l'immuable qu'à la condition « que la beauté mystérieuse que la vie humaine y met involontairement en ait été extraite »[52].

Reste à préciser comment s'opère cette dialectique de la modernité à la fois « digne de devenir antiquité »[53] et elle-même condition nécessaire d'accès de l'œuvre à la pérennité au point qu'on doive affirmer avec Baudelaire qu' « il y a eu une modernité pour chaque peintre ancien » (et ceci vaut, bien entendu, pour tout l'artiste)[54]. L'œuvre qui n'assume pas son temps ne saurait franchir les siècles.

48. *Idem*, p. 338.

49. FOCILLON, *La Vie des Formes.*

50. BAUDELAIRE, « La modernité », in *Œuvres*, La Pléiade, p. 1163. *Idem*, p. 1154 : « Le beau est toujours, inévitablement, d'une composition double, bien que l'impression qu'il produit soit une ; car la difficulté de discerner les éléments variables du beau dans l'*unité* de l'impression n'infirme en rien la nécessité de la variété dans sa composition. Le beau est fait d'un élément éternel, invariable, dont la quantité est excessivement difficile à déterminer, et d'un élément relatif, circonstanciel, qui sera, si l'on veut, tour à tour ou tout ensemble, l'époque, la mode, la morale, la passion. »

51. BAUDELAIRE, *op. cit.*, p. 1163.

52. *Idem*, p. 1164.

53. *Idem.*

54. *Idem*, p. 1163.

L'artiste qui se borne à copier les œuvres du passé n'aboutit qu'à une œuvre académique, dépourvue de vie, fausse et finalement médiocre. Tel est le drame de tous les néo-classicismes. Et dans un néo-classicisme qui réussit il y a toujours plus. Voir, par exemple, Max Reger et ce qui dans sa musique annonce Schoenberg. Encore faut-il dire ce qu' « assumer son temps » signifie.

Une œuvre n'est pas plus moderne par le « sujet » qu'elle traite qu'elle n'est révolutionnaire parce qu'elle évoque la lutte des classes. Le « réalisme socialiste », on le sait, est le plus réactionnaire des académismes. Exemple caricatural certes. A un tout autre niveau, citons le cas de la peinture impressionniste. Aux thèmes nobles et pompeusement historiques, elle substitue des thèmes populaires et quotidiens. Mais, même si l'on tient compte de son travail sur la couleur, il faut reconnaître avec Francastel que cette peinture demeure fidèle à la grille de l'espace de la Renaissance (voir, par exemple, de Claude Monet, *Le Boulevard des Capucines*) et qu'il faudra attendre Cézanne pour assister à un basculement du sens de l'espace. De même un musicien comme Fauré demeure à l'extrême pointe du paysage tonal par le jeu des ambiguïtés enharmoniques (dans la lancée wagnérienne) et modales (par le recours fréquent aux échelles non stabilisées du XVIIe siècle et du début du XVIIIe siècle comme chez F. Couperin) tandis que Debussy aménage un type d'espace radicalement nouveau en libérant les relations entre accords de leur soumission au principe fonctionnel constitutif de la tonalité. Sans doute n'est-il pas question de discuter la valeur esthétique d'œuvres comme celles de Monet ou de Fauré, mais il importe dans une analyse de distinguer entre l'œuvre qui développe et enrichit un langage préexistant, le portant même parfois à son point d'achèvement, et l'œuvre avec laquelle s'opère une mutation décisive du langage de base.

Le critère ultime de la modernité se situe donc au niveau de cette infrastructure des langages esthétiques. L'objection de formalisme contre une telle position serait particulièrement mal venue, car, comme nous l'avons montré, c'est par ce système de base que l'œuvre d'art embraye sur la réalité sociale. Surtout il faut rappeler que le sens esthétique est toujours immanent au matériau et qu'est seule vivante et en prise sur son époque l'œuvre dont le sens jaillit à même le travail des matériaux appartenant aux forces vives de la société présente. C'est ce qu'Adorno nommait « le contenu de vérité de l'œuvre ». A quoi fait écho ce propos sublime de Cézanne : « bien peindre c'est, malgré soi, exprimer son époque dans ce qu'elle a de plus avancé, être au sommet du monde, de l'échelle des hommes »[55].

55. Rapporté par Gasquet, *Cézanne*, p. 93.

CHAPITRE V

FREUD, L'ART ET LA FÊTE

Freud, en plusieurs textes, a abordé les questions esthétiques. La lecture qui en est ici proposée a pour but de montrer que cette interrogation freudienne sur l'art est bourrée d'ambiguïtés, mais que là réside précisément sa richesse, qu'à chaque instant elle soulève les problèmes essentiels, qu'elle donne donc véritablement à penser, loin de céder à ce dogmatisme réducteur qui, en ce domaine, sera hélas le lot presque constant des épigones. Notre propos est donc de dessiner à grands traits les linéaments constitutifs de ce qu'il est légitime de nommer l'esthétique freudienne. Nous regrouperons les thèmes de celle-ci autour de deux pôles fondamentaux : autonomie de l'œuvre d'art et situation de l'activité esthétique par rapport à la religion et à la science.

A) *L'autonomie de l'œuvre d'art.*

Parler de l'œuvre d'art comme autonome, c'est la respecter dans sa dignité esthétique, reconnaître qu'elle appartient à un ordre de structures qui possèdent leur cohérence propre et dont la rigueur n'a rien à envier aux systèmes logico-mathématiques les plus formalisés. Mais cette autonomie, dans le cas de l'art, n'est pas pour autant close sur elle-même, fermée sur un sens purement contextuel ou différentiel, immanent à l'organisation des signifiants et réductible en dernière analyse à un pur critère de validité (comme chez Barthes notamment). Il s'agit, au contraire ici, d'une autonomie concrète et matérielle, celle d'une œuvre vivante précisément parce qu'elle plonge ses racines dans le corps et son histoire singulière, dans un certain milieu culturel bien spécifié et finalement jusque dans la Nature saisie au sein même de son immensité. Autonomie ouverte qui est celle d'une parole adressée aux autres hommes présents ou à venir, un appel à ce qu'il y a de plus profond en eux... Or, sur ce point, essentiel en tant qu'il commande l'idée même qu'on doit se faire de l'œuvre et de son statut, la pensée de Freud paraît assez ferme [1].

1. *Art et Mémoire.*

Et d'abord l'œuvre ne se réduit pas au simple reflet d'un fantasme lui-même dérivé à partir d'un souvenir de la petite enfance. Dans le *Léonard* (2e partie) évoquant l'épisode du vautour que Vinci rapporte comme un souvenir d'enfance, Freud déclare explicitement : « Cette scène ne doit pas être un souvenir de Léonard, mais un fantasme qu'il s'est construit plus tard et qu'il a alors rejeté dans son enfance. » [2] La mémoire est donc déjà ici imagination. Quant à l'œuvre d'art, elle est elle-même un substitut original de ce fantasme, original en ce qu'il le structure à un autre niveau — celui de l'imaginaire proprement esthétique [3] —, en même temps qu'elle le hausse au plan de la communication esthétique et permet finalement à l'artiste de s'en libérer. Ainsi, même si l'on peut discuter le fait de savoir si Freud prend ou non à son compte la réalité du tracé suggéré d'un vautour dans certains tableaux du Vinci, reste que le fameux sourire léonardesque dépasse formidablement le fantasme originaire en le projetant dans l'horizon de la culture. Invention géniale de l'art, qui constitue littéralement le fantasme en le transmutant en thème de rêverie infinie, ici le sourire de la Mère, à jamais énigmatique au regard et au cœur des hommes.

Dans la foulée de l'analyse précédente il est sans doute possible d'entrevoir l'analogie et les liens, à la fois intimes et obscurs, qui relient l'art au mythe. Le texte du *Léonard* auquel nous nous sommes référés précise qu'il en est des souvenirs d'enfance individuels comme des mythes : le renvoi à l'origine (à la préhistoire) ne doit jamais être pris à la lettre, il appartient en fait à la structure même du mythe. En d'autres termes, l' « origine », le « primitif », l' « archaïque » ne sont qu'élaborations ultérieures et construction mythique. Freud le dit explicitement dans *Totem et Tabou* : « L'établissement de l'état primitif reste ainsi toujours affaire de construction » [4]. Par exemple,

1. Que Freud ait purement et simplement ignoré la révolution esthétique de son temps (non sans rapport d'ailleurs avec la révolution psychanalytique, voir Schoenberg et Berg par exemple), alors même qu'il vivait dans cette Vienne qui, à l'aurore du XXe siècle, fut, pour la musique notamment, ce que Florence fut pour la peinture au *Quattrocento*, c'est assurément bien regrettable. Mais ce n'est pas une raison pour rejeter en bloc cette pensée comme entachée d'une conception représentative simpliste de l'art. Le système de la représentation en peinture comme celui de la tonalité en musique, nous le savons aujourd'hui, ne sont ni plus ni moins vrais, illusoires ou fondés en nature que d'autres supports stylistiques.

2. FREUD, *Un souvenir d'enfance de Léonard de Vinci*, trad. Gallimard, 1977, p. 50.

3. Ce qui engage l'examen tenté plus loin de deux problèmes connexes et difficiles : ceux du statut de l'imaginaire et de la sublimation chez Freud.

4. FREUD, *Totem et tabou*, Payot, p. 20.

le célèbre récit de la horde primitive dans la dernière partie de cet ouvrage est une telle construction. Aussi doit-il être lu comme un mythe apte à nous aider à déchiffrer une structure, en l'occurrence celle de l'Œdipe, complexe nodal de la culture. S. Kofman a une excellente formule : « la genèse... est toujours mythique et sa signification structurale ».[5] Et, ajouterons-nous, si le mythe a une signification structurale, ne serait-ce pas parce que c'est par lui et en lui que la structure se constitue, s'il est vrai que nous sommes depuis toujours dans l'horizon de la culture et du langage ? Ce n'est donc pas un hasard si Freud interprète le fantasme du vautour chez Léonard à partir de la religion égyptienne qui avait fait de cet oiseau une divinité maternelle et des textes des Pères de l'Église affirmant son unisexualité pour démontrer la possibilité de la conception virginale. Or l'art, tout comme le mythe, construit et recrée dans l'imaginaire des origines, celles de l'enfance de l'artiste et celles de l'humanité. L'art fonctionne comme le mythe en ce sens qu'il permet aux complexes de se structurer et qu'il nous permet de les déchiffrer en retour. Il n'y a donc pas d'art sans contenu mythique, mais inversement n'y a-t-il peut-être pas de mythe sans un certain langage de nature esthétique ?

Il importe enfin de souligner les conséquences méthodologiques importantes qui résultent de cette priorité structurale accordée à l'œuvre. La comparaison des œuvres dans leur diversité permet de dégager l'invariant qui révèle, en le structurant, le fantasme originaire. La quatrième partie du *Léonard* nous offre, par exemple, l'analyse, à partir des tableaux les plus divers du Maître, de ce sourire fascinateur omniprésent, « sourire singulier, ensorcelant et énigmatique », où Freud déchiffre l'essence de la féminité avec sa triple polarité de contraires : réserve et esprit de séduction, tendresse et coquetterie, pudeur et sourde volupté. De même la fin du Moïse évoque plusieurs types de Moïse possibles, celui de Nicolas de Verdun qui s'adonne à sa passion opposé à celui de Michel-Ange qui exprime le calme après l'orage, sans oublier, mais placé sur le même plan que les autres, celui du récit biblique..., et ce, pour tenter de lire à travers ces variations comment se constitue le thème de Moïse et derrière lui le thème du Père. Indications précieuses pour la mise en œuvre d'une analyse structurale en esthétique, analyse d'ailleurs non point opposée à une recherche herméneutique, mais au contraire complémentaire car orientée vers le dégagement d'une plénitude de sens.

2. *Art et rêve.*

Nous aboutirons à des conclusions analogues concernant l'autonomie de l'œuvre si nous envisageons les rapports de l'art avec le rêve

5. SARAH KOFMAN, *L'Enfance de l'Art. Une interprétation de l'esthétique freudienne,* Payot, Paris, 1970. Livre important auquel nous renvoyons et qui a été sans cesse présent à notre lecture, même si nous le discutons.

chez Freud. Rapports complexes, nous l'allons voir, car en un sens l'art est comme le rêve, et, en un autre sens, il en diffère. Art et Rêve ont en commun leur complicité avec le désir qu'ils expriment et réalisent chacun à leur manière. Dans *La Création littéraire et le rêve éveillé*, Freud écrit : « les désirs non satisfaits sont les ressorts pulsionnels des fantasmes ; tout fantasme est l'accomplissement d'un désir, la rectification de la réalité qui dissatisfait » (l'homme)[6]. Or dans l'œuvre d'art comme dans le rêve se libèrent ces pulsions dont la satisfaction engendre un plaisir profond. De plus dans les procédés qu'utilisent rêve et art pour échapper à la censure et à la répression sociale entrent en jeu des mécanismes communs : « dans la production du poète, les mêmes mécanismes entrent en jeu qui nous sont déjà connus par le travail d'élaboration du rêve » *(Ma vie et la psychanalyse)*[7]. Il s'agit, rappelons-le, de la déformation, de la condensation, du déplacement et de l'élaboration secondaire. La différence entre rêve et art réside dans l'usage de ces mécanismes, spontané d'un côté, contrôlé de l'autre. Dans le rêve l'énergie libidinale s'écoule librement jusqu'à l'accomplissement hallucinatoire dans le présent. Freud parle dans ce cas de « processus primaire ». Dans l'art l'énergie liée s'écoule de façon contrôlée pour aboutir à un investissement stable des représentations et à une satisfaction organisée permettant de véritables expériences mentales mettant à l'épreuve les diverses voies de réalisations possibles. Telle est la fonction régulatrice exercée par le « processus secondaire » et accomplie dans l'activité esthétique grâce à cet élément de jeu qui lui est toujours inhérent. Par opposition au simple accomplissement hallucinatoire du désir, le jeu est, en effet, distanciation, maîtrise de l'absence et finalement intégration du présent, du passé et de l'avenir[8]. Cette part de jeu dans l'art est particulièrement évidente dans ce que Freud nomme la prime de séduction ou plaisir préliminaire, à savoir ce gain de plaisir purement formel ou technique (comme dans le jeu de mot) qui amorce la libération du plaisir profond lié à la satisfaction des pulsions originelles.

Mais ce qui constitue plus radicalement encore que cet élément de jeu l'originalité de l'art sur le rêve, c'est qu'il est créateur d'œuvres, ce qui scelle son entrée en culture et marque sans contestation possible son accession à l'ordre de l'échange et de la communication. Lui seul mérite au sens propre l'appellation d'écriture du désir. Le sourire léonardesque tel qu'il vit dans l'œuvre du Vinci s'adresse à chacun de nous, permettant à nos fantasmes individuels de se constituer, comme aux autres peintres pour lesquels il servit

6. « La Création littéraire et le rêve éveillé », dans *Essais de psychanalyse appliquée*, Gallimard-Idées, p. 73.

7. Cité par S. Kofman, *O.C.*, p. 73.

8. L'artiste, comme dit Kofman, répète ainsi dans la différence le jeu enfantin d'autrefois qui lui permettait de maîtriser symboliquement l'absence de la mère.

souvent de norme. Et c'est parce que l'art est toujours réalisation d'une œuvre qu'il relève autant du principe de réalité que du principe de plaisir, ce qui, selon Freud, permet sans doute de saisir au plus près l'originalité ultime de l'expérience esthétique (nous reviendrons ultérieurement sur ce point). Mais la question première qui se pose ici est de savoir comment s'instaure cette communication esthétique (notamment dans l'usage spécifique des mécanismes cités plus haut) et quelle est sa nature exacte. Sans trouver de réponse explicite dans les textes freudiens, il convient cependant de signaler certaines indications étonnantes qui ouvraient la voie aux recherches contemporaines de sémiologie de l'art. Ce genre de communication n'est pas de l'ordre du commun langage qui réprime le désir et le refoule en l'ignorant purement et simplement, mais bien plutôt du côté de cette parole d'avant les mots qu'évoquait Antonin Artaud, de ce langage concret et spatial, identique à la mise en scène pure (de toute rhétorique), de ce langage de gestes qui nous font signe comme une écriture en deçà de toute valeur sémantique. Or Freud, analysant le statut de la parole dans la scène du rêve, évoque une parole subordonnée à « l'aptitude à la mise en scène » et qui est « langage gestuel ». Et il ajoute : « Le contenu du rêve nous est donné comme une écriture figurative... Si l'on réfléchit que les moyens de mise en scène dans le rêve sont principalement des images visuelles et non des mots, il nous paraît plus juste de comparer le rêve à un système d'écriture qu'à une langue. En fait, l'interprétation d'un rêve est de part en part analogue au déchiffrement d'une écriture figurative de l'antiquité comme les hiéroglyphes égyptiens. »[9] Bien sûr, il s'agit là de rêve et non point de l'art. Mais dans les deux cas il s'agit d'un sens figuratif, pour ainsi dire scénique, saisi à même l'espace. La différence vient de ce que l'art réussit à communiquer ce sens par l'instauration d'un langage spécifique qui exploite à sa manière les mécanismes du rêve. La voie est ainsi ouverte aux recherches linguistiques contemporaines comme celles de Jakobson montrant comment dans la fonction poétique condensation et déplacement constituent ce qu'il nomme le « procès métaphorique » qui se subordonne le « procès métonymique » par traitement rythmique de la langue[10].

9. Ces textes sont cités par Derrida, *L'écriture et la différence*, Seuil, 1967, p. 353, et rapprochés de ceux d'Artaud, notamment de celui-ci où la comparaison freudienne avec les hiéroglyphes est reprise : « Ayant pris conscience de ce langage dans l'espace, langage de sons, de cris, de lumière, d'onomatopées, le théâtre se doit de l'organiser en faisant avec les personnages et les objets de véritable hiéroglyphes, et en se servant de leur symbolisme et de leurs correspondances par rapport à tous les organes et sur tous les plans » (Artaud, *Œuvres*, t. IX, Gallimard, p. 107). De ce langage du corps et dans l'espace, ne trouvons-nous pas un exemple remarquable dans les ballets de Béjart ?

10. « La fonction poétique projette le principe d'équivalence de l'axe de la sélection sur l'axe de la combinaison. L'équivalence est promue au rang de procédé constitutif de la séquence... C'est seulement en poésie, par la réitération régulière d'unités équivalentes, qu'est donnée, du temps de la chaîne parlée, une expérience comparable à celle du temps musical... » Jakobson, *Essais de linguis-*

Une autre question, plus radicale peut être que la précédente, est posée par l'analyse freudienne des rapports entre rêve et art, c'est celle de savoir si le désir qui s'exprime en se réalisant dans le rêve est le même que celui qui s'exprime dans les œuvres d'art. Ne doit-on pas, en effet, à l'expérience de l'œuvre d'art de comprendre toute la profondeur du désir qui palpite au fond des rêves, d'en découvrir en particulier l'aspect transindividuel au-delà des misères d'une érotique solidaire de ces vies mal nouées dont parlait Bachelard, bref de nous ouvrir au monde des grands symboles universels dont le type est l'Œdipe et qui nous renvoient à la manière dont se négocient les rapports originels entre une certaine culture et la nature ? En définitive, la spécificité de l'art par rapport au rêve n'est-elle pas sur le plan culturel de réussir à édifier une symbolique digne de ce nom et, ce faisant, de libérer les individus de leurs fantasmes en surmontant le malheur de leur vie pour la transfigurer en bonheur ? La question ici posée est celle même des limites de la psychanalyse en même temps que celle de la nature de la sublimation esthétique. Affirmer l'autonomie de l'œuvre, est-ce pour autant bannir de la critique esthétique toute référence à la vie de l'artiste et au milieu socio-culturel qui fut le sien ? Nous l'avons déjà affirmé : entre autonomie et incarnation de l'œuvre il n'y a point opposition mais complémentarité. Quand Freud cherche dans le secret de l'histoire de Léonard cette passion conjuguée pour la science et la peinture, quand Panofsky situe Vinci « pittore anatomista » par rapport à la Renaissance comme époque du décloisonnement, ni l'un ni l'autre ne retombent pour autant dans les ornières du déterminisme biographique et historique de l'ancienne critique [11]. Freud, en tout cas, s'exprime très clairement sur ce point : « Le don artistique et la capacité de travail étant intimement liés à la sublimation, nous devons avouer que l'essence de la fonction artistique nous reste aussi psychanalytiquement inaccessible » [12], mais « si la psychanalyse ne nous explique pas pourquoi Léonard fut artiste, elle nous fait du moins comprendre les manifestations et les limitations de son art » [13]. L'ancrage de l'œuvre dans une existence singulière et dans un milieu déterminé est donc ce à partir de quoi et sur quoi s'exerce la sublimation artistique. Sans suffire à « expliquer » l'œuvre, cette double référence est cependant indispensable à l'intelligence de celle-ci dans son originalité indivisément charnelle et spirituelle. Reste sans doute

tique générale, p. 220-221. En tout art, quel que soit son matériau de base, c'est toujours par l'installation d'un rythme qui engendre un certain espace-temps de la présence que s'instaure un langage esthétique. — Lacan, partant de la même référence freudienne, rapporte la condensation à la métaphore et le déplacement à la métonymie, ce qui trahit l'analyse de Jakobson.

11. PANOFSKY, *L'œuvre d'art et ses significations,* Gallimard, p. 104. Voir également Merleau-Ponty qui, dans *Sens et Non-sens,* dénonce chez Valéry la réduction de Léonard à « un monstre de liberté pure » (p. 41 sq.).

12. *Un souvenir d'enfance de Léonard de Vinci,* p. 149.

13. *Idem,* p. 150.

à définir cete notion de sublimation, centrale chez Freud, mais qu'il n'a jamais vraiment élaborée.

3. *La sublimation esthétique.*

La sublimation déborde le domaine de l'esthétique. D'une manière générale, elle est la capacité d'échanger le but sexuel contre un autre but, but idéal et relatif aux créations de la culture. Le mécanisme de cet échange est évoqué dans le *Moi et le ça* [14]. La libido d'objet se mue en libido narcissique et c'est ce retrait de la libido sur le moi qui rend possible la désexualisation. Le moi, dans sa dimension narcissique, apparaît donc comme le lieu des sublimations, un peu comme le *θυμός* platonicien, pris entre l'*ἐπιθυμία* et le *νοῦς*, est le point nodal où se décide la lutte entre puissances d'en bas et puissances d'en haut au cœur de l'âme. Mais chez Freud qu'est-ce qui commande cette mutation de la libido et sa transmutation en libido culturelle sinon la force répressive exercée par l'ordre de la culture ? L'Œdipe et la prohibition de l'inceste sont au principe de l'instauration de la culture humaine comme échange des femmes et communication, véritable infrastructure de tout l'ordre culturel. Au fondement de la culture se trouve donc la dialectique de la répression et de la sublimation et Freud reconnaît lui-même faire « de la répression des tendances le critère du niveau culturel atteint... » [15].

Ainsi, en première analyse, la sublimation semble s'opérer sous la pression d'une autorité extérieure (celle du père), d'ailleurs plus ou moins introjectée dans le moi sous forme d'imago paternelle. Le surmoi serait donc acquis de l'extérieur et la doctrine freudienne glisserait ainsi vers un *dualisme* du désir et de l'autorité sociale. Mais, après un examen plus approfondi, on s'aperçoit que le monisme est finalement maintenu dans la mesure où le surmoi est complice des énergies du Ça qu'il révèle à elles-mêmes en les différenciant (en libido et surmoi). Telle est l'ambiguïté fort bien dégagée par P. Ricœur quand il remarque qu'entre le « solipsisme du désir » et l' « extériorité de l'autorité » demeure chez Freud un « hiatus insurmontable »... « à quoi le condamne son refus d'un fondement éthique inhérent à la position de l'ego » [16]. L'identification explicite affirmée dans *Totem et Tabou* entre impératif catégorique et surmoi engendre une antinomie insurmontable entre spontanéité du désir et répression sociale, faute de reconnaître une dimension spécifique de l'obligation proprement éthique, seule garante d'autonomie. Comme l'écrit encore Ricœur : « Il faut se donner la relation initiale à une source de valorisation extérieure au champ énergétique pour que le désir entre en culture » [17]. Même mouvement kantien chez Nabert quand il oppose

14. FREUD, *Essais de psychanalyse*, Payot, p. 184-185.
15. FREUD, *Totem et Tabou*, Payot, p. 114.
16. P. RICŒUR, *De l'Interprétation*, Seuil, p. 472.
17. *Idem*, p. 475.

à sublimation *l'intégration* du désir à ce qu'il nomme le *penchant pur*[18]. Seule cette norme caractéristique de la dimension éthique peut, en réglant le désir sans le réprimer ou le refouler, conduire ce dernier à son épanouissement, ce qui définit le régime d'autonomie. Par comparaison, la distinction proposée par Marcuse entre répression (légitime) et sur-répression (illégitime) paraît philosophiquement inexistante.

Sur le plan de l'art, nous retrouvons des difficultés analogues mais déplacées. En effet, contrairement à ce qui se passait dans le cas de la morale, Freud affirme en toute netteté la spécificité et l'irréductibilité du phénomène esthétique. Il déclare que le travail de l'artiste reste inexplicable à partir des événements de la vie : « Il nous faut reconnaître ici un usage de la liberté que la psychanalyse reste impuissante à réduire. »[19] Par contre, il ne nous éclaire guère sur ce qu'implique cette « extraordinaire capacité à la sublimation des instincts primitifs »[20]. Sans prétendre percer le mystère naturel du génie[21], demeure cependant absolument essentielle la détermination précise des conditions indispensables pour définir une sublimation véritablement respectueuse de l'œuvre d'art dans son autonomie. Ces conditions, qui d'ailleurs s'impliquent mutuellement, nous paraissent graviter autour des trois questions suivantes : y a-t-il un langage, un imaginaire et une jouissance proprement esthétiques ? Nous ne reviendrons pas sur le premier point évoqué plus haut et où il nous a paru que l'art inaugurait par rapport au rêve un authentique langage, même si les deux comportaient à la base des mécanismes communs et même si ce langage est d'avant le langage verbal ou du moins irréductible à lui. En tout cas était ici déjà en jeu le passage à la forme, à savoir l'ajustement au niveau de l'existence esthétique, ce que nous constaterons en nous arrêtant plus longuement sur les deux interrogations suivantes.

Et d'abord il s'agira de déterminer la nature exacte de l'imagination qui sous-tend une œuvre capable de communiquer un sens indicible dans le commun langage. Or, sur ce point, la pensée de Freud paraît à première lecture, il faut l'avouer, fort décevante. En effet,

18. Nabert, *Éléments pour une Éthique,* P.U.F.
19. *Un souvenir d'enfance de Léonard de Vinci,* p. 148-149.
20. *Idem,* p. 149.
21. Il est de mode aujourd'hui de dénoncer le mythe théologico-paternel du génie comme sujet libre et créateur au nom d'un structuralisme qui seul assurerait sa priorité de droit à l'œuvre. Mais cette action du génie, dépouillée du culte idolâtrique de la personnalité, du souci exclusif de la biographie (avec ses séquelles vulgarisatrices et commerciales), enfin de la valorisation fétichiste de l'inspiration opposée sommairement au travail, demeure indispensable pour saisir l'imagination matérielle qui porte l'œuvre et l'ancre dans les profondeurs de la Nature. De fait, Freud ne démystifie pas plus l'artiste génial que le personnage de Moïse tel au moins qu'il rayonne, terrible et sublime, de l'œuvre de Michel-Ange, mais il respecte à la fois le mystère du créateur et celui de l'œuvre, lesquels d'ailleurs ne font qu'un en dernière analyse.

si ses recherches sur le souvenir, le fantasme et l'œuvre d'art devaient logiquement le conduire à l'affirmation d'une imagination non vestigiale, prospective et créatrice de significations nouvelles, par contre, dans l'*Introduction à la Psychanalyse*, il n'hésite pas à écrire : « L'imagination créatrice est incapable d'inventer quoi que ce soit, elle se contente de réunir des éléments séparés les uns des autres. »[22] Il ne faudrait pas cependant interpréter ce dernier texte comme un retour à la conception traditionnelle de l'imagination reflet et écho affaibli du réel. Freud veut dire simplement que l'artiste puise toujours dans le matériau onirique de ses rêveries : les rêves éveillés « sont la matière brute de la production poétique, car c'est en faisant subir à ses rêves éveillés certaines transformations, certains travestissements, certaines abréviations, que l'auteur d'œuvres d'imagination crée les situations qu'il place dans ses romans, ses nouvelles ou ses pièces de théâtre. Mais c'est toujours le rêveur en personne qui, directement ou par identification manifeste avec un autre, est le héros de ses rêves éveillés »[23]. Il s'agit donc simplement d'affirmer l'incarnation de l'imaginaire esthétique dans ces puissances de rêverie personnelles qui renouent d'ailleurs dans leur profondeur avec le vieux fond mythique de l'humanité[24]. Mais nulle part il n'est question de reproduction de la réalité. Quand Freud dit que l'imagination n'est pas créatrice mais simplement reproductrice, il faut prendre cette affirmation au sens économique, comme le note très justement S. Kofman[25], c'est-à-dire qu'elle relève du principe du plaisir comme compensation *seconde* aux déceptions subies en raison du principe de réalité. Il importe de souligner que « seconde » ne doit pas être pris ici au sens chronologique, mais, comme le dit encore S. Kofman, comme ce supplément originaire qui, au cœur de la dure réalité vouée à la nécessité sans illusion, nous apporte la paix de l'âme en nous réconciliant avec la mort (et là, bientôt, nous trouverons l'essence de la jouissance esthétique). Un texte très remarquable de l'*Introduction à la Psychanalyse* compare les « créations » de l'imagination à ces « réserves naturelles » où nos sociétés industrielles consentent à lever l'impératif inflexible du principe de réalité pour laisser place à la nature, à la gratuité, à la fantaisie, à l'épanouissement sans contrainte[26]. Comment mieux célébrer l'autonomie de l'imagination esthétique ?

22. *Introduction à la Psychanalyse*, Payot, p. 157.
23. *Idem*, p. 85.
24. E. Jones, dans *Hamlet et Œdipe*, développe une analyse qui remonte des rapports qui s'établissent entre les personnages de la pièce à la structure affective de la personnalité shakespearienne pour rejoindre finalement l'universalité du mythe. Ne rejoignons-nous pas ainsi l'anthropologie contemporaine qui, depuis Marcel Mauss, voit dans le symbolisme ce qui permet à l'inconscient individuel et à l'inconscient culturel de communiquer ?
25. S. Kofman, *op. cit.*, p. 187.
26. *Introduction à la psychanalyse*, Payot, p. 350-351 : l'homme s'est « réservé une activité psychique grâce à laquelle toutes les sources de plaisir et tous les

Reste à examiner la dernière question qui a trait à la nature de la jouissance esthétique et qui engage déjà directement le sens ultime de l'expérience esthétique. Si l'on se réfère à l'économique de la pulsion et du plaisir telle que la développe Freud dans *Le mot d'esprit et ses rapports avec l'inconscient,* on risque fort là encore de se demander ce qui demeure de sublimation dans l'expérience esthétique. Une telle jouissance serait faite de deux plaisirs s'articulant l'un sur l'autre : le premier, superficiel, est lié au travail de la forme réalisant une épargne de travail psychique par la condensation et le déplacement. Ainsi le mot d'esprit *(der Witz),* en jouant avec les mots, affranchit la pensée des exigences, restrictions et répressions que la logique lui impose et, en provoquant ainsi une réduction de tension, engendre un plaisir qui est ici plaisir du non-sens. Ce plaisir formel, en amusant l'attention, la distrait de la vigilance exercée au profit de la censure et permet alors, avec la levée de l'inhibition, « la libération d'un plaisir plus grand, émanant de sources psychiques bien plus profondes » (essentiellement les pulsions érotiques ou agressives)[27]. Ce second plaisir constitue le fond même de la jouissance esthétique, à savoir la satisfaction du désir sur le plan imaginaire en replongeant le sujet dans une situation d'enfance toujours « fantasmée » comme idyllique.

Ces deux plaisirs ne sont donc en rien désintéressés[28]. Le premier n'est qu'une « prime de séduction » qui, en levant le refoulement, permet le surgissement du second qui, en dernière analyse, est de nature sexuelle. Dans les *Trois essais sur la théorie de la sexualité,* Freud l'affirme sans détour : « Le concept de beau a ses racines dans l'excitation sexuelle, et originairement il ne désigne pas autre chose que ce qui excite sexuellement. » Et, se référant à la beauté qui

moyens d'acquérir du plaisir auxquels il a renoncé continuent d'exister sous une forme qui les met à l'abri des exigences de la réalité et de ce que nous appelons l'épreuve de la réalité. Toute tendance revêt aussitôt la forme qui la représente comme satisfaisante, et il n'est pas douteux qu'en se complaisant aux satisfactions imaginaires de désirs, on éprouve une satisfaction que ne trouble d'ailleurs en rien la conscience de son irréalité. Dans l'activité de sa fantaisie, l'homme continue donc à jouir, par rapport à la contrainte extérieure de cette liberté à laquelle il a été obligé depuis longtemps de renoncer dans la vie réelle. Il a accompli un tour de force qui lui permet d'être alternativement un animal de joie et un être raisonnable. La maigre satisfaction qu'il peut arracher à la réalité ne fait pas son compte... La création du royaume psychique de la fantaisie trouve sa complète analogie dans l'institution de *réserves naturelles* là où les exigences de l'agriculture, des communications, de l'industrie menacent de transformer, jusqu'à le rendre méconnaissable, l'aspect primitif de la terre. La *réserve naturelle* perpétue cet état primitif qu'on a été obligé, souvent à regret, de sacrifier partout ailleurs à la nécessité. Dans ces réserves, tout doit pousser et s'épanouir sans contrainte, tout, même ce qui est inutile et nuisible. Le royaume psychique de la fantaisie constitue une réserve de ce genre, soustraite au principe de réalité » (texte cité par S. Kofman, *op. cit.*, p. 182-183).

27. « La création littéraire et le rêve éveillé » (dans *Essais de psychanalyse appliquée,* Gallimard-Idées, p. 81).

28. *Malaise dans la civilisation,* P.U.F.

accompagne les caractères sexuels secondaires, Freud assimile finalement les deux composantes de la jouissance esthétique au passage, dans l'acte sexuel, du plaisir préliminaire (c'est la « prime de séduction ») au plaisir terminal proprement génital. Tel serait le dernier mot de Freud sur la fonction cathartique de l'art. Mais peut-on réduire la catharsis à un pur et simple défoulement de nos tendances profondes ? Certes Freud dit bien que « le poète nous met dans la situation de jouir de nos propres fantasmes sans plus de reproches ou de honte »[29], mais cette jouissance s'accomplit, dans le cas du théâtre notamment, par *identification* au héros, ce qui permet finalement au même Freud, en généralisant cette remarque à la totalité de l'expérience esthétique, de dégager la spécificité de la jouissance délivrée par celle-ci.

Cette identification au héros présenté par l'œuvre d'art implique successivement et indivisément dépossession puis récupération de soi sur un *autre* plan tout à fait original qu'on peut qualifier par l'accès à un certain niveau d'existence désintéressée et universelle. Et d'abord, par dépossession de soi, il faut entendre cette distanciation à l'égard de la vie réelle qui permet au spectateur de s'adonner sans scrupule à ses impulsions refoulées comme de ne point souffrir des souffrances de son héros, conscient qu'il est de la dimension de jeu et d'imagination constitutive de cette expérience. Or ce recul pris par rapport à l'urgence vitale soumise au seul principe de réalité, comment le nommer sinon désintéressement ? Car, même si pour Freud la racine de cette jouissance demeure bien sexuelle, reste que le jouir ici est vécu à hauteur de l'œuvre d'art. Ce qu'illustre parfaitement le mot d'Eupalinos, l'architecte de Valéry, à Socrate à l'admiration duquel il confie un merveilleux petit temple construit par lui au bord de la mer : « C'est, dit-il, l'image mathématique d'une fille de Corinthe que j'ai heureusement aimée. » D'où l'aspect positif de la sublimation (aspect d'ailleurs inséparable de l'élément de négativité précédent) : la récupération de soi à une altitude d'idéalité et d'universalité telle qu'il conviendrait de la désigner comme transnarcissique plutôt que narcissique. En effet, le héros auquel le sujet s'identifie est un double au sens non de reflet du moi mais d'idéal du moi. En lui se réalise en quelque sorte l'accomplissement imaginaire du moi qui ainsi se libère de ses fantasmes et, en réussissant la conquête de sa propre unité, atteint finalement au bonheur. Tel est, en dernière analyse, le secret de la catharsis esthétique : par communion avec ces types idéaux en principe universels, la possibilité pour le moi de vivre en imagination mille vies que la vie réelle avec son cortège de déceptions lui a refusées et de se retrouver soi-même aux paradis imaginaires de l'enfance, pacifié, heureux, parce qu'enfin réconcilié avec cette mort sur laquelle débouchent inexorablement, et à égalité, les deux principes de réalité et du plaisir. Ce serait déjà *Le Temps*

29. *La création littéraire et le rêve éveillé*, p. 81.

retrouvé de Proust, n'était le positivisme foncier de Freud, étranger à tout platonisme des essences affectives, ce qui change tout[30]. Finalement, pour ce dernier, l'art n'est qu'une fiction où s'assouvit notre narcissisme dans l'illusion : « Nous devons chercher dans le monde de la fiction, en littérature et dans le théâtre, un substitut pour ce qui a été perdu dans la vie... C'est là... seulement que peut être remplie la condition qui nous permet de nous réconcilier avec la mort... Dans le domaine de la fiction, nous trouvons la pluralité des vies dont nous avons besoin. »[31] Consolation éphémère donc, aussi fragile en définitive qu'une drogue : « La douce narcose introduite en nous par l'art peut seulement nous apporter un retrait éphémère de l'urgence des besoins vitaux, et elle n'est pas assez forte pour nous faire oublier notre misère réelle. »[32]

B) *Le sens de l'art parmi les autres activités de la culture : la dimension esthétique.*

1. *Art et narcissisme.*

Reste, pour déterminer la place exacte que Freud reconnaît à l'art parmi les autres activités de la culture, à préciser la nature quasi utérine des liens qui unissent activité artistique et narcissisme car, comme a raison de l'affirmer S. Kofman, « la structure narcissique » paraît bien « être la clef de l'activité artistique »[33]. L'éclaircissement de ce point exige qu'on rappelle d'abord que le narcissisme est pour Freud à la fois un stade de l'évolution individuelle, un stade de l'évolution culturelle et une structure permanente du psychisme humain. Le narcissisme, intermédiaire entre auto-érotisme et amour-objet, est un stade de la libido ambivalent comme tous les autres, c'est-à-dire à la fois positif et négatif. Positif en ce qu'il marque la conquête par le sujet de son moi dans sa propre image par identification à autrui et intériorisation de cette relation duelle (cet acte par lequel l'enfant surmonte ses angoisses de morcellement du corps qui définissent le complexe de castration s'accompagne généralement d'un sentiment d'intense jubilation). Négatif en raison du risque d'aliénation du sujet dans cette image en miroir et ce double qui le

30. Chez Proust, il semble bien que l'art, en nous révélant ces universels concrets singuliers et répétitifs, véritables parcelles d'éternité qui enveloppent le temps, nous assure de la sorte une victoire absolue sur la mort. Ajoutons que si le thème de l'homosexualité est, avec celui du salut par l'art, l'autre thème majeur du dernier tome de *A la recherche du temps perdu*, ce n'est sans doute pas par hasard : pour Freud, homosexualité et art se rejoignent par le narcissisme, domaine par excellence d'où jaillit toute dialectique des sublimations.

31. FREUD, « Considérations actuelles sur la guerre et sur la mort ». Texte cité par S. Kofman, *op. cit.*, p. 161.

32. FREUD, *Malaise dans la civilisation*, P.U.F., p. 26.

33. S. KOFMAN, *op. cit.*, p. 163.

détourne de l'épreuve du triangle œdipien pour y affronter avec succès altérité et réalité. Telle est la pente narcissiste du solipsisme, de la mort, des régressions maternelles et de l'homosexualité. Le terme de narcissisme a d'ailleurs été forgé par Freud en 1910 pour désigner les homosexuels : ceux-ci, écrit-il, « se prennent eux-mêmes comme objet sexuel ; ils partent du narcissisme et recherchent des jeunes gens qui leur ressemblent, qu'ils puissent aimer comme leur mère les a aimés eux-mêmes »[34].

Mais le narcissisme correspond également à un stade de l'histoire humaine. Le troisième chapitre de *Totem et tabou* présente une sorte de loi des trois états qui jalonne l'histoire culturelle du désir. Dans l'état mythique, caractérisé par l'animisme et la magie, comme dans le narcissisme, le moi se projette dans les choses au détriment du sens de la réalité. Freud nomme « toute-puissance des idées » cette projection qui se prolonge en élaboration secondaire[35]. Dans l'état religieux, analogue au choix d'objet dans la libido, la toute-puissance se déplace pour venir se fixer en des dieux ou en un dieu, plus ou moins extérieurs au monde. C'est l'image paternelle qui domine en ce moment proprement œdipien qui peut aller jusqu'à l'interdit total des images, taxées de complicité avec l'animisme et la magie. Quant au troisième stade, il est celui de l'âge scientifique où la toute-puissance est finalement reconnue en sa vérité comme le règne de la dure nécessité naturelle (Ἀνάγκη) Dès lors dépouillé d'illusion, l'homme s'incline devant le principe de réalité, de même que l'individu accède à la maturité par-delà la crise œdipienne.

Il faut maintenant montrer que le narcissisme ne se réduit pas à une étape transitoire de l'histoire individuelle ou collective, mais qu'il est pour l'homme comme pour l'ordre de la culture une fonction fondamentale jamais abandonnée. En premier lieu, *toute* sublimation a sa clef dans le narcissisme, ce qui s'éclaire dans le cadre de la conception énergétique freudienne. Le principe de conservation de l'énergie libidinale réalise une balance entre la libido du moi (c'est-à-dire investie dans le moi) et la libido d'objet : « plus l'une absorbe, plus l'autre s'appauvrit. » Ainsi « le moi doit être considéré comme un grand réservoir de libido d'où la libido est envoyée vers les objets, et qui est toujours prêt à absorber de la libido qui reflue à partir des objets »[36]. Là se réalise donc cette désexualisation, à laquelle il a été fait allusion plus haut et qui se trouve au principe de toutes

34. LAPLANCHE et PONTALIS, *Vocabulaire de la Psychanalyse.* Article « Narcissisme », p. 261.
(Le texte cité se trouve dans *Trois essais sur la théorie de la sexualité,* Gallimard-Idées, p. 167-8, n. 13.)

35. Freud parle du mythe en terme de rationalisation plutôt que d'affectivité et, d'une manière déjà très moderne, décrit le totémisme comme complémentaire du tabou de l'inceste et comme « système classificateur » (*Totem et tabou,* p. 15, et p. 110-111 : « l'animisme est un système intellectuel »).

36. Cf. LAPLANCHE et PONTALIS, *Vocabulaire de la psychanalyse.* Article : « Narcissisme », p. 261.

les sublimations [37]. D'autre part, la sublimation proprement esthétique, par une sorte de promotion au second degré du narcissisme, conduit celui-ci à son point d'achèvement. En effet, cette énergie désexualisée par reflux sur le moi, au lieu d'aller se perdre hors du monde comme dans la religion, se projette à nouveau, par la grâce de l'œuvre d'art, sur un monde recréé imaginairement à la mesure du moi et de ses désirs. L'art représente donc ce qui, dans nos sociétés actuelles, survit de l'animisme primitif. En lui se réactive cette « toute-puissance des idées » qui réalise en imagination le triomphe du principe du plaisir en consolant l'homme des frustrations de l'existence, en calmant ses désirs insatisfaits, en trompant enfin son attente de la mort. Les Egyptiens, à cet égard, nous ont révélé dans leur statuaire et leur peinture, estime Freud, le sens ultime de toute activité artistique. Tandis que le monothéisme de Moïse, religion par excellence du père et qui correspond au stade de l'objectivation de la libido, bannit les images, brise les idoles et extirpe du cœur humain cette croyance en la toute-puissance des idées que s'adjuge la créature usurpant la place de son Créateur, — la religion égyptienne, au contraire, relève encore de l'animisme. C'est pourquoi cette dernière est solidaire d'un art marqué au double sceau du narcissisme et de la mort où s'exprime l'effort de l'homme dans sa quête de l'immortalité à travers ces doubles de lui-même qui se multiplient comme des images se reflétant en miroir à l'infini.

Si l'activité artistique marque une résurgence de l'animisme, ce serait cependant une erreur de la considérer comme un retour en arrière. Elle est bien plutôt, selon Freud, tournée par principe vers l'avenir et dotée d'un éminent pouvoir de création culturelle, tandis que la religion demeure à jamais régressive et répétitive (comme telle, elle est assimilable à une névrose, mais collective). Pour élucider ce point capital et difficile, il faut rappeler ce qui constitue le noyau central de toute l'anthropologie freudienne, à savoir l'Œdipe comme complexe nodal de la culture : « On retrouve dans le complexe d'Œdipe les commencements à la fois de la religion, de la morale, de la société et de l'art. » [38] Nous tenterons de renouer le fil de cette argumentation qui réinsère l'activité artistique dans une sorte de genèse idéale du fait social total en nous conduisant du complexe paternel à la catharsis tragique par l'analyse du tabou et du tolémisme, l'hypothèse de la horde primitive et le déchiffrage du sens de la fête primitive.

37. Le lien entre homosexualité (même latente) et sublimation, thème central du texte de Freud sur Léonard de Vinci, s'éclaire à partir de cette structure permanente du narcissisme. En raison de l'origine narcissiste de l'homosexualité affirmée par Freud, il n'y a rien d'étonnant à ce qu'on rencontre dans ce contexte des exemples très remarquables de sublimation.

38. *Totem et tabou*, p. 179.

2. *L'Œdipe, complexe nodal de la culture.*

Par le complexe d'Œdipe, avec son double moment de répression et de meurtre puis de réconciliation et de sublimation, s'opère la dialectique concrète du passage à la culture à la fois sur le plan personnel et sur le plan social. Chez le garçon, l'Œdipe réactive le complexe de castration avec tous les fantasmes de dislocation du corps qui l'accompagnent [39]. Le père est senti comme répressif parce qu'il interdit l'inceste et arrache le fils [40] aux identifications maternelles où s'ancrent refus de vivre et instinct de mort. Ainsi, à travers même cette négativité du surmoi répressif, s'annonce l'étape positive où, par reconnaissance du père et identification à son image, se forgent l'idéal du moi et cette énergie sublimée assez forts pour faire face à la réalité sociale extra-familiale. A ce mouvement de maturation personnelle qui assure l'intégration de l'individu au social, correspond au plan ethno-sociologique le processus d'articulation de la nature à la culture. Freud, ici précurseur de Mauss et de Lévi-Strauss, a bien vu qu'au principe même de la société et de ses normes, se trouve, à titre de condition nécessaire minima, la prohibition de l'inceste qui, en assurant l'exogamie, rend possible la circulation des femmes réglée par les structures de parenté. Nous touchons là au soubassement de tout l'ordre social avec la mise en fonction de la loi fondamentale d'échange-don [41].

Tel est bien, en dernier ressort, le sens de l'analyse par laquelle Freud remonte du tabou au totem [42]. Derrière les prohibitions les plus anciennes et les plus universelles, tabou des ennemis, des seigneurs, des morts, il y a toujours comme noyau central le complexe paternel. Or le système totémique repose sur les deux tabous fonda-

39. Voir sur ce point les commentaires de Lacan.

40. La dissymétrie de situation à l'intérieur du triangle œdipien entre le fils et la fille est un point important de la doctrine freudienne qui mérite la plus grande attention. La menace de castration qui arrache le garçon à sa mère marque pour lui la sortie de l'Œdipe. La fille cherche à trouver le pénis dont l'a privé la mère et à le recevoir de son père (avoir un enfant de lui). Le complexe de castration marque donc pour elle l'entrée dans l'Œdipe dont elle ne sortira que dans un temps indéterminé. Cette négociation différente de l'Œdipe qui commande la formation du surmoi et de l'idéal du moi, c'est-à-dire finalement la manière dont s'opère l'entrée en culture, implique donc un rapport bien spécifique de la femme à la société : « Chez la fille, écrit Freud, le complexe de castration, au lieu de détruire le complexe d'Œdipe, en prépare l'apparition... La petite fille demeure dans ce complexe pendant un temps indéterminé et ne le démolit que tardivement et de façon incomplète. Le surmoi, dont la formation est, dans ces conditions, compromise, ne peut parvenir ni à la puissance ni à l'indépendance qui lui sont, au point de vue culturel, nécessaires... » (*Nouvelles conférences sur la psychanalyse*, tr. Gallimard, p. 177. Cité *in* Laplanche et Pontalis, *Vocabulaire de la psychanalyse*, p. 472.)

41. MAUS, *Essai sur le don*. Lévi-Strauss. *Les structures élémentaires de la parenté*.

42. FREUD, *Totem et tabou*, 1er et 2e chapitres. Le « totem est plus difficile à cerner que le tabou » (p. 2).

mentaux relatifs au complexe d'Œdipe : tuer l'animal totem, substitut du père garant de tout l'ordre social et commettre l'inceste en épousant la femme du même totem [43]. En subdivisant le groupe social, ce « système classificateur » qu'est le totémisme a pour fonction d'assurer la circulation des femmes et, à cet égard, il est « une phase normale de toute culture » [44]. Ce lien structural entre complexe paternel et totémisme, le dernier chapitre de *Totem et tabou* le démontre en nous en offrant une sorte de visualisation directe tout à fait étonnante avec l'évocation de la fête primitive interprétée elle-même à la lumière de l'hypothèse de la horde primitive.

Freud présente explicitement le récit de la scène primitive comme une hypothèse méthodologique. Pour « acquérir une compréhension plus profonde » du totémisme, il s'agit de forger « une hypothèse qui peut paraître fantaisiste, mais présente l'avantage de réaliser, entre des séries de phénomènes isolées et séparées, une unité jusqu'alors insoupçonnée »[45]. Cette hypothèse fonctionne à la manière d'un mythe qui exprime en termes d'événement fondateur (renvoi aux origines) la structure même du système totémique. Le scénario se déroule en deux actes : une horde primitive dominée par un patriarche qui s'adjuge toutes les femmes et contre lequel vont se liguer les fils pour le mettre à mort, puis retour du refoulé et réconciliation des frères avec l'image du père et entre eux au cours du repas totémique. Ce repas, pièce centrale du totémisme, est le rite sacral qui, par la communion des participants à la chair de l'animal sacrifié (substitut du père), instaure et restaure le lien religieux qui scelle la réciprocité entre les membres du clan, et notamment garantit l'échange des femmes. Dès lors l'analyse de la fête primitive, qui dans le texte freudien précède l'exposé de cette hypothèse (à laquelle elle fournit son contenu ethnologique positif), livre rétrospectivement toute la profondeur de son sens.

3. *La fête primitive et le sacrifice fondateur.*

Qu'est-ce, en effet, que la fête en sa dimension essentielle sinon la répétition du repas totémique, lui-même commémoration de la scène originaire ? « Le repas totémique, qui est peut-être la première fête de l'humanité, serait la reproduction et comme la fête commémorative de cet acte mémorable et criminel qui a servi de point de départ à tant de choses : organisations sociales, restrictions morales, religions. » [46] C'est pourquoi la fête comporte, elle aussi, deux moments, l'un d'excès, de désordre et de violence où sont violés les interdits fondamentaux [47] et qui culmine dans l'immolation de la

43. Freud, *Totem et tabou*, p. 152.
44. *Idem*, p. 125.
45. *Idem*, p. 162.
46. Freud, *Totem et tabou*, p. 63.
47. Notamment le meurtre du totem puis la consommation de sa chair, sans oublier bien sûr l'inceste.

victime émissaire ; l'autre qui suit le sacrifice et qui est explosion de joie, retour à l'ordre et restauration de l'unité entre les membres de la communauté. La fête, c'est finalement le grand jeu de la nature et de la culture. D'une part l'excès signifie en clair le risque toujours possible d'indistinction violente, donc de retour à la nature par effondrement de tout l'ordre social (la tentation de violer le tabou de l'inceste est contagieuse en tant qu'elle fait écho à un des désirs les plus fondamentaux de l'homme). D'autre part autour de la victime et par communion à sa chair se reconstitue la structure sociale comme différence réglée, échange et réciprocité généralisés à tous les niveaux du tissu culturel.

Reste à saisir le mécanisme exact de ce rite sacrificiel tout à fait central puisqu'il est comme le nœud dialectique où s'opère le renversement de la violence (naturelle) en ordre (culturel). Et c'est ici où nous faisons retour à la problématique de l'art, Freud analysant la tragédie [48] non seulement comme célébration de la fête sacrificielle, mais aussi comme ce qui nous permet d'en surprendre le ressort intime, à savoir le phénomène de la catharsis. L'action tragique obéit bien au rythme profond qui articule meurtre et réconciliation (Œdipe-Roi et Œdipe à Colonne), et ce n'est pas par hasard si Freud a pu emprunter à la tragédie grecque le nom qui lui a permis de baptiser le complexe fondamental de toute culture. Selon cette lecture œdipienne, le chœur devient en réalité la bande des frères qui a commis le meurtre du père et qui, pour se décharger du sentiment de culpabilité qui l'accable, se projette dans le héros tragique en s'identifiant à lui. Ce dernier, en se chargeant alors de la faute tragique et en payant pour tous par son sacrifice, devient ainsi « rédempteur du chœur » (et du spectateur qui s'est identifié à lui à la suite du chœur) [49]. Tel est donc le sens profond de la catharsis d'après Freud : de même que le sacrifice primitif du bouc émissaire était fondateur de la communauté des hommes, de même l'action tragique, essence de tout grand art, guérit l'homme de sa nostalgie du père toujours plus ou moins lourde de culpabilité, lui permettant de goûter enfin la paix intérieure de l'âme.

Mais avant de conclure sur la signification ultime de l'art selon Freud, il importe de revenir sur une obscurité de l'analyse précédente qui risque de remettre en question toute l'interprétation freudienne du sacrifice primitif à partir du complexe paternel. Freud écrit : « Pourquoi le héros de la tragédie doit-il souffrir et que signifie sa faute tragique ?... Il doit souffrir, parce qu'il est le père primitif, le héros de la grande tragédie primitive dont nous avons parlé ; quant à la faute tragique, c'est celle dont il doit se charger, pour en délivrer le chœur. » [50] Ce qui fait ici difficulté, c'est l'affirmation que

48. Outre la tragédie grecque, Freud cite également les Passions du Moyen Age (*Totem et tabou*, p. 178).
49. *Idem*, p. 179.
50. *Idem*, p. 179.

le héros tragique, en l'occurrence Œdipe, soit « le père primitif », alors qu'évidemment il est le fils meurtrier. N'y a-t-il pas là, dans l'argumentation freudienne, un télescopage fâcheux qui prouverait bien la gratuité et l'inanité du mythe psychanalytique du père ? Le principe de l'efficacité sociale du sacrifice ne résiderait-il pas, en fin de compte, tout simplement dans l'unanimité retrouvée et réalisée autour de la victime émissaire, cette violence singulière et rituelle, exercée contre un seul mais perpétrée par tous, délivrant le groupe du déferlement de la violence indifférenciée et multiple qui est la dissolution même de l'ordre social ? On reconnaît la thèse de René Girard : « Achever Freud, c'est non pas renoncer au meurtre mais au père. Le père n'explique rien. L'impression formidable faite sur la communauté par le meurtre collectif ne tient pas à *l'identité* de la victime mais au fait que cette victime est *unificatrice*, à l'unanimité retrouvée *contre* cette victime et *autour* d'elle. » Conclusion : il faut nettoyer le meurtre primitif de sa signification paternelle : « La horde primitive est la concrétisation parfaite du mythe psychanalytique. L'erreur, c'est le père et c'est la psychanalyse ; la vérité, c'est le meurtre collectif... c'est le Freud *ethnologue*. »[51]

En réalité Freud est ethnologue précisément parce qu'il insiste sur le thème du père, c'est-à-dire sur l'Œdipe comme complexe nodal de la culture en tant que la prohibition de l'inceste apparaît bien constituer la condition nécessaire de l'infrastructure réelle de toute société possible, la première norme par laquelle la culture, qui est par essence normative, affirme à la fois sa distance et sa spécificité à l'égard de la nature. Donc pas de culture sans cette dialectique d'affrontement suivi de reconnaissance d'une norme fondatrice : telle est en profondeur la signification du complexe paternel, découverte fondamentale de la rencontre entre ethnologie et psychanalyse. Et à partir de là s'éclaire l'ambivalence qui est constitutive du sacrifice primitif, analyse indispensable pour une approche du sens du meurtre rituel et du secret de son singulier pouvoir. La surdétermination définit le contenu même de la notion de victime émissaire, laquelle désigne à la fois, confondus dans le même fantasme, la victime et le meurtrier, l'innocent et le coupable, le père et le fils.[52]. Le sens

51. René GIRARD, *La Violence et le Sacré*, Grasset, Paris, 1972. *Passim* et notamment p. 293.

52. Voir le texte plus haut cité de *Totem et tabou* où le héros tragique est identifié à la fois au fils expiant la faute tragique et au père primitif qui a été la victime. Freud procède à la même identification du fils et du père dans *Moïse et le Monothéisme*, quand appliquant au Rédempteur chrétien (comme il l'avait déjà fait à la fin de *Totem et tabou*, p. 176 sq.) le thème de la révolte du fils, et le comparant « au héros rebelle de la tragédie », il écrit : « Derrière lui se dissimulait le père primordial de la horde primitive, transfiguré, il est vrai, et *ayant, en tant que fils, pris la place de son père* » (souligné par nous) (tr. Idées-Gallimard, p. 122). Contre l'identification freudienne entre sacrifice primitif et sacrifice chrétien on peut présenter de graves objections, comme l'a fait avec raison R. Girard, mais c'est un autre problème.

fonctionnel de cette puissante ambivalence où le sacrifice puise sa terrible efficience naît du pouvoir de conjuguer en un acte unique et indivisible le meurtre du père et la déculpabilisation qui scelle la réconciliation avec ce dernier, et d'accomplir ainsi la résolution de l'Œdipe, signature de la promotion à l'ordre de la culture. Deux mises à mort en une seule : voilà finalement tout le secret du bouc émissaire et l'essence même de la *catharsis* tragique[53].

Si la nature du lien qui unit sacrifice primitif et catharsis tragique est bien telle, c'est-à-dire si le contenu de la tragédie est répétition du sacrifice et si l'identification pacificatrice à la victime du sacrifice est déjà cette conduite imaginaire qui est au principe de la catharsis esthétique, nous sommes désormais en mesure de comprendre pourquoi Freud, dans son anthropologie, privilégie l'art tandis qu'il dévalorise la religion. Là où le premier, par la grâce de la catharsis, réussit à liquider la culpabilité originelle, la seconde la ressasse sans fin. En effet, la religion pour Freud n'est que la séquelle des tentatives sempiternellement réitérées pour liquider le choc affectif lié à la culpabilité engendrée par le parricide originel. Dans la commémoration religieuse du sacrifice primitif et du repas-communion, Freud ne veut voir que le piétinement émotionnel qui maintient l'homme dans une situation infantile face à un Dieu tout puissant et protecteur créé à l'image du père (à cet égard il n'y a rien de nouveau dans l'institution eucharistique et la mort du Christ). La religion se réduit donc en dernière analyse à une projection qui regarde en arrière du côté de l'enfance, une régression vers la structure œdipienne non surmontée[54].

L'homme religieux se réfugie dans une attitude puérile jamais surmontée et y puise une consolation jamais libérée de la culpabilité, puisque octroyée par un père tout-puissant. Par cette fuite hors de la réalité, la religion obéit aveuglément au seul principe du plaisir, ce qui en fait le règne absolu de l'illusion et l'antithèse parfaite de la science qui obéit essentiellement (sinon exclusivement) au principe de réalité et reconnaît l'illusion comme illusion. Par contre l'art, — et par là s'explique l'originalité de sa démarche, et notamment sa dimension prospective et créatrice —, peut être défini en toute exactitude par sa capacité de réconciliation entre principe du plaisir et principe de réalité[55]. Le secret de ce pouvoir médiateur de l'art entre

53. Même lorsque cette pratique de la victime émissaire se retrouve à d'autres niveaux de la réalité sociale, ne se détache-t-elle pas toujours, plus ou moins selon les cas, sur le fond de cette aura paternelle ?

54. Voir sur ce point l'analyse et la discussion de la thèse freudienne dans le livre fondamental de P. Ricœur, *De l'Interprétation*, Seuil.

55. « L'art possède sa manière propre de réconcilier les deux principes. L'artiste est, à l'origine, un homme qui se détourne de la réalité parce qu'il ne peut accepter le renoncement aux satisfactions pulsionnelles qu'elle exige d'abord, et qui laisse libre cours à ses désirs érotiques et ambitieux dans la vie fantasmatique. Mais il trouve le chemin qui lui permet de retourner de ce monde de l'imagination à la réalité, en façonnant, grâce à ses dons spéciaux,

les deux principes réside dans ce narcissisme évoqué plus haut, qui ne se situe pas au terme d'une régression mais constitue une structure permanente du sujet humain, narcissisme complet en ce sens qu'il retourne au monde par création d'une « nouvelle sorte de réalité » portée par l'œuvre d'art et porteuse d'une consolation qui nous rend tolérable la civilisation. D'une part, en effet, l'art réussit à calmer l'angoisse fondamentale liée à la culpabilité qui, pour l'individu comme pour le groupe, marque le drame de l'origine de la culture. D'autre part, en nous permettant de goûter aux possibles imaginaires que la vie réelle nous a refusés, il panse nos amertumes et nos déceptions. Consolation éphémère bien que sans illusion sur elle-même, et finalement illusoire en ce sens qu'elle ne débouche sur rien ? Sans doute. Mais le compromis entre principe du plaisir et principe de réalité, qui seul nous permet de vivre, est à ce prix. Et si illusion il y a, celle-ci est de part en part bienfaisante. A la religion « névrose collective », Freud peut donc opposer l'art comme une « douce narcose », source inestimable « de plaisir et de consolation ici-bas », et jouissance qui « trône » au sommet des joies de l'imagination, « également accessible, par l'intermédiaire de l'artiste, à celui qui n'est pas lui-même le créateur » [56].

ses fantasmes en une nouvelle sorte de réalité, et les hommes leur concèdent un droit à l'existence en tant que précieux reflets de la réalité. » Freud, « Remarques sur les deux principes du fonctionnement psychique ». Cité par S. Kofman, *op. cit.*, p. 190-191.

56. FREUD, *Malaise dans la civilisation*, p. 26.

NOTES

Chapitre premier.

a) *La mort de l'art selon Hegel et Adorno.*

Adorno ne retient de la thèse hégélienne sur la mort de l'art que la seconde interprétation : « C'est dans l'art que s'affirme la légende du hibou de Minerve qui prend son vol le soir. Tant que l'existence et la fonction de l'œuvre d'art ne posaient pas de problèmes dans la société et qu'une sorte de consensus régnait entre la société, sûre de soi, et le statut des œuvres à l'intérieur de cette société, on ne s'est pas interrogé sur la signification esthétique : elle semblait aller de soi, une donnée. Les catégories esthétiques ne commencent à faire l'objet de la réflexion philosophique que lorsque, selon Hegel, elles cessent d'être substantielles, ne sont plus immédiatement présentes et sont mises en cause » (Adorno, *Autour de la Théorie esthétique. Paralipomena. Introduction première.* Trad. Jimenez-Kaufholz, Klincksieck, 1976). Par contre chez Hegel les deux interprétations signalées plus haut sont complémentaires : le fait même que l'art se sépare de la religion prouve qu'il « a cessé de satisfaire le besoin le plus élevé de l'esprit » (*Esthétique.* Trad. Jankelévitch, Aubier. T. I, p. 137). Cette tâche est d'abord assumée par la religion puis finalement par la philosophie qui culmine dans le savoir absolu : « Dans la hiérarchie des moyens servant à exprimer l'absolu, la religion et la culture issue de la raison occupent le degré le plus élevé, bien supérieur à celui de l'art. L'œuvre d'art est donc incapable de satisfaire notre ultime besoin d'Absolu. De nos jours on ne vénère plus une œuvre d'art... Les beaux jours de l'art grec et l'âge d'or du Moyen Age avancé sont révolus... Sous tous ces rapports, l'art reste pour nous, quant à sa suprême destination, une chose du passé » (*Id.* I, 30). Pourquoi cette place inférieure de l'art parmi ce que Hegel nomme les trois règnes de l'esprit (art, religion, philosophie) ? Opérant sur une matière sensible (I, 29), l'art rattache la pensée pure au sensible et à l'extériorité, il n'est donc pas « l'expression la plus élevée de l'Idée » (I, 30), il rend seulement « la vérité religieuse plus sensible et plus accessible à l'imagination » (I, 135). Mais il arrive un moment, ainsi chez les Juifs, les Mahométans et même les Grecs (comme Platon), où « la pensée » cesse « d'assigner à l'art la fonction de représentation sensible du divin » (I, 136). C'est le moment précisément « où l'art aboutit à quelque chose qui le dépasse » : « l'après de l'art consiste en ce qu'à l'esprit est inhérent le besoin de ne reconnaître comme étant la vérité vraie que celle qu'il découvre à l'intérieur de lui-même » (*Idem*). L'imagination et le sensible esthétique laissent dès lors la place au Concept et finalement au Savoir absolu seul adéquat au contenu de l'Idée : « L'art, à ses débuts, donne encore une impression de mystère et fait éprouver une sorte de regret qu'on explique par le fait que ses productions ont été incapables de donner une représentation sensible et exhaustive de tout leur contenu. Mais lorsque ce contenu trouve dans l'art sa représentation complète et totale, l'esprit dont le regard se porte plus loin, se détourne de cette objectivité [sensible], pour rentrer en lui-même. C'est ce qui arrive de nos jours. Il est permis d'espérer que l'art ne cessera pas de s'élever et de se perfectionner, mais sa forme a cessé de satisfaire le besoin le plus élevé de l'esprit » (*Id.* I, 136-137). (« Quelles que soient la dignité et la perfection avec lesquelles sont représentés Dieu le Père, le Christ, la Sainte Vierge, l'admiration que nous éprouvons à la vue de ces statues et images est impuissante [par elle-même] à nous faire plier les genoux ») (*Id.*).

b) *La modernité de J. S. Bach.*

Adorno écrit : « Plus on veut comprendre intensément Bach, plus il regarde de manière énigmatique et de toute sa puissance vers le passé. Il ne viendrait guère à l'idée d'un compositeur vivant, non corrompu par une volonté stylistique, de composer une fugue qui serait meilleure qu'un exercice scolaire de conservatoire, qu'une parodie ou un cliché misérable du clavecin bien tempéré » (Adorno, *Théorie esthétique,* p. 243). Adorno (*Idem,* p. 292) remarque que Bach a échappé au nominalisme (survivance de la forme en tant que « survivance d'un être en soi spirituel ») en évitant que les formes traditionnelles ne se figent. Et il est bien certain qu'il y a une liberté et une hardiesse permanente dans cette musique toujours nouvelle, sans jamais la moindre faiblesse et toujours inspirée. P. Boulez, de son côté, remarque que « Bach arrive au monde musical » alors que « le langage tonal est déjà complètement constitué », il ne vit donc pas comme Schoenberg à une époque de transition ou de désagrégation qui exige la recherche d'un langage nouveau. « Bach se sert d'une organisation syntaxique et morphologique parfaitement établie » et il élèvera celle-ci « à son rendement maximum ». *Le Clavier bien tempéré* est un « manifeste d'occupation, non de conquête ». (In *Relevés d'apprenti, Moment de J. S. Bach,* p. 9, sq.). Mais finalement le seul qui ait pleinement compris la modernité géniale de Bach, c'est Schoenberg. Polyphonie et homophonie représentent deux manières différentes de structurer l'espace musical. Or Bach fut également novateur dans l'une et l'autre voie. Alors que Carl-Philippe-Emmanuel Bach, champion du style moderne homophonique (mélodico-harmonique) qui devait ouvrir la voie à Haydn, Mozart et Beethoven, considérait la musique de son père comme démodée, Schoenberg soutient avec raison que J. S. Bach a su écrire des mélodies aisées, parfaitement équilibrées dont la beauté, la richesse, le pouvoir d'émotion sont insurpassables. D'autre part, selon l'autre voie, celle de l'art contrapunctique, J. S. Bach ne se borne pas à porter à son sommet une musique du passé, il prépare notre modernité immédiate en poussant le contrepoint plus loin que ne le firent les néerlandais, ses maîtres, c'est-à-dire au-delà de sept sons. A cet égard J. S. Bach est bien, comme le dit Schoenbeerg, « le premier des compositeurs en musique avec douze sons ». Telles sont en définitive les raisons profondes (en quelque sorte une double modernité décalée) qui permettent de comprendre pourquoi « la musique de Bach est entrée dans la gloire éternelle » (*Le Style et l'Idée, passim*, p. 95 sq., 137 sq., 300 sq.). Nous retrouvons ainsi Adorno en profondeur quand il déclare : « Le moment historique est constitutif dans les œuvres d'art ; les œuvres authentiques sont celles qui se livrent sans restriction au contenu matériel historique de leur époque et sans avoir de prétention sur lui. Elles sont l'écriture historique de leur époque et sans avoir de prétention sur lui. Elles sont l'écriture de leur époque, inconsciente d'elle-même » (*Théorie, esthétique*, p. 243).

CHAPITRE II.

c) *Schoenberg a pris au sérieux la tonalité.*

Ch. Rosen de son côté a raison d'affirmer qu' « au XXe siècle, nul n'a pris la tonalité autant au sérieux que » Schoenberg et « de rappeler que les années qui ont vu naître *Erwartung* et *Pierrot lunaire* ont été également consacrées à la rédaction d'un traité d'harmonie tonale aussi monumental que traditionaliste » (*Schoenberg*, Éd. Minuit, p. 47). Prendre au sérieux la tonalité veut dire pour Schoenberg, si soucieux de rigueur et de cohérence dans la pensée musicale, qu'il se refuse à la facilité des musiques qu'il nomme avec mépris « pseudo-tonales » (Britten Hindemith), musiques qui s'abandonnent à des excès de dissonance et de chromatisme, quitte à les sous-tendre de-ci, de-là d'accords parfaits (voir les *ostinati* ou basses répétées chez Britten). Schoenberg a été le premier (sans doute avec Debussy) à se rendre compte que la notion traditionnelle de thème (et de la construction motivique qui en découle) est inséparable du système tonal par définition orienté en raison de sa centralisation à partir de l'accord parfait fondamental (*Id.*, p. 47 et 67). Prendre au sérieux la tonalité revient donc à tirer toutes les conséquences de l'abandon de son principe fondamental et à en rechercher un équivalent sur des bases entièrement nouvelles, à savoir par un traitement tout à fait révolutionnaire des textures (espacement et disposition des notes dissonantes), des rythmes (notamment l'alternance de la répétitivité et de son contraire comme source de tension, d'explosion ou de stabilité relative), des timbres (variation incessante des combinaisons instrumentales par prélèvement, comme dans *Erwartung*, sur un effectif d'ensemble beaucoup plus large).

d) *Sentiment baroque et action classique.*

Ch. Rosen explique très bien la différence entre le sentiment dramatique baroque et l'action dramatique classique. Action signifie devenir, à savoir un mouvement continu qui monte progressivement jusqu'à un sommet de haute tension puis procède à sa résolution jusqu'à la cadence finale. Ainsi l'opéra mozartien nous fait-il vivre tous les moments successifs de la lutte amoureuse de Fiordiligi (sa résistance, son fléchissement et sa chute), ou encore comme dans *Don Giovanni*, au cours du célèbre Sextuor (entièrement construit sur la forme sonate), l'approfondissement intérieur qui trace le destin spirituel d'Elvire et d'Anna, la victoire des deux femmes sur l'esprit de vengeance et leur ascension jusqu'à un monde de pureté, de lumière et de paix surnaturelle. Rien de comparable avec le dramatisme intense, voire expressionniste, du Chœur initial de la *Passion selon saint*

Matthieu qui clame la douleur des Filles de Sion face au Sacrifice de la Croix. Là règne une esthétique du discontinu avec sa loi des contrastes. Le passage du mi mineur de base au relatif majeur (sol majeur), loin d'accroître la tension, la diminue plutôt jusqu'à ce qu'elle retrouve son niveau du début avec l'entrée du troisième chœur entonnant le choral « O Lamm Gottes » (« O agneau de Dieu »). Deux autres paliers principaux jalonneront cette construction en terrasse typique du baroque. D'abord au moment où se termine le choral, la réunion des deux premiers chœurs dans une écriture à quatre voix, puis enfin, dans la cadence finale qui clôt la réexposition, leur nouvelle jonction, mais cette fois en huit voix réelles, ce qui produit un effet d'une puissance extraordinaire. Ce chœur d'ouverture se présente finalement comme une grande façade baroque toute en verticalité, avec son soubassement haletant et syncopé de l'orchestre exprimant les larmes des fidèles et qui donne le vertige, le balancement violemment contrasté des deux chœurs suivi de leur enlacement à quatre puis huit voix, enfin, planant dans les hauteurs célestes, le *cantus firmus* paradisiaque chanté par les voix d'enfants (soprani doublés par les deux orgues réunis).

e) *Polyphonie généralisée et règle de l'octave évitée.*

Pour aller sur ce point au fond des choses, il faut remarquer avec Ch. Rosen que chez Schoenberg les voix prises isolément n'ont plus de contour tonal. En effet, en juxtaposant les notes successives qui les constituent, on obtient des dissonances et non plus une trame d'accords parfaits, alors que dans l'horizon tonal (en gros de Bach à Brahms, avec d'ailleurs déjà beaucoup moins de rigueur chez ce dernier) les phrases musicales secrètent leur propre harmonisation comme par précipitation. La structure atonale de la phrase permet donc une texture polyphonique beaucoup plus libre de ses mouvements, et là gît finalement le secret de cette liberté contrapuntique tout à fait nouvelle. Ajoutons que la place prééminente accordée par cette musique au timbre, à la texture et aux dynamiques sur la hauteur fait qu'une ligne individuelle transposée réussit à s'intégrer à l'harmonie générale du passage. On conçoit ainsi combien ce transfert de la relation de dissonance de l'intervalle à d'autres paramètres, en même temps qu'il traduit un élargissement remarquable du langage musical, confère une extrême liberté aux mouvements des voix individuelles (voir Ch. Rosen, *Schoenberg*, p. 54).

Dans cette polyphonie généralisée, un seul tabou subsiste encore cependant : il concerne la fameuse règle de l'octave évitée. Encore faut-il préciser soigneusement ce point délicat. Ch. Rosen affirme qu' « il n'est pas exact que les octaves soient taboues en musique sérielle » (*Id.*, p. 83). Et d'abord le dodécaphonisme a fait vraiment de l'octave (en tant que total chromatique) le fondement structurel de la musique. Ensuite les octaves peuvent être utilisées en doublures et elles l'ont été de plus en plus par Schoenberg. Par contre, doivent être évitées les octaves résultant de la rencontre de deux parties séparées, car elles perturbent l'ordre qui constitue la loi même de la série. Tout ceci est vrai, mais si l'octave est à éviter, — avant même qu'ait été inventé le dodécaphonisme, à savoir dans la phase de libre atonalité —, c'est dans la mesure où cet intervalle en tant qu'articulé sur la complémentarité de la quinte et de la quarte est le principe générateur de la tonalité et de la fonctionalité harmonique.

f) *La série.*

Ch. Rosen définit la série comme une « matrice » de thèmes et de mélodies. Dans la *Valse pour piano op. 23, n° 5*, première œuvre strictement sérielle de Schoenberg, il n'y a ni renversement, ni récurrence, ni transposition de la série de douze sons, mais ce qui fait le caractère révolutionnaire de cette pièce, c'est précisément « son approche *non mélodique* du motif ou de la série de base ; sauf au début, la série de douze notes ne fonctionne pas comme mélodie, mais comme matrice de mélodies : la ligne mélodique peut s'amorcer en plein milieu d'une présentation de la série et se poursuivre jusque dans la présentation suivante. Dans la *Valse*, les phrases sont coupées sans tenir compte de la série, et celle-ci n'a de contour identifiable en propre qu'au moment de sa première présentation » (*op. cit.*, p. 79). Précisons encore que, contrairement au motif beethovénien ou brahmsien, la série est une succession de hauteurs (qui peuvent d'ailleurs être prises à des octaves différentes) entièrement libérées de toute implication rythmique et harmonique. Un peu plus loin (p. 80), le même auteur ajoute : « Le motif a toujours un contour spécifique, un profil : en devenant série, il perd cet attribut formel. La série n'est pas une « idée musicale » au sens courant de l'expression. Ce n'est pas à proprement parler quelque chose d' « entendu », que ce soit en imagination ou en audition réelle, mais quelque chose qui est conçu pour être transformé en de l' « entendu ». Remarquons que cette dernière affirmation ne va pas sans difficulté, si la série, outre sa fonction de matrice de thèmes et mélodies a-tonaux, doit assurer l'unité de la forme globale (cette unité qui, dans la musique tonale, dérivait, comme chez Beethoven, du principe nucléaire du motif enfermant les composantes les plus élémentaires de la tonalité, celles qui précisément servaient à organiser la grande forme). En effet, cette unité de la grande forme n'exige-t-elle pas pour être *vécue* musicalement d'être reconnue à partir de la mémorisation de la série fondamentale ? C'est bien ce que semble affirmer Schoenberg lui-même (voir note 58, p. 35).

g) *Le problème de la grande forme.*

En réalité, sur ce problème de la « grande forme », les choses ne sont pas aussi simples que semble le supposer Leibowitz, suivant d'ailleurs fidèlement sur ce point Schoenberg théoricien. Certes, avec l'abandon de la tonalité, la grande forme fait problème. La perception d'une forme à travers le temps exige que soit repéré quelque chose d'identique à travers le changement. Or, l'harmonie tonale permettait de reconnaître un thème exposé dans une tonalité, puis développé à travers des modulations dans des tons plus ou moins éloignés et plus ou moins clairement articulés entre eux, réexposé enfin dans le ton principal. Cet espace de la tonalité une fois aboli, il faut reconnaître qu'une forme comme la forme sonate n'est plus, comme dit Ch. Rosen, qu'un « geste vide », et que le jeu de la reconnaissance d'un invariant à travers ses transformations, s'il n'a pas perdu tout sens, devient beaucoup plus aléatoire. Dans le cadre d'un canon atonal, un motif nucléaire une fois exposé avec ses diverses permutations et combinaisons parvient à court terme à donner un sentiment de plénitude, et la forme a alors trouvé son achèvement quand elle est à sa plénitude. L'unité est donc ici atteinte, mais limitée à une petite forme. Au contraire, grâce à la série et à ses deux fonctions complémentaires, motivique et structurale, on conçoit qu'on atteint ainsi une unité transcendante et que la grande forme devient désormais possible (comme le prouvent les *Variations pour orchestre* et *Moïse et Aaron*). Cependant, et là se situe l'apport le plus important de l'analyse de Ch. Rosen, déjà au niveau pré-sériel et strictement atonal, la grande forme est possible comme on le voit dans *Erwartung*. Si en un sens cette œuvre est une « série de miniatures » (*op. cit.*, p. 60 sq.), en un autre sens, elle possède un contour ferme donnant le sentiment d'une puissante unité qui progresse par avance et recul de vagues successives jusqu'à une consonance absolue atteinte dans les toutes dernières mesures en dehors de tout recours à la tonalité, mais par « un mouvement chromatique massif, affecté de vitesses différentes, tant ascendant que descendant, et en accélération générale » qui sature l'espace musical en quelques secondes. Et Ch. Rosen de conclure : « La saturation de l'espace sonore : voilà le substitut schoenbergien à l'accord de tonique du langage traditionnel. La consonance parfaite est l'état de plénitude chromatique » (*Id.*, p. 61). Ceci recoupe exactement, nous semble-t-il, ce qu'Adorno nomme « harmonie complémentaire » (voir plus loin note *j*). Si maintenant, à partir de la fin d'*Erwartung*, on remonte dans le cours de l'œuvre, on s'aperçoit que la matière première harmonique qui assure la cohérence et l'unité du tout est ici constituée par des accords de six notes (construits à partir de deux accords de trois notes formant chacun une septième majeure). Or un accord de six notes suivi d'un autre haussé chromatiquement d'une seconde mineure remplit l'espace chromatique et opère ainsi une stabilisation tenant lieu de consonance. Le vide créé par une note qui manque fait au contraire fonction de dissonance. Ch. Rosen cite également (p. 50) la technique harmonique de la résolution impliquée et non effectivement réalisée (la résolution des deux notes supérieures d'un accord n'est pas réalisée dans l'accord qui suit, mais comprise dans l'accord initial lui-même par deux notes enharmoniques constitutives de cet accord). Incontestablement nous touchons là au point le plus original des recherches stylistiques de Schoenberg par déplacement en dehors de l'espace tonal du jeu de la dissonance et de la consonance qui est au principe de la dynamis musicale. D'ailleurs cet élargissement du langage ne se limite pas au domaine de l'harmonie, mais en dehors du paramètre des hauteurs, il concerne le traitement du phrasé, du rythme, de la texture et des timbres. Bref, c'est toute la technique d'analyse qu'il faut reprendre à zéro, et aucune œuvre sans doute mieux qu'*Erwartung* ne lance un défi aussi radical à l'analyse traditionnelle.

h) *Le néo-classicisme schoenbergien.*

Tout en louant chez Schoenberg le retour au passé, Adorno cependant accusait d'éclectisme le recours aux grandes formes du passé (cf. plus haut, p. 40, note 79). Rosen ne voit là qu'une accusation sans fondement (*op. cit.*, p. 74). Sans doute Schoenberg savait mieux que quiconque qu'une forme classique comme la sonate est inséparable de la tonalité et que refaire la sonate sous une forme atonale par le biais de la technique sérielle peut apparaître « a priori suicidaire » (*Id.*, p. 88). Mais le paradoxe se dénoue si l'on songe que le projet le plus fondamental de Schoenberg sans doute est d'atteindre à la musique la plus expressive possible. Or les formes traditionnelles sont pour lui douées de propriétés expressives innées tout à fait remarquables (nous reviendrons plus loin dans la note *i* sur cette conception de la forme), propriétés perdues par les procédures pseudo-tonales dégénérées qui n'aboutissent qu'à des harmonies molles et faciles (Fauré, Rachmaninov, et si l'on trouve ces références totalement injustes, évoquons simplement les musiques dites « légères »), mais propriétés qui peuvent être sauvées et, disons-le, *restaurées* par le dodécaphonisme. Pour illustrer cette « référence impérative au passé », Rosen cite l'exemple de la *Suite pour piano op. 25*, première œuvre entièrement sérielle et qui, ce n'est pas un hasard, s'adapte aux formes traditionnelles, ici la suite de danses typiquement baroques (sauf l'intermezzo central de caractère romantique et quasi brahmsien). Par où était démontré que « le dodécaphonisme devait être non une rupture avec la tradition, mais une sorte de pont pour regagner la voie royale de l'Histoire après les réussites irrécusables de la grande période atonale » (*op. cit.*, p. 81). Ceci témoigne de la part de Schoenberg non seulement d'une nostalgie du passé (comme dans la vingt et unième pièce du *Pierrot lunaire* le retour au tonal par une suite de tierces sur « O vieux parfum, tout entier à nouveau tu m'enivres ! »), mais d'un respect profond pour cette musique tonale qu'il voulait sauver en l'intégrant à la musique nouvelle. Il ne s'agit donc pas de copie servile du passé, mais de sa complète transmutation. Et Rosen nous montre précisément comment Schoenberg use à cet effet du dodécaphonisme (notamment dans l'*op. 25* avec la segmentation de la série et le choix judicieux des transpositions « il était possible de restaurer nombre de fonctions tonales à l'intérieur du dodécaphonisme », p. 85-86 ; et également dans le *Trio à cordes, op. 45*, l'exploitation qui est faite de l'accord parfait, tout en évitant les implications de la fonctionalité harmonique, p. 95). Tel apparaît le sens profondément moderne du néo-classicisme schoenbergien, moderne encore une fois en raison même de cette lutte héroïque avec un matériau nouveau. Les analyses de Rosen nous paraissent illustrer en profondeur l'intuition d'Adorno sur cette dialectique fondamentale chez Schoenberg entre dodécaphonisme et tonalité. Mais pour Adorno cette tension permet d'échapper à la dictature du système qui signerait l'arrêt de mort de cette musique. Pour Ch. Rosen, par contre, si Schoenberg a voulu démontrer que le dodécaphonisme possédait l'aptitude à intégrer les formes de la musique tonale, par ailleurs, une fois cette démonstration faite, « pensait-on, et alors seulement, il serait possible de se tourner vers les formes émanant spécifiquement du dodécaphonisme » (p. 87). Position évasive, on le voit. La question fondamentale posée par Adorno demeure : ce langage nouveau implique-t-il pour parler véritablement une référence permanente et implicite à l'arrière-plan traditionnel du langage tonal ? A quoi semble faire écho cette remarque au premier abord bien surprenante de Ch. Rosen à propos de la musique de Schoenberg : « L'effondrement de la tonalité n'est qu'une fiction » (p. 27).

i) *Forme et style chez Schoenberg, Berg et Webern.*

Il est intéressant de mettre en parallèle la manière dont Ch. Rosen voit la différence entre les trois musiciens de l'école de Vienne. Schoenberg et Berg utilisent tous deux les formes traditionnelles, mais ils divergent sur la manière de comprendre le rapport de la *forme* au *style*. Dans *Wozzeck*, où l'on sait l'importance de l'emploi des formes traditionnelles, celles-ci sont surimposées au drame pour ordonner un matériau efficace en soi quant à sa force expressive, mais qui, livré à lui-même, demeurerait informe. Le public ne doit d'ailleurs pas en être conscient. Conception formelle ou formaliste de la forme, si l'on veut. Chez Schoenberg, les formes sont des configurations idéales à la manière des idées platoniciennes, c'est-à-dire des essences absolues susceptibles de s'incarner dans des styles (langages différents), qui y puisent par participation leur énergie expressive. Ainsi s'agit-il de retrouver par la vertu du langage sériel les vertus expressives de formes avec lesquelles le langage tonal a perdu sa capacité de participation. Ainsi pour Schoenberg « les formes ne sont pas plaquées sur la musique, mais réalisées à travers elle », tandis que pour Berg « les formes classiques apparaissent comme des principes neutres d'organisation » (*op. cit.*, p. 89). Quant à Webern, il n'est sans doute pas cet absolutiste du sérialisme que dit Adorno. Par l'usage répété des versions segmentées de la série, segments assimilables aux motifs du style traditionnel (par exemple le *Quatuor à cordes, op. 28*, est construit sur une série composée du même motif B.A.C.H. répété trois fois), on en arrive à se demander si ceux-ci n'engendrent pas la série plutôt que d'en être réellement dérivés (*Id.*, p. 102).

j) *L'harmonie complémentaire.*

Schoenberg, à sa manière, met en œuvre cette « harmonie complémentaire », présente également chez Debussy et Stravinsky. Adorno désigne par là la substitution à la progression harmonique (du type de la basse chiffrée) de « plans sonores statiques, stables en eux-mêmes, ne permettant qu'un assortiment parmi les douze demi-tons, et qui subitement se changent en d'autres plans amenant les sons restants. Dans l'harmonie complémentaire, chaque accord se construit de façon complexe : il contient des sons différents comme éléments du tout autonomes et distincts, sans pourtant faire disparaître leurs différences à la manière de l'harmonie de l'accord parfait. L'oreille qui expérimente ne peut pas, dans l'espace des douze sons de la gamme chromatique, se soustraire à cette expérience que chacun de ces complexes sonores exige toujours, comme complément soit simultané soit successif, les sons de la gamme chromatique qu'il ne comporte pas. *Tension* et *détente* dans la musique dodécaphonique doivent toujours se comprendre par rapport à l'accord virtuel des douze sons. Chaque accord complexe devient apte à incorporer en soi des forces musicales qui autrefois avaient besoin de lignes mélodiques ou de tissus harmoniques entiers. En même temps, l'harmonie " complémentaire " est capable de faire briller ces accords par un renversement subit, de telle sorte que toute leur force latente devient manifeste. En passant d'un plan harmonique défini par l'accord au suivant, complémentaire, on obtient des effets harmoniques en profondeur » (*Idem*, p. 90). Remarque très intéressante, nous semble-t-il, en ce qu'elle suggère comment il peut y avoir discours musical en l'absence de la fonctionalité harmonique classique. Or, ajoute Adorno, le dodécaphonisme menace gravement cette loi de l'harmonie complémentaire en engendrant « *l'indifférence* entre l'horizontal et le vertical » (*Idem*, p. 91). D'où, par opposition, le sens profond de cette tension permanente maintenue par Schoenberg dans sa musique à l'égard de la technique dodécaphonique.

Nous avons vu plus haut (note *g*) comment Ch. Rosen montrait dans *Erwartung*, œuvre non encore sérielle, l'emploi de la saturation de l'espace chromatique comme substitut à la consonance. C'est exactement, nous semble-t-il, ce qu'Adorno désigne sous le nom d'harmonie complémentaire. Reste à savoir si cette technique d'écriture est vraiment menacée, sinon rendue impossible, dans le dodécaphonisme strict, comme le prétend Adorno et, si oui, pour la raison qu'il donne ici. Notons que cette technique de remplissage de la gamme par demi-tons s'amorce déjà dans le système tonal. Ch. Rosen en cite des exemples chez Mozart, Beethoven, mais surtout chez Liszt (par succession de septièmes diminuées) et Wagner (au début du prélude de Tristan, le second segment de deux mesures fait entendre les quatre notes de la gamme chromatique qui manquent dans le premier) (voir Rosen, *op. cit.*, p. 64).

CHAPITRE III.

k) *Wagner ou la trahison dans la rébellion.*

Versuch über Wagner date de 1962 (Suhrkamp Verlag, Frankfurt am Main) et succède donc au *Mahler* (1960, même éditeur) et à *Philosophie der neuen Musik* (1959, Francfort, Europäische Verlagsanstalt). Adorno y est toujours fidèle à sa méthode d'analyse selon laquelle « la technique artistique donne la clef de tout contenu d'art » (*Essai sur Wagner*, Gallimard, p. 171). Si Nietzsche considérait Wagner comme le représentant type de l'art moderne (*Volonté de puissance*, tome II, § 196), ceci signifiait à ses yeux qu'il est un artiste de la décadence tout comme Schopenhauer est le philosophe de la décadence (voir *Le Cas Wagner*, p. 4 et 5). Or Adorno se propose précisément de démonter le faux modernisme de Wagner. Retraçons les articulations maîtresses de cette entreprise, discutable certes mais passionnante, qui, à partir du traitement du matériau mélodico-harmonique et orchestral, dégage le sens immanent qui signe le destin de cette musique : Wagner enfin tel qu'en lui-même...

En écho à Nietzsche (*Cas Wagner*, § 6) accusant la musique wagnérienne de bannir la mélodie, Adorno estime que la soi-disant « mélodie continue », loin de s'épanouir de façon vraiment libre et sans entrave (ne pourrait-on évoquer ici ce que sera la vraie mélodie atonale ?), se réduit en fait le plus souvent à une suite de raccords dissimulés par des cadences rompues stéréotypées (par exemple la résolution de l'accord de 7e de dominante dans l'accord de tierce-quarte de la dominante de la dominante). C'est le triomphe du mauvais infini : répétition monotone du même au lieu de cette articulation claire et distincte propre au style classique. D'autre part, l'enharmonie prépondérante et la modulation jamais complètement libérée de la transposition vont dans le même sens et aboutissent à cette manière de différer à l'infini la négation de la négation (c'est-à-dire la résolution) : « Toute l'énergie est du côté de la dissonance ; en comparaison avec elle, les résolutions ne cessent de s'atrophier, décor gratuit ou affirmation réactionnaire. La tension devient principe total, du fait précisément que l'on diffère à l'infini la négation de la négation, le règlement complet de la dette de toute dissonance, comme dans un système de crédit géant » (*Essai sur Wagner*, p. 85). D'où résulte la substitution de la répétition au développement (au sens traditionnel), ce qui s'accorde avec cette définition de la musique par Wagner lui-même comme « l'art de la transition » que traduit techniquement un souci de la médiation constante (*Idem*, p. 86). Et là réside en dernière analyse, toujours selon Adorno, le sens profond de l'affirmation nietzschéenne réitérée sur l'absence de forme chez Wagner (*Le Cas Wagner*, § 7, évoque « son inaptitude à créer une forme organique »), non pas le chaos d'ailleurs mais la fausse identité qui assure le triomphe du temps vide et abstrait de la mesure. Ainsi, par cet équilibre maintenu en permanence entre tension et détente selon le principe que rien ne subsiste inégalisé dans le tout, est engendré un ordre du temps qui, en révoquant le passé pour restituer l'état originel, n'est plus accomplissement comme dans la forme sonate, mais ré-affirmation du Même. Tel est le temps du *mythe* si l'on en croit cette sentence d'Anaximandre réinterprétée par Nietzsche, puis Heidegger : « Où les choses ont leur naissance, là aussi elles doivent sombrer, selon la nécessité ; car elles doivent expier et être jugées pour leur injustice, selon l'ordre du temps » (*Id.*, p. 160-161). Remarque capitale quand on sait le lien essentiel entre drame et mythe chez Wagner.

Mais avant d'en venir à ce dernier point tout à fait central, il faut indiquer ce qui dans le travail du matériau musical constitue aux yeux d'Adorno la novation la plus radicale apportée par la musique wagnérienne, à savoir la découverte de la couleur sonore dans l'art de l'orchestration. Cette innovation est d'ailleurs strictement complémentaire des transformations mélodico-harmoniques que nous venons d'évoquer. Adorno rappelle le fait que « la dissonance s'est émancipée de l'obligation de se résoudre » (*Id.*, p. 83) et que *Parsifal* notamment « est la première œuvre de Wagner où les dissonances remportent parfois ouvertement la victoire, brisent la convention de la résolution et exigent à sa place l'aride monodie » (*Id.*, p. 87). Or ceci entraîne une révolution dans « la différenciation subjective des valeurs sentimentales expressives » (*Id.*, p. 87). Alors qu'avant lui « les valeurs expressives harmoniques sont bien définies : la dissonance est le symbole du négatif et de la souffrance, la consonance celui du positif et de l'accomplissement », Wagner inaugure « le modernisme musical du XIXe siècle » où tous les sentiments contraires (le plaisir dans la souffrance) peuvent s'exprimer à l'intérieur de la dissonance dont la résolution est indéfiniment reculée, « acquisition qui seule, par la suite, a permis à la dissonance de s'étendre à tout le langage musical » (*Id.*, p. 88). Mais comment diversifier au sein du flux musical continu qui les charrie ces valeurs sentimentales à l'éthos si nouveau ? Par l'émancipation de la couleur orchestrale. La comparaison avec Berlioz est ici significative. « Sans doute Berlioz a-t-il découvert l'élément lumineux de la sonorité orchestrale et les valeurs de chaque timbre dans celle-ci, mais il n'a pas apporté à la composition comme telle des trouvailles de couleur, il ne les a pas productivement appliquées à la composition. » Seul Wagner « abolit la vieille divergence entre la couleur et le dessin ». Aussi bien Adorno n'hésite pas à affirmer : « Avant Wagner, il n'y avait pas d'art de l'orchestration » (*Id.*, p. 94).

Et voici maintenant comment Wagner a réussi à disposer en pleine liberté de la couleur. A la suite de certaines indications de R. Strauss, Adorno souligne l'importance dans l'orchestration wagnérienne du principe du mélange des timbres. L'œuvre décisive à analyser à cet égard est *Lohengrin* (p. 95). Les « mélanges subtils des bois » (Strauss) imitent ici le son de l'orgue, lequel est d'ailleurs utilisé lui-même en fondu avec l'orchestre, ce qui suscite l'image archaïsante et « nostalgique d'un cosmos englobant et confirmé par la divinité » (*Id.*, p. 95). Ainsi, par « leur combinaison, la flûte et la clarinette ne laissent plus percevoir leur mode de production... leurs caractères spécifiques se perdent et... se fondent magiquement en une seule sonorité » qui évoque celle des mixtures de l'orgue (*Id.*, p. 102). Cette volonté d'absorption de la sonorité individuelle dans la sonorité d'ensemble en vertu de la neutralisation orchestrale est caractéristique de l'orchestration wagnérienne. Elle se manifeste également dans la substitution du cor chromatique à la trompe de chasse limitée à la gamme diatonique. Là encore, la trace laissée par la production du son se perd dans le premier dont les parties jouent alors dans l'orchestre wagnérien le rôle que Liszt accorde aux pédales de piano, à savoir une fonction de « ciment » orchestral tout à fait caractéristique (et, ajouterons-nous, cette sonorité pédalisée est fort bien mise en valeur au théâtre de Bayreuth, sans doute en raison de la fosse d'orchestre) (*Id.*, p. 103). La même technique se retrouve à l'égard des cordes : le coup d'archet individuel se fond dans les *tutti* non pour faire contraster les cordes avec les vents selon le style concertant antérieur, mais pour créer un continuum de timbres par lequel « cet orchestre devient l'image de l'infini en supprimant les contributions limitées qui le constituent » et en suscitant une totalité englobante où se perdent « les traces de l'individualité humaine » (*Id.*, p. 107).

Cette recherche de sonorité, si originale notamment par la dissimulation du mode de production du son, marque selon Adorno l'accomplissement du caractère illusionniste de toute l'œuvre wagnérienne. Allait dans le même sens le traitement de la progression harmonique comme continuation sonore analysé plus haut, non plus l'articulation harmonique claire et nette du style classique mais, par le jeu des modulations-transpositions, le miroitement incessant sur les changeantes surfaces réfléchissantes des différentes tonalités autour d'harmonies fondamentales constantes, tel le « feu qui, dansant inlassablement, ne bouge pas de sa place » (*Id.*, p. 119). On aboutit ainsi à l'inverse de l'œuvre d'art selon Hegel, non pas l'*apparaître* sensible de l'Idée mais le sensible arrangé afin de *paraître* comme s'il était le maître de l'Idée (*Id.*, p. 144). Culte de l'apparence et triomphe de la fantasmagorie dont l'exemple type est, dans la scène du Venusberg de *Tannhäuser*, le fameux « Entends ces doux chants de lointain » (*Id.*, p. 114). Quant au sens latent de cette fantasmagorie, Adorno le déchiffre comme mise en images du monde bourgeois. Et ce sens réalisé directement dans le matériau musical selon les deux dimensions plus haut analysées (harmonie et couleur) constitue le « contenu de vérité » de l'œuvre wagnérienne.

Là encore, sur ce point fondamental, Adorno reprend et prolonge Nietzsche. Pour ce dernier, Wagner « veut l'effet... rien que l'effet » (*Cas Wagner*, § 8), et le « contenu mythique » de ses opéras est « bourgeois », ses personnages n'étant en réalité que des bourgeois « mythologisés » (*Id.*, § 9). C'est donc déjà l'idée maîtresse d'Adorno de l'œuvre wagnérienne comme mythe bourgeois, mythe d'ailleurs dégradé en idéologie : « Dans la fantasmagorie, le monde bourgeois, d'habitude pauvre en images, se cristallise en images, et l'œuvre de Wagner est au service de l'image comme elle est au service des bourgeois » (*Essai sur Wagner*, p. 127). Adorno voit dans Wagner le représentant d'une classe, la bourgeoisie, qui, « déjà menacée objectivement par le mouvement historique, ne prend pas conscience d'être condamnée par l'histoire mais projette comme catastrophe métaphysique sur le principe de l'Etre la fin prévisible de sa propre dynamique » (*Id.*, p. 80). Wagner appartient en effet à cette génération où l'individu se sent aliéné pour la première fois dans un monde entièrement socialisé mais qui, au lieu d'appeler la totalité englobante par son nom (en clair le processus historique du capitalisme ou, plus largement, des sociétés industrielles naissantes) pour la dénoncer lucidement et lutter efficacement contre elle, la glorifie en secret métaphysique et la transforme ainsi en mythe. Tout en se limitant à une régression simplement historique (vers la bonne vieille germanité du XVIe siècle à Nuremberg où la bourgeoisie des villes connut son apogée), *Les Maîtres Chanteurs,* comme « ébauche d'un temps primitif bourgeois », représentent pour Adorno l'œuvre centrale où se trahit l'idéologie wagnérienne fondamentale. En désaccord avec lui-même, le monde bourgeois des maîtres prend la figure du passé : « La fantasmagorie se constitue du fait que, sous la contrainte de ses propres chaînes, la modernité se rapproche en ses derniers produits du passé lointain. Chaque pas en avant est pour elle en même temps recul vers le passé primitif. La société bourgeoise ascendante a besoin, pour subsister, de se dissimuler elle-même sous ses illusions. Elle n'ose affronter le neuf qu'en le reconnaissant comme vieux » (*Id.,* p. 127). Ainsi, à la différence de Stravinsky qui, en raison de son affinité avec la préhistoire, « bannit la notion de progrès de son idéologie esthétique », « Wagner présente le toujours pareil régressif comme du toujours nouveau, le statique comme du dynamique » (*Id.,* p. 79).

Tristan est à la frontière de la légende et du mythe. Le thème de la délivrance des individus à la fois du jour et de leur propre individuation en appelle à un monde des images musicales qui provient de la société même qu'on prétend nier. En effet, l'action du drame culmine dans la résolution de mourir, forme extrême de ce nihilisme lié au « désenchantement du monde » (*Id.,* p. 144). Quant à cette façon d'hypnotiser avec la musique déjà dénoncée par Nietzsche (*Cas Wagner,* § 7), et si remarquable ici par sa puissance de persuasion et de séduction quasi physique, Adorno y voit le développement même de la logique interne qui marque une réelle complicité avec la société présente, son déferlement des réclames lumineuses et la présence massive et passive de la vision (*Essai sur Wagner,* p. 121-122). Le culte des images dans le drame wagnérien annoncerait donc déjà le film et cette culture de masse qui marquera bientôt le triomphe de l'industrie culturelle (*Id.,* p. 145).

L'Anneau des Niebelungen s'installe à part entière dans le mythe ; il ressuscite la vieille mythologie scandinave qui constitue le fond immémorial de l'inconscient permanent de l'Allemagne. « La Tétralogie, écrit Marcel Schneider, est l'exaltation monstrueuse de l'*Ur* » (*Wagner,* Seuil, p. 118). Adorno démystifie brutalement la *Tétralogie :* « On peut comprendre *L'Anneau* dans son ensemble comme la berceuse démesurée de la classe bourgeoise, avec le refrain : " Dors mon Dieu, dors " » (*Id.,* p. 184). En dépit de la domination partielle sur la nature accomplie par la bourgeoisie, la spontanéité « fatale » de la société reste entière (*Id.,* p. 186) et l'idée de *L'Anneau* peut s'exprimer ainsi de façon simple : « *L'Anneau* transfigure... en destin transcendant l'hégémonie de la société sur l'opposition et le fonctionnement de cette dernière pour des fins bourgeoises » (*Id.,* p. 189). La fonction du mythe consiste donc à réduire « la détresse d'une période historique en principe universel » *(Id.)* et à convoquer « les vieux Germains comme patrons de cette liberté qui rétablit la santé d'un état originel perdu » (*Id.,* p. 182).

Cet abandon passif à l'archaïque et au fond instinctif masque ainsi le triomphe du « pathétique bourgeois » (*Id.,* p. 74) où « la parole embourgeoisée doit sonner comme si elle manifestait l'Etre lui-même » (*Id.*, p. 75). Quant aux personnages qui récitent leur rôle plus qu'ils ne chantent, ils incarnent en réalité les modèles bourgeois dans leur caractère le plus prosaïque : peur de la vie, plaisir refoulé, désir traité comme maladie, cabotinage, soumission de la femme à son époux fondée en humilité et acte d'amour pur, camouflage des rapports de domination et de servitude derrière les fausses relations de fidélité et de respect... Bref, « la mythologie wagnérienne aboutit... au conformisme » (*Id.*, p. 175).

La structure même du drame wagnérien s'éclaire à partir de la dialectique interne qui, selon Adorno, déroule le sens de l'œuvre entière du Maître de Bayreuth, celle-ci se fondant sur l'individu bourgeois qui doit sa substance à cette aliénation même qu'il prétend combattre par l'œuvre d'art totale. L'idée-clé, en effet, du drame musical est l'idée de totalité, et notamment la volonté de « fusionner les arts pour les mélanger dans l'ivresse » en tant que « régression abyssale » et négation de tout caractère individuel (*Id.*, p. 134-135). Mais cette volonté n'aboutit en fait qu'à une fausse identité, la musique répétant ce que disent les paroles dégénère en parasite du texte et les mouvements scéniques s'alignent sur ce qui se passe dans l'orchestre, d'où la gesticulation niaise des acteurs. Dès lors, « plus les arts divergents se rapprochent indiscrètement l'un de l'autre, plus la volonté dramatique musicale vise l'abolition de leurs différences et plus ils se gênent mutuellement » (*Id.*, p. 140). A cette « unité d'identification » qui se réduit à un « simple agglomérat » mécanique (*Id.*, p. 151, Nietzsche disait la même chose : *Cas Wagner*, § 7), Adorno oppose l'unité de l'opéra mozartien qui était une « unité de configuration » en tant qu'elle réussissait à articuler les exigences de chaque domaine concret (d'où cette congruence miraculeuse entre musique et action dramatique grâce à la forme sonate) (*Essai sur Wagner*, p. 140). Ainsi le drame musical « succombe au rationalisme à cause même de sa conception irrationaliste » (*Id.*, p. 153).

En définitive, l'œuvre wagnérienne dans son entier est, à l'image de Wotan à la fois dieu et rebelle, marquée au sceau de l'ambiguïté comme dans la bourgeoisie l'esprit révolutionnaire a viré au conformisme. Et ceci vaut pour la totalité de son contenu de vérité : « Pas plus que la musique wagnérienne ne dissout l'immanence de la société bourgeoise et sa relation avec celle-ci, elle n'abandonne sérieusement l'idiome musical en vigueur, qui absorbe de prime abord les innovations, même si leur conséquence finit par désagréger le système » (*Id.*, p. 88 ; Wagner n'abolit pas l'espace tonal, même s'il l'élargit : « A vrai dire, il y a partout des fonctions riemanniennes », p. 89). Quant au sommet idéologique de toute l'œuvre, il débouche, comme chez Schopenhauer, sur le déguisement de la mort en « rédemption universelle » : « Au cœur de l'édifice de la rédemption habite le néant. Aussi celui-ci est-il vide. Illusion est la fantasmagorie wagnérienne en tant qu'apparition de l'inanité » (*Id.*, p. 203). Nietzsche dénonçait cette musique comme « art du mensonge » au service d'une volonté d'anéantissement (*Cas Wagner*, § 12). Quant au jugement final d'Adorno sur le geste musical de Wagner, il est enfermé dans cette formule : « La trahison est inhérente à la rébellion » (*Essai sur Wagner*, p. 186).

1) *Mahler ou le musicien de la « modernité latente ».*

Le livre d'Adorno sur Mahler (traduction aux Editions de Minuit,

Paris, 1976) illustre parfaitement la pratique de cette analyse totale dont nous avons parlé et qui renvoie dos à dos les considérations centrées exclusivement soit sur la technique, soit sur le « message » de l'œuvre. Il importe de creuser jusqu'au « contenu de vérité » défini comme ce lieu substantiel où se noue la dialectique du matériau et du sens.

Mahler est celui qui, en musique, a réussi à subvertir le langage de la seconde nature, entendez le langage tonal que l'habitude — et l'académisme — avait converti en seconde nature et qui, comme tel, s'est trouvé porteur des valeurs bourgeoises du XIXe siècle. Musicien révolutionnaire en cette Vienne de fin de siècle, Mahler annonce l'expressionnisme qui devait dénoncer le non-sens de ce parti pris de rationalisation et de la société qu'il engendre : il « perçoit un sens dans ce qui est dépourvu de sens, et ce qui est vide de sens dans le sens » (*op. cit.*, p. 54). Tout comme l'art de Kafka impose au cœur même de la prose quotidienne et de son cortège de banalités la prégnance du cauchemar en soi, c'est en usant du langage tonal traditionnel que Mahler réussit à retourner la musique bourgeoise contre elle-même et à dégager ainsi ce négatif d'une culture qui a échoué. Cette musique critique qui anticipe l'avenir avec les moyens du passé, Adorno montre dans le détail comment, en dépit de son matériau conservateur, elle parvient à être éminemment moderne.

Par son « geste » d'ensemble, la musique mahlérienne s'oppose radicalement au classicisme viennois. Le primat indiscuté du tout sur les parties caractérise ce dernier, alors que le tout mahlérien se forme à partir des contrastes extrêmes entre les parties. Tout comme un capital fructifie en intérêts, « l'axiome de totalité » engendre à partir d'un complexe thématique initial l'organisme entier à l'état d'enveloppement dans les premières mesures. Ainsi est assuré l'esprit de déduction à la manière du discours cartésien et du système à la manière de l'idéalisme hégélien. Chez Mahler au contraire, comme Kafka édifiant son monde par morceaux à l'instar, selon la légende, de la grande muraille de Chine, le rapport entre le tout et les parties est aporétique. Omniprésence d'une tendance à la désintégration décourageant d'avance toute velléité d'affirmation triomphaliste, sans toutefois qu'en souffre pour autant l'unité du tout : tel est le paradoxe à éclairer.

Enumérons d'abord les « écarts » mahlériens les plus significatifs qui rongent toutes les catégories traditionnelles et font en particulier que le *contraste* remplace le *développement* ou, comme dit Adorno, la *variante* la *variation :*

1° L'alternance majeur/mineur, dénoncée parfois comme « maniérisme », a en réalité pour conséquence, par retour à un passé où les principes antithétiques n'étaient pas encore arrêtés dans une opposition logique, de saboter un langage musical trop bien rôdé. Les deux modes cessent en effet d'être pris dans le discours des transformations modulatoires pour fonctionner comme principes antithétiques. Le mineur est vraiment traité ici comme écart, c'est-à-dire comme valeur modale refusant l'intégration au système et désavouant les harmonies majeures, ce qui préfigure l'émancipation future de la dissonance ;

2° La désintégration harmonique qui se manifeste par l'éclatement des accords en autant de voix séparées, par l'absence de fondamentale (donc de centre de gravité) et de conscience claire des degrés harmoniques, installe ce qu'Adorno nomme une harmonie « flottante » ;

3° Le traitement du contrepoint chez Mahler est particulièrement subversif et complexe à analyser. Il s'agit de démasquer le « faux contrepoint » de Strauss et Reger, qui ne fait que doubler le cours harmonique comme le comble du formalisme borné et l'image-type de la musique aliénée. Le « rondo *burlesque* » de la *9ᵉ Symphonie,* avec sa dédicace d'une ironie féroce (« à mes frères en Apollon »), est tout entier contrapuntique et, en sa virtuosité désespérée, l'image même du « cours du monde », à savoir le mal radical dans la théologie gnostique de Mahler. Le 3ᵉ mouvement de la *1ʳᵉ Symphonie* nie le côté dogmatique du canon en cultivant des sonorités insolites intentionnellement grotesques, et dans le 1ᵉʳ mouvement de la *9ᵉ Symphonie* nous assistons à la désintégration du contrepoint par chevauchements et entrecroisements incessants des voix. Enfin Adorno note la tension permanente maintenue entre le contrepoint et l'harmonie, le premier venant frotter de façon provocante contre la seconde. Ce « contrepoint libre », juxtaposant dans une excessive clarté des voix qui se nient mutuellement, tend à adopter (le cas est fréquent dans la *6ᵉ Symphonie* comme dans *Le Chant de la Terre*) le mode opposé à celui des harmonies qui le sous-tendent à la basse. Ce primat de l'harmonie qui persiste chez Mahler l'empêche d'ailleurs d'échanger le haut et le bas aussi aisément que le fera Schoenberg ;

4° Au niveau du traitement des timbres, l'équilibre orchestral qui avait régné jusqu'à Wagner cède la place à l'affranchissement des instruments par rapport aux tutti orchestraux. L'individuation des voix isolées parfaitement audibles détruit ainsi l'effet de « masse sonore ». Adorno note par exemple que Mahler a été le premier à avoir découvert la couleur soliste des trombones. Dans le finale de la *1ʳᵉ Symphonie,* leurs rugissements appuyés par les trompettes et les cors bouchés qui montent au triple forte annoncent les cris d'effroi dans la danse sacrale de Stravinsky. Dans la *3ᵉ Symphonie,* ce sont également des trombones émancipés qui viennent troubler l'équilibre sonore du premier mouvement. Et Adorno ajoute que cette sonorité farouche comme ce sens de la couleur qui rêve ne seront vraiment écrits qu'une génération plus tard ;

5° Enfin dernier écart tout à fait typique : l'étalement répété du divorce entre les deux sphères du populaire et du noble. Bribes de chansons populaires rebattues, rengaines et refrains à la mode, marches militaires, parfois exotisme de pacotille, voire même citations empruntées à la « grande » musique, tout cela est introduit par Mahler dans la construction musicale comme des grains de sable qui viennent gripper les rouages de la machine : « La musique inférieure fait irruption dans la musique supérieure avec une violence jacobine » (*Id.,* p. 59). Cette technique de collage (par exemple dans la *3ᵉ Symphonie* sont imbriquées sonneries militaires, chansons populaires, musique de fête foraine), loin d'aboutir aux « gigantesques pots-pourris symphoniques » qu'on a reprochés à Mahler, réussit en fait l'intégration du banal et du vulgaire à la dimension esthétique en forçant tous ces éléments à parler à travers même leur inauthenticité pour déboulonner toute une civilisation et ses superstructures, comme le surmoi à partir du ça, son complice. C'est pourquoi « la musique tonale, profondément consonante de Mahler, a parfois le climat de la dissonance absolue, la *noirceur* de la nouvelle musique » (*Id.,* p. 82). A cet égard, *Erwartung* n'ira pas plus loin dans l'expression de l'angoisse que, dans la *5ᵉ Symphonie,* le premier trio de la marche funèbre qu'Adorno qualifie à juste titre de « musique de pogrom » (*Id.,* p. 37).

Reste à comprendre maintenant comment Mahler parvient à résoudre ce tour de force de maintenir dans sa musique, en même temps que la vigueur du détail, l'élan du tout. Ce n'est point comme dans le style classique (et la forme sonate dont la musique de Mahler signe la liquidation) par la poursuite de l'intensification *dramatique*, mais par l'établissement d'une certaine proportion entre les parties aboutissant à un rythme des séquences proche finalement de la technique du *roman*. Adorno rappelle l'intérêt passionné de Mahler pour Dostoïevsky dont il estimait la lecture plus importante pour l'apprenti musicien que l'étude du contrepoint, et il ajoute : « Si la musique de Mahler [...] rappelle les grands romans, ce n'est pas seulement parce qu'elle semble si souvent raconter quelque chose. La courbe même qu'elle décrit est romanesque : cette façon de s'élever jusqu'à des situations exceptionnelles et de s'effondrer » (*Id.*, p. 107). Par principe, le roman échappe à l'organisation planificatrice qui régit la tragédie classique et explique la condensation sévère du temps dramatique. Au contraire, avec le roman on prend son temps, car on a tout le temps. Or cette expérience d'une plongée dans le flux de la durée vivante, Adorno pense la retrouver chez Mahler dans sa manière très nouvelle de structurer le temps musical. La forme sonate était « accomplissement », c'est-à-dire apparition positive de ce que le complexe thématique initial n'était que virtuellement. Ainsi chez Beethoven, qui a poussé cette logique à son point extrême, le traitement thématique prend appui tout entier sur de petites cellules motiviques initiales bien identifiées. C'est le principe de la *variation*. Chez Mahler, par contre, les micro-organismes musicaux ne cessent de se modifier pour engendrer des formes d'ensemble clairement reconnaissables mais au contenu motivique variable. Tel est le principe de la *variante* qui légitime techniquement l'ampleur des symphonies « épiques » (nous reviendrons bientôt sur ce dernier qualificatif). Et parce qu'on ne se baigne jamais deux fois dans le même fleuve, ces variantes engendrent ce flux intérieur évoqué plus haut, cette autre allure du temps que semble épouser la musique mahlérienne en s'y abandonnant ou, comme dit encore Adorno, l'art suprême de laisser flotter les rênes sans laisser échapper la conscience du tout (*Id.*, p. 105). On peut donc dire que l'indication agogique « laissez du temps » résume toute l'attitude mahlérienne (*Id.*, p. 106). Et là réside en dernière analyse les divines longueurs de Balzac et de Dostoïevsky comme des symphonies irrétrécissables de Mahler au point que, selon le mot de Klemperer, y accomplir des coupures allongerait les mouvements au lieu de les raccourcir (*Id.*, p. 113). En cette musique la réalité du tout est donc indéniable. Que celle-ci soit analogue au tissu temporel indéchirable que réussit à tisser un grand roman, une remarque de Proust permet de le confirmer. Selon l'auteur d'*A la recherche du temps perdu*, en musique de nouveaux thèmes viennent conquérir la première place à la façon de certains personnages secondaires de roman passés jusqu'alors inaperçus. Or, dans la musique de Mahler, du fait que les thèmes sont, nous l'avons vu, dépossédés de leur identité, sans cesse des thèmes nouveaux émergent et disparaissent dans le continuum temporel comme des personnages de roman qui évoluent, vivent et vieillissent, portant sur leur visage la marque du temps qui passe.

Mais si la musique mahlérienne réalise ainsi l'organisation du désorganisé en adoptant la forme typique du « récit » romanesque, il faut ajouter que ce récit revêt un caractère *épique*, c'est-à-dire objectif. En effet, par opposition à la tradition du *Lied* allemand qui dit sans cesse « je », le lyrisme mahlérien ne parle pas de soi-même mais raconte à la manière de la chanson enfantine ou de l'objectivité stylisée de la ballade avec structure strophique. Nous sommes du côté de Moussorgski et de Janacek (Adorno évoque ici « l'Est slave pré-bourgeois », p. 116) plutôt que dans la lignée qui va de Schubert à Schoenberg et Webern. Et que nous conte ce récit sinon toute la souffrance historique avec une pitié infinie ? Mahler est du côté des opprimés. Nulle trace chez lui de ce culte du héros ou du surhomme qu'on trouve chez son contemporain et rival, R. Strauss. Il faut citer ici Adorno : « Sa musique prend le parti de la ruse paysanne contre les seigneurs ; le parti de ceux qui fuient devant le mariage ; de ceux qui vivent en marge, de ceux qui sont en prison ; le parti des enfants pauvres, des persécutés et des causes perdues. Si le terme de " réalisme socialiste " n'était lui-même gâté comme il l'est par le pouvoir, c'est à Mahler, et à nul autre, qu'il faudrait l'appliquer ; les compositeurs russes de 1960 sonnent souvent comme du mauvais Mahler. L'héritier légitime de cet esprit est Alban Berg ; le *Ländler* qui, dans *Wozzeck*, convie les pauvres gens à une danse maladroite et empruntée contient un rythme de clarinette tiré du scherzo de la *4ᵉ Symphonie*... L'humanité mahlérienne est formée d'une masse de déshérités » (*Id.*, p. 75). Admirable texte qui va à l'essentiel !

Musique révolutionnaire donc (au sens total du « contenu de vérité ») ? Oui, à condition de préciser que l'utopie révolutionnaire est présente dans la musique de Mahler au sein des souvenirs d'enfance. D'où le sens positif ici, et non plus réactionnaire comme chez Stravinsky (ce dernier, tel du moins que le voit Adorno), de la « régression vers l'enfance ». Contrairement à la volonté parodique et destructrice de l'auteur de l'*Histoire du soldat*, jamais Mahler ne ridiculise ses modèles infantiles (ainsi par exemple, en dépit de son caractère équivoque, dans la *4ᵉ Symphonie* qui « est tout entière une mosaïque de comptines imaginaires » et nous donne l'imagerie de l'enfance) (*Id.*, p. 88). Ce retour à l'enfance comme thème de rêverie (ce que Bachelard nomme « un noyau d'enfance ») signifie chez Mahler, avec le rejet de la culture adulte, le refus du cours du monde, ce tumulte du non-sens établi présenté dans les scherzos de la 2ᵉ et surtout de la *6ᵉ Symphonie*. Et si Adorno parle de « musique brisée » à la fois à propos de Stravinsky (voir plus haut, ch. III, p. 53) et de Mahler, ceci signifie chez le premier complicité avec le cours du monde, dépersonnalisation, négation de la durée et du souvenir, et chez le second, tout au contraire, la dénonciation de ce même processus et la révolte contre lui.

Mahler, c'est donc à la fois Kafka ou la vérité qui tourne en fantasmagorie angoissée, et Moussorgski ou l'esprit d'enfance (Adorno note avec raison que « toute l'œuvre de Mahler à partir de la *4ᵉ Symphonie* subit l'influence souveraine des *Kindertotenlieder* », *Id.*, p. 221), mais aussi Proust qui écrivait à la même époque *A la recherche du temps perdu*. Ce dernier rapprochement éclaire le lien entre les thèmes que nous venons d'évoquer : l'enfance, le souvenir, la question du sens ultime de cette musique, mais aussi le problème formel des rapports des parties au tout. Nous évoquions plus haut le temps romanesque sans limitation déterminée. Mais alors comment finir le récit et achever l'œuvre ? Adorno est sans doute injuste à l'égard de la réexposition dans la forme sonate, car celle-ci ne consiste pas à redire une seconde fois ce qui a été dit au départ (comme dans un film qui finirait par la reprise des images du début), mais à résoudre une tension qui a généralement atteint son acmé dans le développement (d'où cette maîtrise typiquement scénique du temps dramatique). Par contre, il est bien certain que Mahler tend à refuser un tel mode de réexposition, notamment sous la forme du « *happy end* » comme le mariage à la fin des comédies ou la gaieté stéréotypée de la symphonie traditionnelle (*Id.*, p. 200). Il s'agit plutôt chez lui d'une variante (au sens défini plus haut) qui est remémoration du passé. Adorno cite comme « finales réussis » ceux de la *6e Symphonie*, du *Chant de la terre* et de la *9e Symphonie :* « Finir signifie ici qu'aucune fin n'est plus possible et que la musique ne se voit pas hypostasiée en une totalité chargée de sens » (*Id.*, p. 203). L'adagio-finale de la *9e Symphonie* s'intègre à la totalité de l'œuvre en dehors de tout lien thématique par des similitudes d'architecture et de tempo avec le premier mouvement : c'est bien le temps retrouvé, mais en quel sens ? A propos du *Chant de la terre,* Adorno déclare que la fin du *Lied « Von der Schönheit »* (dans le passage avec les clarinettes) « retrouve le temps comme *perdu* sans retour » (*Id.*, p. 212). Et encore : « Par la variante, sa musique se remémore le passé depuis longtemps écoulé et à demi oublié, elle s'oppose à son absolue inanité et le donne pourtant comme éphémère, comme irrémédiablement *perdu.* Son Idée réside dans cette fidélité rédemptrice » (*Id.*, p. 142).

On s'interrogera sur l'exactitude de cette interprétation par Adorno de l'aspect le plus profond de la musique de Mahler (ce qu'un interprète ne saurait négliger). « Elle dit que les hommes veulent être sauvés et ne le sont pas » (*Id.*, p. 190). Or le temps retrouvé ici est-ce bien un temps qui ne mène nulle part, simple réminiscence détachée, toute consolation ou plutôt toute lueur d'espérance étant irrémédiablement reconnues comme illusoires ? Ou bien, plus subtilement, comme le dit lui-même Adorno des finales du *Chant de la terre* et de la *9e Symphonie,* ne serait-ce pas l'art de « suspendre au loin un regard interrogateur » (*Id.*, p. 203), le bonheur, comme chez Dostoïevsky, surgissant au bord de l'horreur ? Ne l'emporterait donc pas « le goût du néant » comme chez Poe, Baudelaire (et Kafka), contrairement à ce que prétend notre critique. Même si cette musique « a une tendance générale à descendre » (*Id.*, p. 78) (si opposée à l'intention affirmative de la naïveté brucknérienne, musique spirituellement d'avant *Nietzsche*), il n'est sans doute pas vrai de dire qu'elle « trouve son réconfort dans une tristesse sans fond » (*Id.*, p. 79) et qu'elle soit fermée à toute espérance de rédemption. Est-il juste d'accuser Mahler à propos de la *8e Symphonie* (avec notamment le *Veni Creator Spiritus* du premier mouvement) de s'être renié : « La musique prend ici le parti de la grandeur et de la puissance de ce qu'elle redoute ; la peur ainsi convertie en affirmation définit l'officiel » ? Et Adorno d'aller jusqu'à parler « d'identification à l'adversaire » (*Id.*, p. 205) ! Décidément, pour Adorno, exploitant sur ce point la leçon durkheimienne réduisant toute religion à l'auto-adoration de la conscience collective sacralisée, toute œuvre à contenu religieux est glorification du collectif et donc aliénation dans le système. Ce que Durkheim, au moment même où apparaissaient toutes ces œuvres à sujet religieux, de *Parsifal* à la *8e Symphonie,* disait des religions, à savoir qu'elles étaient des auto-représentations de l'esprit collectif, s'applique parfaitement, en tout cas, aux œuvres rituelles du capitalisme avancé. Le « crime » de Mahler, comme de Schoenberg, est d'avoir succombé à cette tentation totalitaire (*Id.*, p. 204-205).

Reste qu'Adorno nous paraît avoir admirablement montré comment Mahler a réussi à faire vaciller l'ordre rationnel autoritaire en se comportant dans sa musique « comme un étranger parlant la musique couramment, mais avec un certain accent », et comment il a trouvé sa vérité « précisément dans cet élément d'inauthenticité qui démasque le mensonge de l'authentique » (*Id.*, p. 54-55). C'est pourquoi, comme Kafka, le juif Mahler a « pressenti le fascisme des dizaines d'années à l'avance » (*Id.*, p. 56).

m) *La spatialisation du temps musical.*

Mode de valeurs et d'intensités est construit à partir de trois couches de temps supportées par trois couches de hauteurs. Chaque fois s'opère un mouvement descendant vers des valeurs de plus en plus longues, mais deux fois plus lentement dans le medium que dans l'aigu et à nouveau deux fois plus lentement dans le grave que dans le medium (donc quatre fois plus lentement que dans l'aigu). Dans *Soixante-quatre durées,* la pièce qui clôt le *Livre d'orgue,* l'ordre des durées va de 𝅘𝅥𝅰 à ▭ (= 64 𝅘𝅥𝅰), mais selon deux mouvements inverses, du plus court au plus long et vice versa, superposés et repérés à partir d'un contrepoint de chants d'oiseaux. Quant à la pièce qui ouvre le recueil, elle superpose trois rythmes, l'un en augmentation, l'autre en diminution, tandis que le troisième ne change pas. Messiaen et ses commentateurs ont invoqué ici les « personnages rythmiques » découverts dans le *Sacre du Printemps,* mais la différence fondamentale c'est que chez Messiaen (contrairement à ce qui se passe chez Stravinsky et *a fortiori* chez Debussy) on a affaire à un « temps numérique » avec lequel disparaît donc la « continuité naturelle du geste musical » et où « la pulsation n'existe plus » (ces expressions sont de P. Boulez). Là vraiment débute cette spatialisation du temps musical qui, selon Adorno, sacrifie au physicalisme et oublie le temps vécu.

n) *Saint Augustin et Stravinsky : la dimension ontologique du temps musical.*

Il faut noter que chez Stravinsky, comme chez Saint Augustin (contrairement à Plotin et au néo-platonisme), il ne s'agit pas de fuite hors du temps et du sensible. Pour Saint Augustin, comme pour Kant plus tard, il y a un rapport intime entre le nombre et le temps, le nombre s'identifiant à cette synthèse spirituelle (opération de « l'imagination transcendantale », précisera Kant) qui, en posant un avant, un après et un milieu, « produit » le temps. Le présent vécu est ainsi à la fois récollection du passé et attente de l'avenir. Le temps n'est donc pas une suite linéaire mais l'entrelacement des trois dimensions du présent, du passé et du futur engendrées conjointement dans l'unité indivisible du même acte (qui est, en dernière analyse, le geste rythmique lui-même). Mais il faut ajouter que pour Saint Augustin, comme plus tard pour Kierkegaard, le jaillissement des trois ex-stases implique la dimension verticale de l'instant comme « atome d'éternité ». Ceci veut dire qu'il y a une dialectique concrète entre le temps et l'éternité, — c'est l'apport révolutionnaire essentiel du christianisme à la problématique du temps —, le rapport à l'éternité (la dimension verticale) fondant la distinction des trois extases et inversement l'action temporelle édifiant une éternité vivante, à savoir une éternité qui ne regarde pas en arrière et ne se réduit pas à un passé mort et immobile comme quelque chose de spatial. A la différence de Plotin (et aussi du spinozisme, voir *Ethique* V, 29, scolie), Saint Augustin refuse donc la scission ontologique entre la dimension horizontale du temps *(exspectatio futurum)* et sa dimension verticale *(extensio ad superiora)*, c'est-à-dire une conception du salut qui consiste à fuir et à abandonner le temporel pour rejoindre l'éternel. En tout cas, l'analyse augustinienne nous paraît éclairer en profondeur la manière dont Stravinsky aborde le mystère du temps dans sa musique. Outre les textes cités plus haut, p. 58 et 60, voir ce texte de la *Poétique musicale*, p. 21 : « La musique s'établit dans la succession du temps et requiert donc la vigilance de la mémoire. Elle suppose avant tout une certaine organisation du temps. » (Dans Saint Augustin, se rapporter aux *Confessions*, X, 38, - XI, 28 au *De Musica*, VI, 4 - VI, 7 - VI, 8 - VI, 15, aux *Retractationes*, I, 11. Voir également de J. Guitton : *Le temps et l'éternité chez Plotin et Saint Augustin*, Boivin, et de Davenson : *Traité de la musique selon l'esprit de Saint Augustin*, La Baconnière.) Sur Kant et le problème du nombre et du temps, voir *Le Musical*, p. 82, 87 et 207. Le texte de Kierkegaard sur l'instant comme « atome d'éternité » se trouve dans *Le concept d'angoisse*, ch. III, p. 136-143.

CHAPITRE IV.

o) *Le concept de Kuntswollen.*

C'est Riegl qui a créé ce concept de *Kunstwollen* qui a soulevé de nombreux débats contradictoires. Disons en quel sens, selon nous, il se justifie. 1°) Contre toute explication de l'œuvre d'art à partir d'un concours de facteurs extérieurs (matériels et événementiels), Riegl, pour défendre l'autonomie de la création esthétique, affirme l'unité à partir de laquelle l'œuvre est organisée du dedans à la fois quant à sa forme et quant à son fond. Cette idée nous paraît très proche de celle d'Adorno sur le « contenu de vérité » fondée sur le lien interne entre une technique (travail d'un matériau spécifique) et un sens immanent à cette élaboration formelle. 2°) Contre toute interprétation psychologisante du « vouloir d'art » comme expression consciente ou inconsciente des états d'âme de l'artiste, Riegl affirme la dimension culturelle essentielle à toute œuvre singulière qui appartient toujours à une époque dont elle partage activement le langage de base. L'affirmation de ce lien co-essentiel entre style et langage nous paraît capitale et très moderne (par opposition à une thèse comme celle de Croce). 3°) Contre le préjugé académique d'un classicisme au sommet de la réalisation artistique parce qu'il aurait réussi à copier fidèlement la nature, Riegl montrait très fermement (mieux que Worringer sans doute), grâce au concept de *Kunstwollen*, que l'art, même celui de la Renaissance, n'est jamais le reflet d'une nature en soi, mais un certain langage esthétique, situé culturellement et donc relatif au même titre que n'importe quel autre style. D'où la justice enfin rendue à d'autres formes d'art. Comme l'écrira Worringer dans *Abstraction et Einfühlung* : « Les caractéristiques stylistiques d'époques passées ne sont donc pas dues à un défaut du pouvoir, mais à une orientation diverse du vouloir » (trad. Martineau, p. 47, Klincksieck, 1978). 4°) Enfin, à la fois contre une interprétation empiriste réduisant le *Kunstwollen* à une généralité vague obtenue par ventilation des différences à partir de cas particuliers, et contre une interprétation hégélienne qui verrait en lui un moment de l'Idée absolue (position vers laquelle semble pencher parfois Riegl), nous suivrons la lecture d'esprit néo-kantien que nous en propose Panofsky (le concept de *Kunstwollen* in *La perspective comme forme symbolique,* Ed. de Minuit, 1975). La notion de *Kunstwollen* désigne un concept établi *a priori* pour déchiffrer et interroger les objets artistiques. Nous sommes très proches, semble-t-il, de la méthode wébérienne des « types idéaux ». Grâce à de tels concepts fondamentaux, rectifiés et reconstruits à partir de l'exégèse même des œuvres qu'ils ont rendue possible, la connaissance du *Kunstwollen,* écrit Panofsky, « plongeant sous la sphère des phénomènes » artistiques, permet de « déterminer et de comprendre » leur « sens immanent » objectif, « qu'il s'agisse d'un phénomène d'ensemble délimité à l'échelle d'une nation et d'une époque ou d'une œuvre isolée d'un peintre hollandais déterminé » (*op. cit.,* p. 215).

p) *Haptique et optique.*

Le style égyptien fournit l'exemple type de ce que Riegl nommait l'espace « haptique », de ἁπτικός, « propre au toucher ». Cet art, destiné à être comme « tâté du regard », appréhende les formes en les délimitant par une ligne-découpe qui ensère face et profil en une figure unique bien définie, soudée au fond immobile et ainsi soustraite à la dispersion mortelle de l'espace infini. Par opposition, l'espace « optique » est celui de la vision éloignée. D'origine orientale, il trouve son modèle dans la mosaïque byzantine dont l'énergie expansive des couleurs irradie une lumière se déployant en un espace-milieu, à la fois atmosphère de prière qui enveloppe le fidèle et vibration qui intègre en un rythme unique figure et fond de l'œuvre. L'art grec classique apparaît à Riegl comme intermédiaire, simultanément tactile et optique. Optique par une certaine émancipation du motif par rapport au fond, la recherche de la profondeur, la pratique du raccourci et des ombres, — mais finalement tactile dans la mesure où la lumière est captée dans la proportion anthropométrique et où s'annonce déjà l'espace fermé et cubique selon la tridimensionnalité qui triomphera à la Renaissance sur l'espace libre et ouvert (présent chez un Masaccio notamment, comme le montrera Francastel).

Ce binôme haptique - optique ne gagne pas en clarté, nous semble-t-il, chez Worringer, dans la mesure même où celui-ci l'utilise pour illustrer sa thèse fondamentale de l'opposition entre deux pôles fondamentaux de l'art : abstraction et *Einfühlung.* L'art égyptien est l'art d'abstraction type et le critère, emprunté à Riegl, d'espace haptique s'y adapte certes parfaitement. Par contre, les arts de la Grèce classique et de la Renaissance italienne illustrent par excellence la tendance à l'*Einfühlung* (jouissance de soi objectivée) et, par souci de symétrie, ils seront désignés comme optiques (et non plus tactilo-optiques comme chez Riegl). C'est cette fois l'art byzantin qui est dit relever à la fois des catégories optique et tactile, dans la mesure où il conjugue la tradition organique de l'hellénisme et l'influence abstraite des premiers chrétiens : optique par ses attaches à la fin de l'art antique, tactile par sa progression vers l'abstraction. Ainsi cet art accomplit-il le passage (si sensible à Ravenne quand on respecte l'ordre historique qui nous conduit du Mausolée de Galla Placidia au Baptistère des Orthodoxes, puis à Saint-Vital et à Saint-

Apollinaire-le-Neuf, et enfin à Saint-Apollinaire-de-Classe, c'est-à-dire en gros de 424 à 677) entre l'art hellénistique et l'art du Moyen Age dans l'Europe du Nord qui a ses racines dans Byzance, mais aussi dans l'art décoratif celto-germanique et l'ornementation de Scandinavie et d'Irlande. L'art gothique opérera le cheminement inverse de l'abstraction à l'*Einfühlung* enfin triomphante avec la Renaissance italienne. En fait, ce qui fait difficulté dans l'analyse de Worringer, c'est le parti pris de vouloir faire se recouper l'opposition polaire abstraction - *Einfühlung* avec celle de Riegl entre haptique et optique. Or, si un art comme l'art byzantin (dont l'interprétation, on le remarquera, apparaît décisive pour toute cette analyse stylistique), par fidélité à sa vocation intérieure la plus impérieuse, se développe incontestablement dans le sens de l'abstrait, par contre sa voie propre dans l'abstraction paraît typiquement optique. N'est-ce pas la preuve que les deux jeux de catégories plus haut assimilés ne se recouvrent pas comme le reconnaît lui-même Worringer quand, s'inspirant ici directement de Riegl, il considère un relief ravennate du Vᵉ siècle comme le type même d'un « plan visuel » par opposition au « plan tactile » d'un relief archaïque grec et comme le témoin irrécusable du « changement de sens où l'on passe de la tendance grecque à la finitude à la tendance orientale à l'infinitisation » (*Griechentum und Gothik*, p. 29, München, 1928. Cité par H. Maldiney, *Regard, Parole, Espace*, p. 201) ? Ce dernier montre très bien comment le caractère optique de l'espace byzantin tient au régime des couleurs, à savoir la modulation chromatique (à ne pas confondre avec le modelé classique) engendrée à partir du contraste des couleurs produit par les trois espèces de tessères (or, smalts ou émaux, marbres) et leurs inclinaisons différentes. D'où cette radiance de la lumière engendrant un espace-milieu ouvert aux données du champ marginal complètement refoulé par la vision centrale de la perspective classique et à partir duquel pourtant renaît sans cesse la vision concrète la plus immédiate (*Idem*, p. 242-243). Telle est la leçon que reprendra Cézanne. Recherche d'un espace qui vient à notre rencontre et nous enveloppe complètement par opposition à l'espace de la perspective classique qui nous fait face et auquel nous sommes confrontés. Citons, à la suite de H. Maldiney (*Id.*, p. 228 et 232), ces deux textes significatifs de Otto Demus (*Byzantine Mosaïc Decoration*, London, 1948) : « L'image n'est pas séparée du spectateur par la vitre imaginaire du plan pictural derrière lequel commencerait une peinture illusionniste. Elle s'ouvre dans l'espace réel dans lequel le spectateur vit et se meut. » « Les images qui décorent l'église byzantine sont reliées l'une à l'autre et soudées en un tout unitaire non seulement par des concepts théologiques et iconographiques, mais aussi par une pensée des formes qui crée une unité *optique* homogène, embrassant tout. Les principes *optiques* utilisés dans cette intention tendent à l'élimination des raccourcis et déformations de la perspective. » Nous reviendrons bientôt sur ce problème de la perspective : voir notes *q* et *s*.

q) *L'artifice de la perspective.*

L'espace de la représentation instauré par la perspective repose sur l'artifice qui consiste à traiter l'écran plastique à la fois comme la vitre transparente d'une fenêtre donnant sur un espace en profondeur, et comme le support opaque sur lequel sont inscrites les figures géométriques ayant pouvoir référentiel (selon les techniques qui donneront naissance à la géométrie projective). Le principe fondamental de cette projection réside dans une rotation à angle droit qui rabat la distance du « point de l'œil » à l'écran sur ce dernier, afin d'établir l'oblique à partir de laquelle sera déterminé le raccourcissement des figures, pour donner en trompe-l'œil l'illusion de la profondeur (voir figure 1). En transcrivant ainsi la profondeur en longueur et largeur, la perspective est bien, comme dit Lyotard, la mise par écrit de l'extériorité et l'avènement d'une nouvelle clôture, non plus celle de l'écriture symbolique médiévale, mais celle de l'optique géométrique.

r) *Une peinture janséniste ?*

« Quelle vanité que la peinture qui attire l'admiration par la ressemblance des choses dont on n'admire point les originaux » (*Id.*, p. 134). Comment peut-il donc y avoir une peinture janséniste ? On pense, bien sûr, à Philippe de Champaigne, dont les toiles sont illuminées par la foi la plus pure. Dans l'*Ex-Voto* toute théâtralité est répudiée et tout est Grâce. Nous sommes aux antipodes de la figuration baroque de l'extase, comme chez Le Bernin. Suffit-il de dire, comme L. Marin, qu'ici l'image est redevenue signe par inscription d'un texte sur le tableau ? L'écrit, en rétablissant la « surface consolidation » et en annulant ainsi la transparence du support (postulat de base de la représentation), déconstruit de l'intérieur la représentation spéculaire et fait que le tableau devient signe de ce qui ne peut être représenté en image. La *Logique* valorise le dessin comme écriture de l'image picturale (donc déjà engagé sur la voie du signe), par opposition à la couleur (au « coloris », partie « la plus basse et la plus matérielle » de la peinture). Aussi les jansénistes critiquaient-ils le « colorisme » du Titien en lui opposant la peinture de Philippe de Champaigne. Explication séduisante, certes. Des difficultés demeurent cependant (outre le caractère posthume de l'inscription), notamment le fait que le chef-d'œuvre en question réussit à nous rendre sensible la *présence* réelle du surnaturel et qu'il est donc plutôt de la nature de l'icône que de celle du signe dont la fonction, on le sait, est de désigner dans la distance, la séparation et l'absence.

s) *De la perspective antique à la perspective de la Renaissance selon Panofsky.*

Nous avons évoqué plus haut l'artifice sur lequel repose la perspective et qui est au principe de l'espace de la représentation : le fait d'inscrire sur le support ce qui doit engendrer l'illusion même de la « vision traversante ». Mais la vision à laquelle aboutit cette technique de projection est elle-même tout à fait artificielle, du fait que le tableau-fenêtre s'identifie à la section *plane* de la pyramide visuelle engendrée par la ligne reliant un œil unique supposé immobile aux points caractéristiques de l'objet représenté. Abstraction hardie, en effet, par rapport à la perception vécue solidaire de la mobilité des deux yeux qui multiplie les perspectives sur l'objet, et surtout d'un espace à courbure concave. Panofsky *(La perspective comme forme symbolique)* remarque qu'à la Renaissance les traducteurs-commentateurs d'Euclide ont censuré le 8e théorème de *L'Optique*, énonçant que « la différence apparente entre des grandeurs égales vues de distances inégales n'est pas inversement proportionnelle à ces distances », mais directement à l'ouverture respective des angles. Or, cette proposition selon laquelle le rapport des grandeurs visuelles entre elles est déterminé seulement par le rapport des *angles* entre eux et non par celui des *distances* entre elles est tout simplement omise. Le refus de ce 8ᵉ théorème signifie en clair la négation de la courbure de l'espace visuel. D'où ces déformations latérales propres à l'image construite selon la perspective plane et que la photographie nous a rendu familières (Panofsky, *Id.*, p. 45. Voir figures 2 et 3), la section plane de la pyramide visuelle ayant pour conséquence nécessaire ces déformations. Par contre, la vision effective, sous l'effet conjugué des mouvements oculaires et de la courbure de son image, possède ses propres déformations par rapport aux mesures objectives. « Ainsi, un pavement en échiquier, objectivement rectiligne, semble se bomber comme un bouclier quand on s'en rapproche, alors qu'au contraire tel autre motif décoratif curviligne semble en quelque sorte se redresser : à telle enseigne que les lignes de fuite d'un édifice, qu'en construction perspective plane on représente par des droites, devraient être représentées par des courbes si on considère l'image rétinienne effective — sans oublier qu'en toute rigueur les verticales devraient elles aussi... subir une légère incurvation vers l'extérieur » (*Id.*, p. 50).

L'Antiquité grecque classique, accoutumée à voir certes déjà en perspective mais non en perspective plane, savait que « les lignes droites sont perçues comme des courbes et les lignes courbes comme des droites », d'où les célèbres courbures de l'architecture antique : « Les colonnes d'un temple doivent être dotées d'une entasis... pour ne pas paraître s'incurver ; épistyle et stylobate doivent être construits avec une légère courbure, pour éviter de donner au milieu l'impression d'une incurvation » (*Id.*, p. 55). Nous retrouvons dans ces mesures antiperspectivistes de compensation le souci d'eurythmie caractéristique de l'art grec classique : « Recherchant la πρὸς ὄψιν εὐρυθμία, c'est-à-dire la bonne forme sur le plan de l'impression subjective », les Grecs neutralisaient « les illusions de l'œil en épaississant les colonnes en leur milieu, en rendant les cercles par des ellipses et les carrés par des rectangles, en disposant un nombre donné de colonnes de tailles diverses selon des rapports différents » de ceux de la symétrie mathématique. D'où la protestation de Platon dans *Le Sophiste* (235 e - 236 a) contre cette substitution de « l'apparence belle » à « l'essence symétrique » (*Id.*, p. 70). Une voie donc résolument opposée à la perspective plane et qui est l'illustration pratique de la théorie euclidienne selon laquelle les grandeurs visuelles sont déterminées non par les distances mais par des angles. Une voie également conforme à l'idée que les Anciens se faisaient du monde comme « d'un cosmos édifié autour du centre de la terre considéré comme un centre absolu et enfermé par la sphère externe du ciel considérée comme une limite aboslue » (*Id.*, p. 157). Mais voie déjà ouverte sur cette « vue traversante » qu'elle construit à sa manière, qui n'est pas celle de la perspective plane. En conformité avec l'axiome angulaire de l'ancienne optique, si on sectionne la pyramide visuelle à l'aide d'un cercle de projection à la place de la droite qui figure le plan du tableau dans la perspective moderne, on obtient un résultat concordant avec le fait que les lignes de fuite des œuvres anciennes convergent non sur un point de fuite unique, mais sur un axe commun, d'où un schéma en arête de poisson qui sera réintroduit en peinture dès la fin du XIIIᵉ siècle (*Id.*, p. 74).

Mais avec tout l'art intermédiaire, on assiste à une déconstruction progressive de cette perspective antique, ce qui paradoxalement, comme le montre Panofsky, permettra le surgissement de la perspective nouvelle de la Renaissance. Dans la mosaïque byzantine, contrairement aux peintures romaines du Ier siècle où les figures sont coupées par les bords du tableau comme par le cadre d'une fenêtre, les figures se déforment pour se plier à la courbure d'une surface totalement pleine qui enveloppe l'orant dans un espace immatériel tissé par un rythme de couleurs et de lumière. Alors, selon le mot de *Proclus*, vraiment « l'espace n'est rien d'autre que la plus subtile des lumières ». Mais la réduction à néant des derniers vestiges de la perspective antique ne s'accomplira qu'avec le style roman qui atteint son apogée au XIIe siècle avec la réduction complète des corps et de l'espace à la surface. La ligne désormais s'identifie au graphisme ornemental et la surface au support neutre de l'écriture des symboles de la Foi. D'où le refus radical de l'illusion et du théâtre au profit de la signification spirituelle. Or cette étape médiévale, en imaginant sur le plan pictural une spatialité homogène et simultanément en concevant sur le plan philosophique un Infini en acte réalisé en Dieu (sinon encore dans la nature), a rendu possible la mutation des temps modernes quant au sens de l'espace, mutation qui se traduira, avant même la physique galiléenne, par la perspective centrale avec la spatialité infinie, homogène, isotrope, centrée autour d'un point de vue pris arbitrairement. La grande aventure du *Quattrocento* peut dès lors prendre son essor.

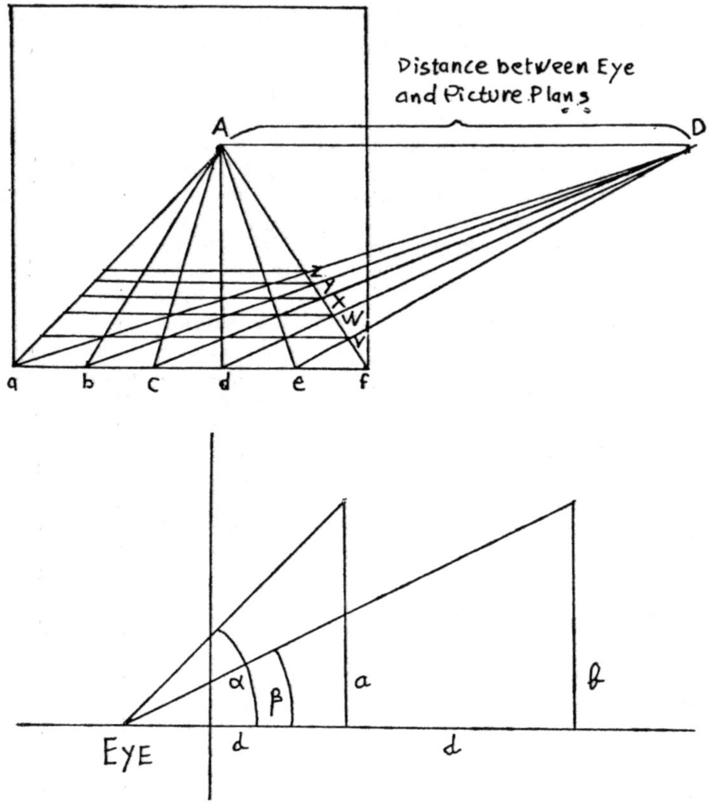

FIG. 1 et 2. — Extraites du livre de E. Panofsky, *Renaissance and renascences*, Uppsala, Almqvist et Wiksell. 1960, pp. 125 et 129.

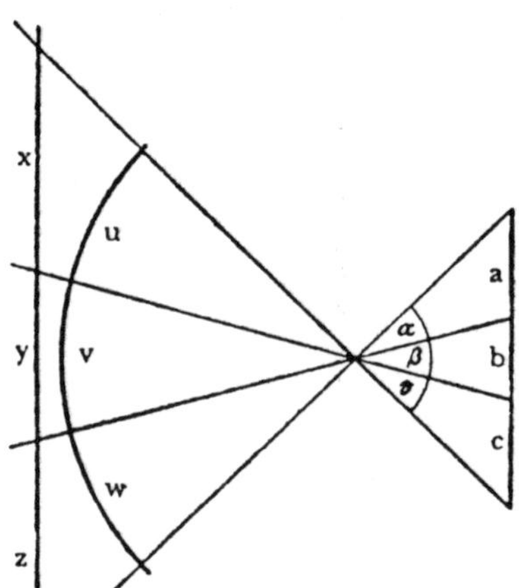

FIG. 3. — Soit « une droite divisée en trois segments inégaux, a, b, c, mais de telle sorte qu'ils soient vus sous trois angles égaux, ces segments, objectivement inégaux, projetés sur une surface concave, ... garderont des longueurs approximativement égales, alors qu'ils resteront inégaux s'ils sont projetés sur un plan ».
PANOFSKY, *La perspective comme forme symbolique*, *op. cit.*, Éd. de Minuit, 1975, p. 44.

INDEX

S

T

U-V

W

X

TABLE DES MATIÈRES

Ce volume,
le trente-troisième de la « Collection d'esthétique »,
publié aux éditions Klincksieck
a été achevé d'imprimer
en juin 2007
sur les presses de l'imprimerie IDG
52200 Langres-Saints-Geosmes

N° d'imprimeur : 6734
Dépôt légal : juin 2007
Imprimé en France